Kirche in der Diaspora

Kirche in der Diaspora

Bilder für die Zukunft der Kirche

Festschrift zu Ehren von Michael Herbst

Herausgegeben von
Thomas Schlegel und Martin Reppenhagen

EVANGELISCHE VERLAGSANSTALT
Leipzig

Bibliographische Information der Deutschen Nationalbibliothek
Die Deutsche Nationalbibliothek verzeichnet diese Publikation in der Deutschen Nationalbibliographie; detaillierte bibliographische Daten sind im Internet über http://dnb.dnb.de abrufbar.

Das Buch wurde auf alterungsbeständigem Papier gedruckt.

Cover: Zacharias Bähring, Leipzig
Satz: 3w+p, Rimpar
Druck und Binden: Hubert & Co., Göttingen

ISBN 978-3-374-06827-2 // eISBN (PDF) 978-3-374-06828-9
www.eva-leipzig.de

Foto: Carla J. Witt

Inhalt

Vorwort

> »Karl Rahner hat schon 1954 der Kirche ins Stammbuch geschrieben, die Diaspora sei ihr Normalzustand, der geradezu heilsgeschichtlich notwendig sei. Gegenüber allen allzu munteren Illusionen ist das wohl festzuhalten: Hier geht etwas zu Ende. Und Kirche als Kirche in der Diaspora wird wieder als Normalfall sichtbar. Aber das ist nicht das Ende der Kirche. Es ist ein neues Kapitel. Es ist nicht das Ende unseres Auftrags. Im Gegenteil. Es ist eine Kirche, zu der Menschen aus Gründen der Wahl und nicht der Tradition gehören. Es ist eine Kirche, die ihre Kräfte aus dem allgemeinen Priestertum der Getauften gewinnt. Es ist eine Kirche, deren Glaube nicht mehr der Glaube der Mehrheit ist, deren Glaube vielmehr in Frage gestellt, vielleicht auch aggressiv attackiert wird. Große Teile von Kultur, Wissenschaft und gesellschaftlichem Leben werden (noch mehr als jetzt schon) von anderen Werten und Überzeugungen durchwirkt sein. In dem allen wird es eine betende, bezeugende und liebende Kirche geben, auch in all ihrer Unscheinbarkeit. Es ist Kirche aus denen, die jetzt schon ihre Knie vor dem Kyrios Jesus beugen (Phil 2,10 f.).«[1]

Es ist gewiss kein Zufall, dass der Titel der Festschrift für Michael Herbst einem erst kürzlich veröffentlichen Artikel des hier zu Ehrenden entnommen sein könnte. Der Begriff *Diaspora* zur Beschreibung des kirchlichen Kontextes in spät- bzw. nachkirchlichen Zeiten ist für ihn kein Fremdwort und schon gar kein Katastrophenfall. Vielmehr ist Diaspora in Aufnahme der Erfahrungen der Kirchen in der DDR und seiner eigenen Erfahrungen in Greifswald in über 20 Jahren des Wirkens im säkularisierten Nordosten sowie angesichts seiner internationalen Kontakte für Michael Herbst kirchlicher Normalfall.

Obwohl der Begriff selbst in seinen frühen Veröffentlichungen nicht prominent nachzuweisen ist, besteht in dem besonderen Fokus auf die Gemeinschaft der Glaubenden bereits in seiner Dissertation von 1985 eine große Offenheit für den Gedanken der Diaspora, auch wenn die Situation einer Minderheitenkirche im Westen Deutschlands noch kein Thema theologischer oder kirchlicher Diskussion war.

---

1 Michael Herbst, Grüße aus der Bruchbude. Eine Entgegnung, in: ThBeitr 51/2020, 468 f.

> »Wo Wort und Sakrament sind, da – gewiß *ubi et quando visum est Deo* (CA V) – finden Menschen neu oder erstmals zum Glauben an Jesus Christus und werden eingegliedert in die ›Gemeinde von Brüdern‹. [...] Undenkbar, daß Christi Wort Menschen in der Unverbindlichkeit Gott gegenüber und in der Vereinzelung dem Leib Christi gegenüber beließe!«[2]

Man wird durchaus zu Recht sagen können, dass dort, wo Michael Herbst von Kirche spricht, dies vornehmlich in Form der Gemeinde vor Ort geschieht. Es geht um eine Kirche resp. Gemeinde, die »freundlich, dienend, betend, bezeugend, einladend, prophetisch-kritisch auf das Ganzen auf die anderen bezogen« bleibt. War es anfänglich noch die parochial aufgestellte Kirchengemeinde kam zunehmend auch in Aufnahme des Gemeindepflanzungsgedankens und der späteren Rede von »fresh expressions of church« in der Church of England die plurale Sozialgestalt von Gemeinde sowie die Region in den Blick.

Davon ausgehend war es nicht mehr weit, in späteren Veröffentlichungen von »mündigen Gemeinden« bzw. einem »mündigen Glauben« zu sprechen – oder in Aufnahme einer Formulierung aus der 2010 in Greifswald entstandenen Habilitation Johannes Zimmermanns von einem »diasporafähigen Glauben«. So wächst besonders in Minderheitensituationen die Bedeutung von »kognitiven Minderheiten« als Plausibilitätsstrukturen für den christlichen Glauben (Peter L. Berger). Es bedarf konkreter Orte für jene, die mit Ernst Christen sein wollen. In diesen Zusammenhang passt es auch, dass sich Michael Herbst bereits früh um die Einführung und Praxis von Glaubenskursen eingesetzt hat. Neben dem Glauben als *fides qua* ging es ihm stets auch um das Glaubenswissen (*fides quae*). Auch dies gewinnt gerade in zunehmenden Diasporasituationen an Bedeutung, wenn es immer weniger außerkirchliche Gründe für Kirche gibt (in Abwandlung einer These von Niklas Luhmann).

Die Situation der Diaspora zeigt sich auch in der Arbeit des Instituts. Die regiolokale Kirchenentwicklung,[3] die Frage nach Kirche in entlegenen Regionen[4] die neuerliche Belastungsuntersuchung zum peripheren Pfarramt[5] sind Themen der Diaspora; einer Grundverfasstheit von Kirche unter dem Vorzeichen des Mangels, in der – wie in einem Labor – mögliche gesamtdeutsche Entwicklungen,

---

2 Michael Herbst, Missionarischer Gemeindeaufbau in der Volkskirche, Neukirchen-Vluyn ^{5}2010, 61.

3 Vgl. Michael Herbst/Hans-Hermann Pompe, Regiolokale Kirchenentwicklung. Wie Gemeinden vom Nebeneinander zum Miteinander kommen können, Dortmund 2018.

4 Vgl. Michael Herbst, Aufbruch im Umbruch. Beiträge zu aktuellen Fragen der Kirchentheorie, BEG 24, Göttingen 2018.

5 Benjamin Stahl/Anja Hanser/Michael Herbst (Hg.), Stadt, Land, Frust? Eine Greifswalder Studie zur arbeitsbezogenen Gesundheit im Stadt- und Landpfarramt, Leipzig 2019.

Abbrüche und Aufbrüche, beobachtet werden können.[6] So lautet die erste These einer gemeinsam mit der Universität Bonn durchgeführten Landstudie:

> »Radikal veränderte Situationen (Peripherie, Minderheitsposition, also das, was vor allem im Osten zu finden ist), insbesondere der Weg dahin, besitzen das Potenzial, Innovationen zu stimulieren. Diese sind für die Kirche an anderen Orten und in einer anderen Situation relevant. Sie erzeugen aber auch einen Sinn für die Dringlichkeit, Veränderung zu planen und umzusetzen. Denn es zeigt sich hier etwas von Möglichkeiten des Handelns, die für die gesamte EKD und deren Zukunft lehrreich sein können.«[7]

Zur Erfahrung der Diaspora gehört allerdings auch, dass das Leben in ihr schnell zu einem Leitbild stilisiert werden kann. Minderheit korrespondiere mit »Intensität und Qualität«, Mangel mit Reinheit und bei Marginalisierung assoziiert man allzu schnell »Konzentration auf das Entscheidende« (Krusche). Der Bund der Evangelischen Kirchen in der DDR distanzierte sich deshalb von diesem Leitbild. Als solches soll er auch nicht in der vorliegenden Festschrift fungieren. Vielmehr steckt die Diaspora den Rahmen ab, innerhalb dessen sich künftige Kirchenentwicklung im gesamten Deutschland vollziehen wird, jedenfalls wahrscheinlich, voraussichtlich, wie zu erwarten ist. Für diese unscharfe Situation entwerfen die hier versammelten Autoren Kirchenbilder. Darin verdichten sie allerdings nicht – wie bei Kirchenbildern üblich – Ideen, Erfahrungen oder »einzelne Theoreme zu einem gewissen Ganzen« (Hauschildt/Pohl-Patalong), sondern weiten die Vorstellung von einer prognostizierten Zukunft. Inspirierend wollen sie sein und in Bewegung setzen. Damit tragen die Kirchenbilder den Charakter von Utopien (Hendricks) oder Visionen (Zulehner), lebensnotwendig im Umfeld alternder Organisationen, die visionsschwach das Bestehende verwalten. Dass sie aphoristisch nur Versatzstücke bieten, sollte nicht als Mangel gesehen werden. Sie fügen sich damit ein in die Lehre vom Gemeindeaufbau, der sich von einer klaren Zielfixierung auf Prozessgestaltung verlagert hat, wie Michael Herbst 2010 konstatiert.[8]

---

6 »Die Kybernetik sollte sich aber auch deshalb für die Diaspora interessieren, weil sie Anlaß gibt, evangelisches Gemeindeleben unter den Bedingungen des Mangels zu studieren.« (Eberhard Winkler, Gemeinde zwischen Volkskirche und Diaspora. Eine Einführung in die praktisch-theologische Kybernetik, Neukirchen-Vluyn 1998, 24).

7 Eberhard Hauschildt/Michael Herbst/Thomas Schlegel, Gemeinsames Fazit und Thesen, in: Freiraum und Innovationsdruck. Der Beitrag ländlicher Kirchenentwicklung in »peripheren Räumen« zur Zukunft der evangelischen Kirche, hg. v. Kirchenamt der EKD, KiA 12, Leipzig 2016, 399–406, hier 399.

8 Michael Herbst, Missionarischer Gemeindeaufbau (s. Anm. 2), 489–491.œœŒ

Bilder sind ohnehin der Deutung bedürftig, figurative Ausdrücke fordern den hermeneutischen Prozess geradezu heraus. Dabei wird zwischen den Begriffen ein semantisches Feld aufgespannt; das einsetzende Interaktionsgeschehen kann als der eigentliche Mehrwert metaphorischen Redens angesehen werden. Zweifellos gilt dies auch für die zahlreichen Kirchenbilder, die Michael Herbst in seinem Œvre bereits entworfen hat. Sie wurden vielfach diskutiert, mitunter verächtlich belächelt und leidenschaftlich verteidigt. Am prominentesten das einer missionarischen Kirche, deren Mitte außen liegt und von der her sie ihre Organisation zu entwickeln hat. Ebenfalls klang das Bild der mündigen Gemeinden an, in der die geistliche Zurüstung und Sendung der freiwilligen Priester Priorität besitzt. Schließlich sei noch an die Kirche der gebeugten Knie erinnert: aus Liebe dem Nächsten dienend, zur Umkehr bereit und im Lobpreis an den erhöhten Herrn vereint.

Die Reihe ließe sich mühelos erweitern. Mit solchen Kirchenbildern Michael Herbsts wollen die Autoren der vorliegenden Festschrift ins Gespräch kommen und damit den Diskursraum über die Bilder einer künftigen Diaspora-Kirche eröffnen – mit dem Wunsch, dass der Leser darin eintreten möge.

Mit seinem theologischen Porträt nimmt *Johannes Zimmermann*, von 2004 bis 2010 Studienleiter am IEEG, ein zentrales Thema des theologischen Werkes von Michael Herbst auf und verdeutlicht, wie die Themen Mission und Gemeinde nicht nur die Fragen des missionarischen Gemeindeaufbaus, sondern sich auch in den anderen Bereichen der Praktischen Theologie wie Liturgik, Homiletik und Poimenik nachweisen lassen. Denn auch hier gilt: »Mission bringt Gemeinde in Form«. Dabei fließen immer wieder exemplarische Zitate aus Veröffentlichungen unterschiedlicher Zeiten ein. Lernprozesse bzw. Wegbeschreibungen werden deutlich. Der Theologe wie der Prediger, der Reisende zwischen Tradition und Innovation, der Seelsorger und Institutsdirektor werden sichtbar.

Eng verbunden mit dem Praktischen Theologen Michael Herbst ist das gemeinsam mit Jörg Ohlemacher 2004 gegründete Institut zur Erforschung von Evangelisation und Gemeindeentwicklung (IEEG) der Universität Greifswald, das für die missionarische Gemeindeentwicklung durch Fortbildungen und Lehrveranstaltungen, durch Forschungsprojekte, internationale Tagungen und Veröffentlichungen wichtige Impulse gesetzt hat und weiterhin setzt. In seinem Beitrag beleuchtet *Patrick Todjeras*, seit 2014 am IEEG tätig, die Arbeitsbereiche des Instituts.

Als Vizepräsident des Kirchenamtes der EKD hat *Thies Gundlach* das Institut in Greifswald von Anfang an begleitet. Mit einem persönlich gehaltenen Wort fragt er »Wer hat Angst vor aufgeklärter Mission?« und verweist auf die »aufgeklärte Mission gleichsam als programmatische Überschrift«, die er bei Michael Herbst und in der Arbeit des IEEG erarbeitet sieht. Damit wurden hier wichtige Impulse und Forschungen für das Ringen um eine Kirche der Zukunft erbracht.

Doppelt erhellend ist das Vorhaben von *Uta Pohl-Patalong.* Im Lichte ihres eigenen Ansatzes von Kirche spiegelt sie verschiedene Ausführungen Michael Herbsts zu missionarischen Gemeinden. So trifft ein empirisch-soziologisches Kirchenbild, das der Gegenwart entspringt, auf ein missionstheologisches Kirchenbild, das in die Zukunft leitet. Im Ergebnis wird die kirchentheoretische Architektur des Jubilars noch einmal auf ganz eigene Weise rekonstruiert. Die Affinität mit »Bewegung, Gruppe und ein wenig Organisation« bestätigt sich, woran Uta Pohl-Patalong in ihrem Vorwärtsdenken gut anknüpfen kann, allerdings andere Gewichtungen setzen würde.

Auch *Ralph Kunz* setzt bei Michael Herbsts missionarischem Programm von 1987 an, um am Ende seines Beitrags in die utopischen Weiten eines eschatologischen Schalom auszugreifen. Diesem Leitbild folge die Mission Gottes und damit die seiner Kirche, einer verwandelten Welt in Freundschaft mit allen Geschöpfen. Damit möchte Kunz der missionstheologischen Ökologievergessenheit begegnen; oder anders: er buchstabiert das fünfte Kennzeichen der Mission (mark of mission) durch und bietet damit einen zeitgemäßen Beitrag in dem Ringen um eine Kirche, die durch Mission in Form gebracht wird.

Warm wird es bei dem Bild, das *Hans-Hermann Pompe* von Kirche malt: Christen, die an den Lagerfeuern der Gesellschaft sitzen und die großen Geschichten Gottes erzählen. Damit erinnert er an das reiche narrative Erbe der christlichen Tradition und hält es für angezeigt, dieses zu beleben. Auch in der Postmoderne brauchen Menschen Mythen, die ihre Augen leuchten lassen und ihr Herz ergreifen. Bilder bewegen mehr als Gedanken – etwas, was Michael Herbst in seinen Vorträgen und Aufsätzen stets meisterhaft berücksichtigte. In der Kirche als Erzählgemeinschaft besteht für Pompe die Chance, dass die abstrakten Großbegriffe wie Sünde, Rechtfertigung, Schöpfung zerbrechen, um in überraschender Relevanz neu zur Sprache zu kommen.

Überraschende Einsichten bieten sich dem, der Kirche als Restaurant denkt. *Stefan Paas* weckt eine Fülle an Assoziationen, wenn er diese Metapher bemüht. Er verbindet damit Gesellschaftskritik und Kritik an der Kritik gleichermaßen – in missionstheologischer Zuspitzung: auf dass Kirche einen überzeugenden Weg in unserer postchristlichen Kultur findet. Nicht nur diese Absicht erinnert an das Œvre Michael Herbsts. Der ganze Beitrag soll als ein Platzhalter für die ökumenische Ausrichtung seines Denkens stehen. Es war stets angeregt vom fachlichen Diskurs mit Wissenschaftlern aus aller Welt und inspiriert von der geschwisterlichen Verbindung mit Vertretern aus Kirchen und Freikirchen.

Eberhard Winkler nimmt den Leser mit auf eine Reise in die DDR-Zeit. Lebendig berichtet er vom Ringen des Bundes der Evangelischen Kirchen mit einem orientierenden Bild: Ob nun »Kirche für andere und mit anderen«, »Kirche als Lerngemeinschaft« oder »Zeugnis- und Dienstgemeinschaft«. Es blieb ein Ringen, aber als solches eine unerlässliche Standortbestimmung in der Diaspora – die vorwegnahm, was der EKD noch bevorsteht. So wird der Blick zurück zu einem

Blick voraus: Viele Diskussionen, manche Sackgasse, Etappensiege – aber auch Enttäuschungen, wie sich Schrumpfung tatsächlich auswirkt. Alles in allem aber zeigte sich, dass Aspekte, die Michael Herbst auch in der Mehrheitssituation anmahnte, unerlässlich bleiben: missionarische Agilität, Sprachfähigkeit und das allgemeine Priestertum.

In seiner Tätigkeit als Theologischer Referent im EKD-Zentrum Mission in der Region war *Heinzpeter Hempelmann* eng mit dem IEEG verbunden und hat seine Expertise zur Milieu- und Lebensweltforschung eingebracht. Mit seinem Beitrag zeichnet er das Bild einer milieusensiblen Kirche, die in einer lebensweltlich segmentierten Gesellschaft Kontext orientiert zu den Menschen geht. In 21 thetisch formulierten Impulsen zeigt sich eine Kirche nahe bei den Menschen, die damit Zukunft hat.

Bischof i.R. Dr. Hans-Jürgen Abromeit hat von Anfang an das Entstehen und den Weg des IEEG begleitet. Mit seinem Beitrag nimmt er den Denkansatz von Jürgen Habermas auf und fragt nach dem Diskurs zwischen Glauben und Wissen. Bei dem religiös unmusikalischen Habermas macht er Entdeckungen von praktisch-theologischer Relevanz, die er mit dem kirchentheoretischen auf vitale Gemeinden bezogenen Ansatz von Michael Herbst ins Gespräch bringt.

Das Bild einer Kirche, die in ihrer rituellen und diakonischen Praxis kontextsensibel und ganzheitlich agiert, entwirft *Gerhard Wegner*. Er knüpft dabei an den gegenwärtigen Trend zur Sozialraumorientierung an, verweist allerdings auf die Leerstelle genuin theologischer Begründungen. Zu verbinden versucht er religiöse und prosoziale Kommunikation durch den Rekurs auf eine phänomenologische Lesart des Sozialraums. Dort artikuliere sich eine »besondere Stimmung, die in die Menschen eindringt« und ihr Fühlen und Handeln beeinflusst: Das Kraftfeld des Geistes. In der öffentlichen Inszenierung seiner Erfahrung liege der Schlüssel zur Integration von christlichem Glauben, prosozialem Handeln und Sozialraumorientierung. Sein Entwurf kann so als sozialwissenschaftliche Relektüre des missio-Dei-Konzeptes, das gerade im Umfeld der Fresh-X-Bewegung rezipiert wird, verstanden werden.

Die hier kurz skizzierten und nachfolgenden Beiträge sind Michael Herbst gewidmet. Damit verbinden die Herausgeber mit vielen Kolleginnen und Kollegen national und international, mit Studierenden, mit Pfarrerinnen und Pfarrern, mit in der Kirche Engagierten den Dank an den Universitätstheologen und -prediger sowie Institutsleiter in Greifswald, den Forschenden und ehrenamtlichen Leiter von GreifBar, den Wissenschaftler und beachteten Redner auf Willow-Kongressen, den Fortbildner für Pfarrerinnen und Pfarrer sowie den passionierten Marathonläufer und Fußballfan.

Selbst aus einer Unternehmerfamilie stammend ist er Unternehmer im Raum der Kirche geblieben oder um es neudeutsch zu sagen: ein ecclesiopreneur.

Als Herausgeber hoffen wir, dass die hier zu findenden Aufsätze Impulse für den weiteren Weg der Kirche bieten und damit ein wichtiges Interesse von Michael Herbst aufnehmen. Und wir danken der Evangelischen Kirche in Deutschland, der Deichmann-Stiftung, den Evangelischen Landeskirchen in Baden und Württemberg, der Nordkirche und der Evangelischen Kirche in Mitteldeutschland, die mit ihren Druckkostenzuschüssen diese Schrift ermöglicht haben.

Ettlingen/Erfurt im Januar 2021
Martin Reppenhagen & Thomas Schlegel

»Mission bringt Gemeinde in Form«

Eine Skizze des theologischen Werks von Michael Herbst

Johannes Zimmermann

> »Als Student saß ich Ende der 1970er Jahre im praktisch-theologischen Hauptseminar und erlebte, wie M. Seitz den damals brandneuen kybernetischen Ansatz von F. Schwarz behandelte. Die ‘überschaubare Gemeinde‘ war das Thema, und dieses Seminar war für uns Studierende eine Initialzündung. Waren wir vorher überzeugt, *dass* es so wie bisher nicht weitergehen könne, so sahen wir jetzt einen Weg, *wie* es weitergehen könnte. Haben wir uns zuvor gefragt, *wie* denn der Dienst eines Pfarrers/ einer Pfarrerin sinnvollerweise aussehen könnte, so stand es uns nun klar vor Augen: *so* könnte es gehen! Vor allem für die unter uns, die wie ich aus der missionarischen Jugendarbeit z.B. des CVJM kamen, war es die Verknüpfung unserer geistlichen Tradition mit dem zukünftigen kirchlichen Amt: missionarischer Gemeindeaufbau in der Volkskirche!«[1]

So stellt Michael Herbst ein Schlüsselerlebnis seines theologischen Werdegangs dar. Bevor wir mit seinem theologischen Weg fortfahren, verlassen wir Erlangen und gehen dorthin, wo alles begann: Michael Herbst wurde am 2. April 1955 in Bielefeld geboren. Er kommt aus dem CVJM Bielefeld, nach dem Abitur 1975 und dem Zivildienst studierte er Evangelische Theologie in Bethel, Göttingen und Erlangen. Von 1981 bis 1984 war er Wissenschaftlicher Mitarbeiter bei Manfred Seitz in Erlangen, wo er 1986 über Missionarischer Gemeindeaufbau in der Volkskirche promovierte. »Seit dieser Zeit sind die Fragen der Evangelisation und des missionarischen Gemeindeaufbaus sein Lebensthema«.[2]

Von 1984 bis 1992 war Michael Herbst Vikar und schließlich Pfarrer der Evangelischen Matthäusgemeinde im westfälischen Münster, von 1992 bis 1996

---

1 Michael Herbst (im Folgenden: M.H.), Gemeindeaufbau im 21. Jahrhundert. Kybernetik – Where Learning Leads to Mission, in: Georg Lämmlin/Stefan Scholpp (Hg.), Praktische Theologie der Gegenwart in Selbstdarstellungen, Tübingen/Basel 2001, 369–387, 373.

2 ThBeitr 39 (2008), 175 (in den biographischen Angaben nach einem Artikel von M. Herbst).

Krankenhausseelsorger in der Kinderklinik Bethel in Bielefeld. 1996 wurde er auf den Lehrstuhl für Praktische Theologie an der Universität Greifswald berufen. Gemeinsam mit Jörg Ohlemacher war er seit 2004 Gründungsdirektor am Institut zur Erforschung von Evangelisation und Gemeindeentwicklung an der Universität Greifswald; nach dessen Emeritierung wurde er alleiniger Direktor des Instituts.[3] Michael Herbst ist verheiratet mit Christiane, die beiden haben vier Kinder und eine wachsende Zahl von Enkeln.

Damit die theologische Skizze nicht auf den Originalton verzichten muss, werde ich immer wieder exemplarisch pointierte Zitate »einspielen«.

I. »Missionarischer Gemeindeaufbau als Lebensthema«

»Missionarischer Gemeindeaufbau in der Volkskirche«

Als Michael Herbst in den 1980er Jahren die Bühne der universitären Theologie betritt, ist es ein seltener Kairos für das Thema, das zu seinem Lebensthema werden sollte: »Missionarischer Gemeindeaufbau in der Volkskirche«. Das Thema lag in der Luft, Theo Sorg in Württemberg sowie Fritz und Christian Schwarz in der westfälischen Heimat von Michael Herbst hatten begonnen, Aufbrüche in der Praxis und theologische Reflexion miteinander zu verbinden. In Erlangen trugen Manfred Seitz und sein Schüler Michael Herbst maßgeblich dazu bei, dass das missionarische Anliegen theologisch vertieft und profiliert wurde und sich das Thema in der Theologie und vor allem in der Kirche etablieren konnte.[4] Ein gewichtiger Beitrag dazu war die 1987 erschienene Dissertation von Michael Herbst.

Das darin programmatisch vertretene Anliegen des missionarischen Gemeindeaufbaus wurde historisch, biblisch-theologisch, ekklesiologisch und praktisch-theologisch vertieft, in Bezug gesetzt zur volkskirchlichen Wirklichkeit in der Auseinandersetzung mit unterschiedlichen theologischen Konzeptionen. Auffallend war eine Sprache, die man in Dissertationen selten antrifft: klar, griffig, positionell, geradezu angriffslustig – erfrischend anders als der häufig zu findende Versuch, nicht anzuecken und mit dem Mainstream mitzuschwimmen.

---

3 Die biographischen Angaben sind entnommen aus: ThBeitr 2008, 175; »Biographische Vorbemerkung« in: M.H., Gemeindeaufbau im 21. Jahrhundert (s. Anm. 1), 369f.; Wikipedia, Art. Michael Herbst (Zugriff am 29.07.2020).

4 S. dazu Johannes Zimmermann, Was wurde aus dem »missionarischen Gemeindeaufbau«? Zwischenbilanz 25 Jahre nach »Überschaubare Gemeinde«, in: M. H. / Jörg Ohlemacher / Johannes Zimmermann (Hg.): Missionarische Perspektiven für die Kirche der Zukunft, BEG 1, Neukirchen-Vluyn 2005, 85–104.

Dazu eine Kostprobe zur Wahrnehmung von »Volkskirche«:

> »Es ist eine furchtbare Verkehrung, wenn Theologie oder gar Kirche den Menschen einrede, ihre – zugegebenermaßen positive – Distanz sei auch eine Möglichkeit, Christ zu sein und am Leben der Gemeinde zu partizipieren [...]. Nein, die Sache muß beim Namen genannt werden: Wer hier fernbleiben kann, wer hier lautlos gehen kann, wer hier feststellen muß, daß er in Distanz lebt zur Gemeinde, ihrer Versammlung unter Wort und Sakrament, damit wohl auch ihrem Herrn, von dem muß wohl in der Regel gelten, daß er noch nie eine Grundentscheidung für Jesus Christus, eine ganzheitliche Umkehr zu ihm und seinem Leib, der Gemeinde, erlebt hat«.[5]

In direktem Vergleich dazu eine Äußerung von 2018, also gut 30 Jahre später:

> »Weiterhin gilt es auch die Spannung aufrecht zu erhalten, einerseits jeden Getauften als Träger der Verheißung Gottes zu achten und verschiedene Grade der Nähe und Distanz zum kirchlichen Gemeinschaftsleben zu respektieren, andererseits aber jedem Getauften zu wünschen, dass er sich das, was ihm in der Taufe zugeeignet wurde, auch persönlich aneignet und in irgendeiner Form verbindlich Teil der geistlichen Gemeinschaft der Getauften wird. Distanz zum Gottesdienst, zu Wort und Sakrament, bedeutet auf Dauer eben doch auch Distanz zum christlichen Glauben selbst. Das Modell, in kasualorientierter freundlicher Distanz zur Kirche eine tragfähige Variante protestantischen Christseins zu sehen, ist gründlich gescheitert«.[6]

Diese Zitate führen uns in den Kern der Auseinandersetzungen um den missionarischen Gemeindeaufbau in der Volkskirche. Es geht um mehr als ein Aktivierungs- oder Aktionsprogramm, um weit mehr als um pragmatische Strategien, es geht um Grundfragen im Verständnis von Glaube, Christsein und Kirche. Kein Wunder, dass entsprechende Kontroversen darauf folgten. Im Gegenüber von »volkskirchlichen« und »missionarischen« Konzeptionen avancierte Michael Herbst zunehmend zum Exponenten der letzteren.

Am Beginn stehen dabei die »drei kybernetischen Grundentscheidungen« als das »kleine Einmaleins des missionarischen Gemeindeaufbaus«.[7] Ausgehend von

---

5 M.H., Missionarischer Gemeindeaufbau in der Volkskirche, 4. erweiterte Auflage 2010 (BEG 8), 135. – Das scheint sich so ins kollektive Gedächtnis der Praktischen Theologie eingegraben zu haben, dass noch Jahrzehnte später eine Kollegin diese Sätze zitiert: Uta Pohl-Patalong, Parallel, confrontational oder common learning economy? Kritische Anfragen an das Konzept der Ergänzung, in: PTh 109 (2020), 51–68, 63f.

6 M.H., Aufbruch im Umbruch. Beiträge zu aktuellen Fragen der Kirchentheorie (BEG24), Göttingen 2018, 10.

7 M.H., Missionarischer Gemeindeaufbau in der Volkskirche, in: R. Weth (Hg.), Diskussion zur »Theologie des Gemeindeaufbaus«, Neukirchen-Vluyn 1986, 81–112, 90.

der eben skizzierten volkskirchlichen Ausgangssituation werden dort die Ziele in elementaren Schritten formuliert.

1. »Es geht im missionarischen Gemeindeaufbau um die geistliche Erneuerung und kybernetische Ausbildung des Pfarrerstandes«.
2. »Es geht im missionarischen Gemeindeaufbau darum, solche Gemeindeglieder, die sich schon zum Leben der Gemeinde halten, entweder im Glauben zu vergewissern oder allererst zum Glauben zu führen, um dann auch ihre besonderen Charismen für die Mitarbeit zu entdecken«.
3. »Es geht im missionarischen Gemeindeaufbau darum, auch fernstehende Gemeindeglieder zur Umkehr einzuladen und in das Leben der Gemeinde einzugliedern«[8].

Was auf den ersten Blick schlicht klingt, wird in der Arbeit biblisch-theologisch begründet und entfaltet: Es geht um das Verhältnis von Glaube und Kirche, von Taufe und Evangelisation, von menschlichem Planen und göttlichem Wirken. Eine wichtige Rolle spielt dabei die Barmer Theologische Erklärung, insbesondere das Verständnis von Kirche als »Gemeinde von Brüdern« (Art. 3).

Gemeindeformen – »Mission-Shaped Church« und »fresh expressions of Church«

War die Gemeindeaufbaubewegung der 1980er Jahre noch konzentriert auf die Erneuerung der Ortsgemeinde, so trat seit den 1990er Jahren, vor allem aber im neuen Jahrtausend die Frage nach (neuen) Gemeindeformen dazu, wesentlich inspiriert durch die anglikanischen Modelle des »Church Planting«, im neuen Jahrtausend dann durch die Schrift »Mission-Shaped Church« mit dem Ziel von »fresh expressions of church«. Michael Herbst griff das Thema als einer der Ersten in Deutschland auf und setzt seitdem in Forschung und Lehre einen kräftigen Akzent auf die Verbindung von missionarischer Gemeindeentwicklung und neuen Gemeindeformen. »fresh expressions« stellen seitdem einen Schwerpunkt in seiner Arbeit dar. Dazu zählt die Herausgabe der deutschen Ausgabe von Mission-Shaped Church (»Mission bringt Gemeinde in Form«), eine große Zahl eigener Forschungsbeiträge bis hin zu Lehrveranstaltungen, Fortbildungen und anderem mehr.

Michael Herbst griff die Verankerung einer missionarischen Ekklesiologie in der *missio Die* auf und ließ sich inspirieren von der damit verbundenen Haltung und Fülle der konkreten Beispiele. Das Resümee »Dem englischen Patienten geht

---

[8] A. a. O., 91.94.97 (im Original kursiv), vgl. 102 f.

es besser«[9] lässt die Hoffnung erkennen, dass ein missionarischer Aufbruch zur »Gesundung« der Kirche führen kann.

Fresh expressions bilden nicht zuletzt auch eine Herausforderung für die Praxis: »Wir brauchen den Mut zum Experiment und die Freiheit, Fehler zu machen. ›It's fine to fail‹: Man kann scheitern, aber man sollte es versucht haben«. Es geht um Fragen der Ausbildung, um Fantasie und einen Mentalitätswandel. Und trotzdem bzw. gerade deswegen: »Alles das lebt davon, dass wir uns aufs Neue vom Evangelium begeistern und berühren lassen«.[10]

Zu den »fresh expressions of church« gehört die »mixed economy«, die »Mischwirtschaft« aus traditionellen Gemeindeformen und »fresh expressions«. Dabei geht es Michael Herbst um mehr als um den Freiraum für Experimente: Es geht um den Missionsauftrag der Kirche insgesamt:

> »Die Pointe der *mixed economy* liegt hier: Gibt es neben der Parochie andere Sozialformen des Glaubens, so vermag diese Pluralität mehr Menschen eine Chance zu geben, sich der Kommunikation des Evangeliums anzuschließen: in Kommunitäten und Gebetshäusern, Hauskirchen, attraktiven Zentralkirchen mit ihrem kulturellen und sozialen Angebot, Gemeindepflanzungen und *fresh expressions of church* in Cafés und Schulen, an sozialen Brennpunkten und in akademischen Biotopen, in *messy churches,* in denen Kinder und Erwachsene gemeinsam den christlichen Glauben kennenlernen usw.«[11]

Praktische Theologie als »Wissenschaft vom Gemeindeaufbau«

Die zentrale Stellung des Gemeindeaufbaus prägt auch Michael Herbsts Verständnis von Praktischer Theologie. Bereits in seiner Dissertation formulierte er programmatisch: »Praktische Theologie soll als Wissenschaft vom Gemeindeaufbau definiert werden«.[12] Das heißt, nicht das neuzeitliche Christentum (D. Rössler), nicht »Religion« (W. Gräb) und auch nicht Person und Beruf des Pfarrers bzw. der Pfarrerin werden als Integral der Praktischen Theologie verstanden, sondern »Gemeindeaufbau«. Das hat zur Folge, dass alle Einzelbereiche der Praktischen Theologie (Predigt, Seelsorge, Gottesdienst, Unterricht, Diakonie, Publizistik) als Teilaufgabe des Gemeindeaufbaus betrachtet werden und inso-

---

9 M.H., Dem »Englischen Patienten« geht es besser. Was können wir von der Anglikanischen Kirche lernen? In: Wolfang Nethöfel / Klaus-Dieter Grundwald (Hg.), Kirchenreform strategisch, Glashütten 2007, 463–488.

10 M.H., Kirche mit Mission. Beiträge zu Fragen des Gemeindeaufbaus (BEG 20), Neukirchen-Vluyn 2013, 198 (daraus auch die folgenden Zitate).

11 M.H., Mixed Economy in der EKD?, PTh 109 (2020), 69–90, 83.

12 M.H., Missionarischer Gemeindeaufbau in der Volkskirche (s. Anm. 13), 43.

fern nicht für sich stehen, auch nicht einem »privaten« oder »öffentlichen« Christentum zugeordnet werden, sondern auf Gemeindeaufbau zielen.

2001 formuliert Herbst das so:

> »Praktische Theologie ist Praxistheorie des christlichen Glaubens [...]. Da der Glaube aber nicht ohne die Gemeinde sein kann und sowohl die individuelle wie auch die gesellschaftliche Gestalt nicht überleben könnten ohne die kirchliche, ist Praktische Theologie in ihrem Zentrum Praxistheorie der Gemeinde von morgen, Gemeindeaufbau ist dann eine Leitdisziplin innerhalb der Praktischen Theologie.«[13]

Auch in der Einordnung des »Gemeindeaufbaus« in den etwas breiter angelegten Ansatz der »Kirchentheorie« verfolgt Herbst diese Perspektive weiter und betont beim Modell von Kirche als »Hybrid« (Eberhard Hauschildt und Uta Pohl-Patalong) neben der Seite der Institution und Organisation vor allem die Bedeutung der »Bewegung« für den Gemeindeaufbau.[14]

Verheißungsorientierung

Anders als Christian Möller, der »gegenüber der planerischen Grundströmung der Gemeindeaufbau-Bewegung«[15] skeptisch bleibt, folgt Michael Herbst Burghard Krause im Leitbild einer »verheißungsorientierten Gemeindeentwicklung«[16] und sieht keinen Gegensatz zwischen dem Vertrauen auf Gottes Verheißung und menschlichem Planen, vielmehr kommt es darauf an, beides in das rechte Verhältnis zu setzen.

Aus der Verheißungsorientierung im Gemeindeaufbau folgt ein kräftiger Akzent auf der Gegenwart des »Reiches Gottes« bzw. die »Hoffnung auf eine beginnende Realisierung des Verheißenen«.[17] In diesen Zusammenhang gehört auch die Fülle der Beispiele gelingender Praxis, in denen diese anschaulich wird und die vor allem der Ermutigung dienen sollen.

---

13 M.H., Gemeindeaufbau im 21. Jahrhundert (s. Anm. 1), 387.

14 M.H., Aufbruch im Umbruch (s. Anm. 6), 19–39, v.a. 23f. 30–35.

15 M.H., Art. Gemeindeaufbau, ELThG Bd. 2 (1993), 709–714, 710.

16 Burghard Krause, Auszug aus dem Schneckenhaus. Praxis-Impulse für eine verheißungsorientierte Gemeindeentwicklung, Neukirchen-Vluyn 1996.

17 M.H., Ein Plädoyer für verheißungsorientierte Gemeinde-Visionen. Eine Reaktion auf Reiner Knielings Plädoyer für unvollkommene Gemeinden, in: ThBeitr 39 (2008), 163–175, 175.

»Mission bringt Gemeinde in Form«

»Mission bringt Gemeinde in Form« ist eine kreative, aber sachgemäße Wiedergabe von »mission-shaped church« (wörtlich: »missionsgeformte Kirche«). Die Formulierung enthält die beiden Themen, die prägend und profilbildend für das theologische Denken von Michael Herbst sind. Dabei ist auf den ersten Blick Gemeinde eher das Standbein und Mission das Spielbein. Man kann es aber auch umdrehen und Mission als »Standbein« betrachten: Gottes Sendung, die *missio Dei* ist die Stelle, an der Gemeinde verankert ist, von der aus sie ihren Auftrag bekommt, in »Form« gebracht und in Bewegung gesetzt wird. Am besten lassen sich Mission und Gemeinde als die zwei Brennpunkte einer Ellipse betrachten. Das wirkt sich in den Einzeldisziplinen der Praktischen Theologie aus und prägt auch die Schwerpunkte der theologischen Forschung von Michael Herbst:

Der Ausgang bei der *missio Dei* führt bei Michael Herbst zu einem vertieften Missionsverständnis: Die Kirche *hat* nicht eine Mission, sie ist Teil der »Mission« Gottes – und damit auch die kirchlichen Handlungsfelder bis hin zu Diakonie und Seelsorge.

»Lernprozesse«[18]

Neben einer grundlegenden Kontinuität gibt es auch Weiterentwicklungen und Akzentverschiebungen im theologischen Arbeiten von Michael Herbst, andere Themen kamen neu dazu. 2010 schreibt er für die vierte Auflage seiner Dissertation einen neuen vierten Teil:[19] »Es hat sich viel getan: Missionarischer Gemeindeaufbau in spätvolkskirchlicher Zeit« (479) – »Und doch: Wir stehen 2010 nicht mehr da, wo wir 1987 standen!« (487). In zehn Punkten benennt er die »Lernprozesse« gegenüber den 1980er Jahren:[20]

1. Von grundlegendem Streit zu (etwas mehr) versöhnter Verschiedenheit
2. Vom wünschenswerten Zielfoto zur Steuerung kybernetischer Prozesse
3. Von der Erneuerung der Pfarrerschaft zur kybernetischen Leitung
4. Vom Monopol der Parochie zur Pluralität der Gemeindeformen
5. Von der Konzentration auf die Gemeinde zur Entdeckung der Region
6. Von der »attraktionalen« zur »inkarnatorischen« Mission
7. Vom missionarischen Gemeindeaufbau zum evangelistisch-diakonischen Gemeindeaufbau

---

[18] M.H., Missionarischer Gemeindeaufbau, 4. Auflage 2010 (s. Anm. 5), 487.

[19] A.a.O., 4. Teil, 479–552.

[20] Im Folgenden werden die Überschriften genannt aus M.H., Missionarischer Gemeindeaufbau, 4. Auflage 2010 (s. Anm. 5), 487–539.

8. Vom missionarischen Gemeindeaufbau in der Volkskirche zur pluralen Mission unter Konfessionslosen
9. Von der Wiederentdeckung der Mission zur Erforschung der Konversion
10. Glaubenskurse als kleine Erfolgsgeschichte

Einige dieser »Lernprozesse« werden im Folgenden näher in den Blick kommen. Einer davon war mit einer biographischen Veränderung verbunden: Der Wechsel von Westfalen nach Vorpommern nach dem Ruf auf den Lehrstuhl in Greifswald führte Michael Herbst in eine völlig andere kirchliche und gesellschaftliche Situation, die durch mehrheitliche Konfessionslosigkeit geprägt war und für ihn die Frage nach Mission und Gemeindeaufbau angesichts von vierzig Jahren DDR-Erfahrung noch einmal neu stellte.

II. Ein praktisch-theologischer Rundgang

Als einziger Praktischer Theologe an der Theologischen Fakultät der Universität Greifswald neben seinem religionspädagogischen Kollegen hatte Michael Herbst das gesamte Feld der Praktischen Theologie mit Ausnahme der Religionspädagogik zu vertreten. Vor allem in seinen Vorlesungen kommen die praktisch-theologischen Einzeldisziplinen in ihrer gesamten Breite in den Blick.

Anders verhält es sich in seiner theologischen Forschung. Hier zeigt der Blick auf die Publikationen ein klar erkennbares Profil, das ganz in der Linie seiner Hauptthemen steht und das im Folgenden exemplarisch skizziert werden soll.

Homiletik: *»weg-weisende Jesus Verkündigung« und »den Gekreuzigten vor Augen malen«*

Gemeinsam mit dem Greifswalder Kirchenmusiker Matthias Schneider hat Michael Herbst das Lehrbuch »Wir predigen nicht uns selbst« veröffentlicht, von dem sechs Auflagen erschienen sind.[21] Auch bei gemeinsamer Verantwortung für das gesamte Werk ist in den homiletischen Teilen die Handschrift von Michael Herbst unverkennbar.

Darüber hinaus sind es zwei homiletische Themen, bei denen er Akzente gesetzt hat:

---

[21] M.H. / Matthias Schneider, ... wir predigen nicht uns selbst. Ein Arbeitsbuch für Predigt und Gottesdienst, Neukirchen-Vluyn 6. Aufl. 2017; Stand Juli 2020: »vergriffen«.

a) Die evangelistische Predigt bzw. die Predigt im missionarischen Gottesdienst.[22] Herbst hält auf der einen Seite daran fest, dass evangelistische Predigt »weg-weisende Jesus-Verkündigung« (189) ist, die für ihn an der Erzählung einer Jesus-Geschichte in Gottesdiensten für kirchendistanzierte und konfessionslose Menschen konkret wird. Auf der anderen Seite ist erkennbar, dass er anders als frühere Vertreter der evangelistischen Predigt mit einem längeren Weg rechnet, indem er mit Albrecht Grözinger für die evangelistische Predigt als »gastliche Rede« plädiert, die »möglichst wenig an Vorkenntnissen« voraussetzt: »Sie zielt nicht sogleich auf Übereinstimmung, sondern eröffnet einen Freiraum, in den die Hörer eintreten können« (188). Zur evangelistischen Predigt gehört auch eine Langzeit-Fortbildung, die von Herbst mit entwickelt wurde.

b) Bei der Frage nach Kreuz, Sühne und Vergebung geht es um die zentrale Thematik der Rechtfertigung, die zugleich eine homiletische Herausforderung ersten Grades darstellt. Hier ist ein doppelter Anlauf nötig, um das »Kreuz mit dem Kreuz« aufzuarbeiten: Einmal im Blick auf die gegenwärtig erfahrene Fremdartigkeit und Anstößigkeit der Kreuzestheologie, zum anderen in der theologischen Diskussion und der »innerkirchliche[n] Strategie, dieses Ärgernis abzumildern und das Kreuz damit religiös zu verkleinern«.[23]

Sein Fazit: »Das Thema Schuld und Vergebung, Opfer und Sühne ist also durchaus virulent, wenn auch in teilweise hochsäkularisierter Form. Es ist jedoch immer noch so präsent, dass das Wort vom Kreuz sinnvoll und verständlich darauf bezogen werden kann«.[24]

Liturgik: »Neue Gottesdienste braucht das Land«

Die Renaissance des Gottesdienst-Themas in den 1990er Jahren war verbunden mit einer zweiten Welle »neuer Gottesdienste«. Herbst tritt hier mit dem Slogan »Neue Gottesdienste braucht das Land« [25] als Protagonist von Gottesdiensten mit

---

[22] M.H., »... damit ich möglichst viele gewinne«. Die Predigt im Gottesdienst für Suchende, in: Christian Schwarz / M.H. (Hg.), Praxisbuch neue Gottesdienste, Gütersloh 2010, 185–223 (daraus die folgenden Zitate).

[23] M.H., Passionierte Predigt. Den Gekreuzigten vor Augen malen. Systematische und praktische Überlegungen zu einem umstrittenen Thema, in: ThBeitr 41 (2010), 314–334, 318. – Wie es in der Predigt konkret werden kann, »den Gekreuzigten vor Augen zu malen«, ist auf S. 333 f. in einem längeren Predigtzitat eindrücklich zu sehen (*Gott kann leiden – Gott kann mich leiden – Gott kann für mich leiden*).

[24] M.H., Das Kreuz in der evangelistischen Verkündigung, in: ThBeitr 34 (2003), 197–213, 209.

[25] M.H., Neue Gottesdienste braucht das Land, in: BThZ 17 (2000), 155–175 (daraus die folgenden Zitate).

explizit evangelistischer Ausrichtung auf und macht sich für sucherfreundliche Gottesdienste als Zielgruppengottesdienste stark. Die Kritik an der »liturgischen Monokultur« (168) der traditionellen Gottesdienste teilt er, aber sein Blick geht weiter: »Die Einheit in versöhnter Verschiedenheit ist [...] nicht der Ausgangspunkt der liturgischen Bemühungen, so sehr sie als Zielpunkt festgehalten werden muss«. Die »Vollversammlung der Gemeinde in der gottesdienstlichen Mahlfeier« sieht er als »Zielpunkt des Gemeindeaufbaus«. Der Weg dorthin führt über gemeinsame Elemente im Gottesdienst und »liturgische Gastfreundschaft« (173).

Mehre Jahre später ist eine deutliche Akzentverschiebung erkennbar. Michael Herbst blickt in einem Beitrag unter demselben Titel[26] auf ein Abebben der »Welle« neuer Gottesdienste und fragt: »Könnte es sein, dass die Zeit der sucherorientierten Gottesdienste vorüber ist?« Taufgespräche mit konfessionslosen Erwachsenen bewirkten ein Umdenken: »Wir mussten erstaunt zur Kenntnis nehmen, dass wir auch unter missionarischer Perspektive für manchen in unserem Gemeindegottesdienst mehr tun konnten als bei unseren sucherorientierten Events« (144). Sein Fazit: »Wir feiern nicht Gottesdienste für bestimmte Zielgruppen, sondern wir feiern Gottesdienste, um Gott zu loben und das Evangelium zu feiern. Und wir sind zugleich sensibel für den ungeübten Gast« (145).

Die Akzentverschiebung der liturgischen Beiträge ist exemplarisch für die Differenz zwischen dem »Früh-Herbst« und dem »Spät-Herbst«: Stand anfangs ein klares Contra und oft eine negative Darstellung des Bestehenden, so würdigt er später bei allem Engagement für innovative Formen stärker das Bestehende, über der Frage der Formen steht das geistliche und missionarische Anliegen. Mit anderen Worten: Die von ihm selbst für die Diskussion um den Gemeindeaufbau beobachtete Entwicklung »Von grundlegendem Streit zu (etwas mehr) versöhnter Verschiedenheit« trifft auch auf ihn selbst zu.

Mission und Konversion: »Wie finden Erwachsene zum Glauben?«

»Von der Wiederentdeckung der Mission zur Erforschung der Konversion« wurde als »Lernprozess« genannt. Dabei geht es vor allem um das vom Greifswalder Institut 2009–2010 durchgeführte Projekt: »Wie finden Erwachsene zum Glauben?«.[27] Für Michael Herbst geht es dabei darum, dass Mission nicht abgesehen

---

26 M.H., Neue Gottesdienste braucht das Land. Programm und Zwischenbilanz, in: DERS., Aufbruch im Umbruch (s. Anm. 14), 126–150 (daraus die folgenden Zitate).

27 JOHANNES ZIMMERMANN / ANNA-KONSTANZE SCHRÖDER (Hg.), Wie finden Erwachsene zum Glauben? Einführung und Ergebnisse der Greifswalder Studie, BEG-Praxis, Neukirchen-Vluyn 2010 (mit Beteiligung und Beiträgen von M.H.).

von ihren angestrebten und tatsächlichen Wirkungen betrachtet werden kann. So wenig Mission über ihre Wirkungen verfügen kann, so wenig ist sie »absichtslos«. Auch hier gilt es, verheißungsorientiert zu arbeiten. Damit wird Konversion in den Grundlagen der Verkündigung verankert: »Zum Wort gehört die Antwort«.[28]

> »[...] unsere Theologie scheut sich häufig, die Wirkungen von Wort und Sakrament im Einzelnen und in der Gemeinschaft zu thematisieren. Für die biblischen Zeugen [...] gehört aber beides zusammen: das verkündigte Wort und seine Wirkungen. Zugleich wird nicht verschwiegen, dass es den Verkündigern auch um genau diese provozierten Wirkungen geht«.[29]

Kurz und prägnant: »Wer Mission sagt, muss auch Konversion wollen«.[30]

Mission und Bildung: »Kurse zum Glauben« und »Lebendiges, mündiges Christsein«

Bei den Kursen zum Glauben konvergieren Anliegen von Gemeindeaufbau, Evangelisation und Bildung. Auch hier setzte Michael Herbst Akzente: Auf der einen Seite war er als Multiplikator tätig und maßgeblich an der Implementierung des »Emmaus«-Glaubenskurses in Deutschland beteiligt. Auf der anderen Seite steht die Reflexion, vor allem im Kontext der EKD-Aktion »Erwachsen glauben«. Im kritischen Dialog von »missionarisch Engagierten« und der kirchlichen Erwachsenenbildung geht es um die Frage, ob »Bildung« und »Mission« kompatibel sind. Michael Herbst wirbt dabei für eine »bildsame Mission« ebenso wie für eine »missionarische Bildung«.[31]

Konversion ist dabei nur der erste Schritt, das Ziel ist »lebendiges mündiges Christsein« – so der Greifswalder Versuch, Begriffe wie »Nachfolge« oder »Jüngerschaft« neu im Horizont (religions-)pädagogischer Standards zu formulieren.

Weil sich das nicht von selbst einstellt, ist es die Aufgabe der Gemeinde, »Menschen zu fördern, zu bilden und zu begleiten, damit sich ihnen das Leben in der Nachfolge erschließt«.[32] »Volkskirchliche« Positionen kommentiert Michael

---

28 M.H., Kirche mit Mission (s. Anm. 10), 206.

29 A.a.O., 207.

30 A.a.O., 258.

31 M.H., Bildsame Mission – Missionarische Bildung?, in: Johannes Zimmermann (Hg.), Darf Bildung missionarisch sein (BEG 16), Neukirchen-Vluyn 2010, 109–131.

32 M.H. / Benjamin Stahl, Kingdom Learning. Ein deutsch-englischer Beitrag zum Thema mündiges Christsein (»discipleship«), in: ThBeitr 49 (2018), 220–242 (daraus die folgenden Seitenzahlen).

Herbst dabei so: »Mündigkeit wird vorausgesetzt [...] eine sehr optimistische Sicht auf die kirchliche Gesamtlage« (226).

Er stellt dagegen: »Der Glaube ist nicht einfach etwas Vorhandenes, das wir umstandslos bei jedem, der Mitglied der Evangelischen Kirche ist, in Anschlag bringen könnten, Der Glaube ist etwas Anfängliches: Es fängt an mit einem Herrschaftswechsel und grundlegender Umkehr« (225).

Eine bloße »Stabilisierung« der »kirchlichen Mitte« bzw. der Distanzierten reicht nicht aus: »Es geht um eine intentionale Förderung von lebendigem, mündigem Christsein. Nach meinem Eindruck ist das der Engpass im Blick auf viele ehrgeizige und in sich sinnvolle Überlegungen zur Reform von Kirche und Gemeinde. Ohne eine deutliche Erhöhung der Anzahl lebendiger, mündiger Christenmenschen wird vieles, was an und für sich sinnvoll wäre, ein Wunschtraum bleiben« (236).

Auch hier geht es um Bildung:

> »Darum gilt es, den getauften Menschen Mut zu machen, *sich selbst zu bilden:* im Glauben [...] Jedenfalls sehe ich in der Lebendigkeit und Mündigkeit meines Christseins eine Aufgabe, der ich Zeit und Aufmerksamkeit widmen will« (237).

Das Fazit: »Wir müssten nicht nur schauen, wie Erwachsene zum Glauben finden, sondern auch wie Glaubende erwachsen werden« (238): Es geht um »Wachstum im Glauben« (239).

Pastoraltheologie: »Geistliche Leitung« und Dienst am allgemeinen Priestertum

In der Pastoraltheologie wendet sich Michael Herbst dagegen, dass die Beauftragung zur öffentlichen Wortverkündigung zu einer falsch verstandenen Alleinzuständigkeit führt, die die Entfaltung des allgemeinen Priestertums blockiert. Im Gegensatz zu einer solchen »hypertrophen Pfarramtstheologie«[33] betont er von Epheser 4 her:

---

[33] M.H., Gemeindeaufbau auf dem Weg in das Jahr 2017, in: Matthias Clausen / M.H. / Thomas Schlegel (Hg.), Alles auf Anfang. Missionarische Impulse für Kirche in nachkirchlicher Zeit (BEG 19), Neukirchen-Vluyn 2013, 7–41, 33.

> »Die neue Rolle der Pfarrerschaft im Gemeindeaufbau der Zukunft muss darauf ausgerichtet werden, die Begabungen der Christen zum Dienst in der Gemeinde freizusetzen und ihnen begleitend, ermutigend und auch theologisch bildend zur Seite zu stehen«.[34]

Ziel ist die Realisierung der »Gemeinde der Schwestern und Brüder« (51).

Michael Herbst forschte über Fragen der Arbeitszufriedenheit im Pfarramt, er veröffentlichte zusammen mit Peter Böhlemann ein Praxisbuch[35] zum Thema »Geistliche Leitung«. Er war beteiligt an der Konzeption des »Spirituellen Gemeindemanagements«[36] und war dort auch lange Jahre als Referent mit dabei. Hinzu kommt das Thema der Mittleren Ebene, die Visitation – und das Plädoyer für eine Vielfalt und Vielgestaltigkeit der Formen im Pfarramt angesichts der kirchlichen Herausforderungen.

Darüber hinaus hat Herbst in unzähligen Pfarrkonventen und Fortbildungen (nicht zuletzt dem Greifswalder »Summer Sabbatical«) Pfarrerinnen und Pfarrer ermutigt, im Spannungsfeld zwischen »Zuspruch und Zumutung« ihren Dienst zu gestalten und aus der in der Ordination empfangenen Zusage zu leben.[37] Zugleich ist es sein Anliegen, sie in die Lage zu versetzen, sich auf die missionarischen Herausforderungen der Gegenwart einzustellen; hier hält er eine Vielgestaltigkeit pfarramtlicher Dienste für angemessen. Selbst an der Ausbildung zukünftiger Pfarrerinnen und Pfarrer beteiligt, mahnte er immer wieder Veränderungen in der Ausbildung an.

Zur Pastoraltheologie gehört schließlich auch das Werben um einen Freiraum für Experimente gegenüber Kirchenleitungen und Verantwortlichen:

> »Ich wünsche mir als jemand, der gerne zur Landeskirche gehört und ihre Stärken schätzt, dass die jungen Leute, die wir ausbilden, nicht gehen müssen, um Neues ausprobieren zu können. Ich wünsche mir, dass sie nicht zu Hillsong und ICF gehen müssen, sondern in der Landeskirche Räume bekommen, neue Gemeindeformen auszuprobieren«.[38]

---

34 M.H., »Einsames Priestertum aller Pfarrer?« Zum Verhältnis von Pfarramt und allgemeinem Priestertum, ThBeitr 31 (2000), 37–43, 50 (daraus auch das folgende Zitat).

35 Peter Böhlemann / M.H., Geistlich Leiten. Ein Handbuch, Göttingen 2011.

36 Hans-Jürgen Abromeit / Peter Böhlemann / M.H. / Klaus-Martin Strunk (Hg.), Spirituelles Gemeindemanagement. Chancen – Strategien – Beispiele, Göttingen 2001.

37 M.H., »Was bin ich?« Pfarrerinnen zwischen Zuspruch und Zumutung, KuD 57 (2011), 200–223.

38 M.H., Und nun, Ecclesia? Eine zusammenfassende Betrachtung zum Symposium »Kirche[n]gestalten, in: Kolja Koeniger / Jens Monsees (Hg.), Kirche[n]gestalten. Re-Formationen von Kirche und Gemeinde in Zeiten des Umbruchs (BEG 26), Göttingen 2019, 305–318, 312.

Diakonie: »weder taktisch noch stumm«

In der Anfangszeit des missionarischen Gemeindeaufbaus in den 1980er Jahren war Diakonie noch kaum im Blick. 2010 zählt Herbst dann den Weg »Vom missionarischen Gemeindeaufbau zum evangelistisch-diakonischen Gemeindeaufbau« zu den wichtigen Veränderungen und stellt fest, dass der »diakonische Akzent in der Gemeindeaufbau-Theologie heute kräftiger vorkommt als 1987«.[39] Das erfordert eine Verhältnisbestimmung von Evangelisation und Diakonie.

> »Diakonie als evangelistischer Brückenschlag – diese These ist so gefährlich, dass sie der Erörterung bedarf. Die Hinwendung nach außen zum Armen könnte trotz allem wie eine besonders ausgeklügelte Taktik verstanden werden, der es nur darum geht, 'Schäfchen' zu gewinnen. Es wäre dann eine besonders infame Art, den Nächsten hinters Licht zu führen, ja ihn zu benutzen. Wir haben es ja trotz bester Bemühungen in unserer Kirche noch nicht vermocht, als Diakone evangelistisch und als Evangelisten diakonisch zu sein. Wir müssten schon Skylla und Charybdis umschiffen: Skylla, das wäre eine rein taktische Nächstenliebe, die eigentlich nur etwas anderes meint, nämlich die Vermehrung der eigenen Anhängerscharen. Carybdis, das wäre eine stumme Nächstenliebe, die nicht mehr weiß, dass Verlorenheit jenseits von Gott etwas Schlimmeres ist als das, was Leib und Umwelt einem Menschen zumuten können, die also die Bitte, sich der Gemeinde Jesu anzuschließen, für eine unnötige Belästigung unseres Nächsten hielte«.[40]

Seelsorge: »beziehungsweise«

Neben den bereits entfalteten Hauptthemen Mission und Gemeinde ist die Seelsorgelehre ein weiterer Schwerpunkt in der theologischen Arbeit von Michael Herbst. Schon beim Thema Bildung ist angesichts der Subjektorientierung die Verbindung zu Gemeinde und Mission eine Herausforderung. In ähnlicher Weise geht es in der Seelsorge in erster Linie um die Hinwendung zum Einzelnen und eben nicht um Gemeinde oder Mission. Das Profil der Seelsorgelehre Michael Herbst besteht darin, dass er diese Eigenart und den Auftrag der Seelsorge in keiner Weise schmälern will – und zugleich für ihn eine Seelsorgelehre abgesehen von Mission und Gemeinde undenkbar ist.

In seinem 2012 veröffentlichten Lehrbuch »beziehungsweise. Grundlagen und Praxisfelder evangelischer Seelsorge«[41] nennt Herbst drei Anliegen seiner Seelsorgelehre:

---

39 M.H., Missionarischer Gemeindeaufbau, 4. Auflage (s. Anm. 5), 518.

40 A. a. O., 520.

41 M.H., beziehungsweise. Grundlagen und Praxisfelder evangelischer Seelsorge, Neukirchen-Vluyn 2021 (daraus die folgenden Zitate, Fettdruck im Original)

1. **»Was bedeutet es, auf die *Anwesenheit und Hilfe Gottes in seelsorglichen Situationen zu hoffen?*« Zugleich sieht er die Gefahr, »die *Erfahrung der Abwesenheit Gottes* gerade in seelsorglichen Situationen zu übersehen oder doch in ihrer Wirkung als Anfechtung zu unterschätzen«.**
2. **Für einen »Tabubruch« hält Michael Herbst den »Ansatz [...] bei der Mission und Beziehungsstärke des dreieinigen Gottes« (22) Er will daher »*Seelsorge* [...] auch *bei der Mission als einem Wesenszug des dreieinigen Gottes* [...] *verorten*« (23).**

   An anderer Stelle begründet er die Verbindung so: »Ist aber Rechtfertigung das Ergebnis eines Wortwechsels des rechtfertigenden Gottes mit seinem sündigen Geschöpf, so sähe das alles ja noch einmal anders aus. Dann müsste Seelsorge ein Interesse daran haben, dass dieser Wortwechsel vielleicht erstmals, vielleicht erneut zustande käme – sie hätte eine missionarische Dimension.«[42]

   Oder, in umgekehrter Perspektive: **»*Aus dem integralen Missionsverständnis erwächst ein integrales Seelsorgeverständnis:* Seelsorge nimmt sich darum [...] des Menschen in jeder Beziehung an. Dass auch sie ein Herzstück hat, nämlich die Sorge, dass der Mensch erstmals wieder oder erneut in das rechte Verhältnis zu Gott findet und in der Mitte seiner Existenz versöhnt wird, ist damit ebenso deutlich« (160).**
3. Als drittes Anliegen nennt er das »Bestreben, ***im Horchen auf biblische Texte Wesentliches für die Seelsorge zu entdecken*« (23).** Ihm geht es dabei weder um einen Verzicht auf die Erkenntnisse anderer Wissenschaften und auch nicht um einen naiven Biblizismus,[43] sondern um »die Bereitschaft, mich von solchen biblischen Worten nicht nur inspirieren, sondern auch orientieren und im Zweifelsfall korrigieren zu lassen« (23).

Deutlich wird Profil Michael Herbsts auch in der Abgrenzung. 2011 blickt er kritisch auf den gegenwärtigen Mainstream der Seelsorgelehre:[44]

Herbst kritisiert die »Funktionalisierung der biblischen Trostbotschaft«, die auch daran deutlich wird, »dass die, die den Glauben nicht kennen oder teilen, eben mit anderen, offeneren Sprachformen betreut werden sollen«[45]: »Geht es nur um symbolische, fromme Deutungen, oder geht es um den, dessen Auferstehung tatsächlich das Unterpfand unserer zukünftigen und leibhaftigen Identität im Reich Gottes ist?« (317).

---

[42] M.H., Für den Menschen als Seele sorgen. (Etwas mehr als ein) Buchbericht, in: ThBeitr 42 (2011), 297–318, 316.

[43] Was Kritiker nicht davon abhält, einen »Biblizismus höherer Ordnung« zu wittern (Wolfgang Drechsel, Gemeindeseelsorge, Leipzig 2015, 178).

[44] M.H., Für den Menschen als Seele sorgen (s. Anm. 42).

[45] A.a.O., 317 (daraus die folgenden Zitate).

»Die Skepsis gegenüber dem eigenen Glaubensgehalt paart sich mit dem Optimismus hinsichtlich der religiösen Ressourcen im Anderen. Religion als Ressource ist nicht unbedingt identisch mit dem Leben schaffenden, Ressourcen allererst schenkenden Wort, das wir uns nicht selbst sagen können«. – »Radikale Subjektorientierung in der Seelsorge verlagert das entscheidende seelsorgliche Tun immer mehr in den ratsuchenden Menschen hinein, hinsichtlich seiner Problemlage und hinsichtlich seiner (!) Ressourcen« (301). Dem hält Herbst das Voraussein Gottes vor aller menschlichen Seelsorge (309) entgegen.

Neben den zum Grundrepertoire gehörenden Themen einer Seelsorgelehre wie Geschichte, Gesprächsführung usw. nenne ich abschließend drei Themen, die profilbildend bereits im Inhaltsverzeichnis erkennbar sind:

- »Schuld und Vergebung in der Seelsorge« (343–398, hervorragend insbesondere durch die Ausführlichkeit und Differenziertheit),
- die »Seelsorge mit Kindern im Kinderkrankenhaus« unter dem Motto »Ich bin mit Jesus im Boot eingeschlafen« (469–559; mit 90 Seiten eine kleine Monographie innerhalb des Lehrbuchs),
- schließlich die »Seelsorge mit Ehepaaren« (560–611).

Eine praktisch-theologische Lücke?

Blickt man auf die praktisch-theologische Forschung von Michael Herbst, so fällt auf, dass ein Thema, das derzeit geradezu zum Lieblingsthema der Praktischen Theologie avanciert ist, in der Forschung von Michael Herbst allenfalls am Rand auftaucht: Die Kasualien. Daraus sollten keine weitreichenden Schlüsse gezogen werden, denn in seinen Lehrveranstaltungen kamen Kasualien durchaus vor. Sie können auch ganz ähnlich wie die Seelsorge unschwer in das Koordinatensystem von Gemeinde und Mission integriert werden. Daher belasse ich es hier bei der Feststellung eines Kontrasts zum Mainstream der Praktischen Theologie und zu den »volkskirchlichen« Konzeptionen.

III. Das theologische Profil: »Lutherischer Pietist«

So wenig Michael Herbst sich scheut, theologisch Position zu beziehen, so zurückhaltend ist er, wenn es um theologische »Schubladen« geht. Dem ihm immer wieder angehängten Attribut »evangelikal« steht er zögernd bis ablehnend gegenüber, was ihn nicht davon abhält, konstruktiv-kritisch und kenntnisreich die ihm durch Studierende wohl vertraute »Szene« darzustellen:

> »Nun ja, an ihren schlechten Tagen mögen Evangelikale schwer zu ertragen sein, übellaunig, schmallippig, besserwisserisch, auf Abgrenzung bedacht, exklusiv, ebeneinfach etwas viel ›fromme Helene‹«[46].

> Zugleich: »Ist hier etwas, das Gemeinden in unserer Landeskirche brauchen, um vital, zukunftsfähig und in irgendeiner Hinsicht auch wieder wachstumsfähig zu werden?« (525).

> »Es wird eine spannende Zukunftsfrage sein, ob die Landeskirche(n) solche jungen Theologinnen und Theologen wird integrieren können« (524).

Am ehesten trifft die Bezeichnung »lutherischer Pietist« auf ihn zu. »Evangelisation und Gemeinschaftspflege« als Grundanliegen des landeskirchlichen Pietismus und der Gemeinschaftsbewegung werden im »missionarischen Gemeindeaufbau« weiterentwickelt. Lutherische Prägung zeigt sich in seinem Verständnis der Taufe und des Abendmahls, insbesondere jedoch in der Christologie, Rechtfertigungslehre und Soteriologie, wie es etwa in der Frage nach Schuld und Vergebung und im Verständnis des Kreuzesgeschehens erkennbar wird. Dahinter stehen - ähnlich wie bei Martin Luther - zutiefst seelsorgliche Anliegen: Allen voran die Frage nach der Gewissheit, das Vertrauen auf Gottes Wort und seine Wirkmächtigkeit, das *pro me* und *extra nos* des Evangeliums. Es geht um das Wort, das ich mir selbst nicht sagen kann und das in allen Anfechtungen trägt. Herbst wendet sich dabei ebenso gegen eine Überschätzung des Menschen und seiner Möglichkeiten wie gegen eine Unterschätzung des Evangeliums und seiner Kraft. Wo er die Konsequenzen des Evangeliums und das Wachstum im Glauben betont, da ist er sehr darauf bedacht, nicht in Gesetzlichkeit abzugleiten, sondern am *prae* der Gnade festzuhalten. Genauso ist er aber auch darauf bedacht, dass das Evangelium nicht zur Ideologie des status quo oder zu einem allgemeinen Prinzip wird, sondern zum konkreten Wort, das mich in die Nachfolge und in den Dienst ruft. Problematisch erscheint es ihm, wenn »Rechtfertigung offenbar als prinzipiell gegeben vorausgesetzt wird und nicht an eine wie auch immer geartete Umkehr zum Glauben an den rechtfertigenden Gott gebunden scheint«.[47]

Wichtig ist ihm weiter, dass das allgemeine Priestertum nicht nur eine theologische Floskel oder ein Postulat bleibt. Vielmehr ist die »Berufung zum Dienst« das notwendige Zwischenstück zwischen dem Ruf zum Glauben und der Sendung der Gemeinde. Er fragt daher konkret, wie dieses Anliegen realisiert werden kann und nicht nur im Behauptungsmodus bleibt.[48]

---

46 M.H., »My God is mighty to save!« Was meinen wir eigentlich, wenn wir »evangelikal« sagen?, in: DtPfBl 117 (2017), 432-438. 523-527, 524.

47 M.H., Für den Menschen als Seele sorgen (s. Anm. 42), 315.

48 Zur Eschatologie s. oben in Teil I zur »Verheißungsorientierung«.

Dabei ist er in seinem theologischen Denken nicht einfach »traditionell«, sondern auf der einen Seite aufmerksamer Zeitgenosse mit der Frage, wie diese sperrigen Themen in der Gegenwart verortet und sowohl seelsorglich als auch intellektuell und theologisch verantwortet in der Verkündigung vorkommen können. Zugleich sucht er das kritische Gespräch mit der gegenwärtigen Theologie.

Wenn es um innovative missionarische Ansätze wie die Willow Creek-Gemeinde geht, hat Michael Herbst keine Berührungsängste. Aber gerade in diesem Dialog versteckt er nicht sein theologisches Profil, etwa dann, wenn ihm perfektionistische Vorstellungen des Christseins begegnen:

> »Allerdings sei dem deutschen Theologen ein kritischer Einwand erlaubt: Die Glaubensreise geht nicht immer kontinuierlich bergan; wir laufen nicht einfach von Station 1 über die Stationen 2 und 3 zur Station 4, um dort dann die restlichen Tage unseres Lebens zu verbringen. Martin Luther wusste, dass zum Christsein die Anfechtung gehört. Wir sollen werden wie die Kinder, schlechthin Anfangende und Empfangende, und das gilt für jedes Stadium unserer Glaubensreise. Wir machen – hoffentlich – Fortschritte: Dinge klären sich, Einsicht wächst, Übungen werden selbstverständlicher, alte Sünden lassen wir hinter uns, die Mission der Gemeinde wächst uns ans Herz. Wir wachsen! Und zugleich gilt: Anfechtungen ereilen uns, von denen wir dachten, wir hätten sie hinter uns. Der alte Adam holt uns wieder einmal ein. Zweifel brechen sich Bahn. Schwere Tage lassen uns müde werden [...] Und schon merken wir: Wir bleiben unser Leben lang auf Gottes Erbarmen angewiesen – und auf die Gemeinde, die uns durchträgt und uns das Wort sagt, das wir uns nicht selbst sagen können«.[49]

Rezeption

Die Palette innerhalb der praktisch-theologischen Kollegenschaft reicht von Zustimmung über die sachliche Darstellung[50], der Kontroverse und der Abgrenzung[51] bis dahin, dass er einfach ignoriert wird.[52] Es ist sicherlich nicht ohne

---

[49] M.H., Vorwort zur deutschen Ausgabe, in: Greg L. Hawkins / Cally Parkinson, Prüfen. Aufrüttelnde Erkenntnisse der REVEAL-Studie über Gemeindeleben und geistliches Wachstum, Asslar 2009, 6–12, 12.

[50] So z. B. Uta Pohl-Patalong, Parallel, confrontational ... (s. Anm. 5), 63 f. + Anm. 46. 51.

[51] So beispielsweise Birgit Weyel. Sie führt die Aussage »Die Kategorie der Gelegentlichkeit ist offen für unterschiedliche Formen der Vergemeinschaftung und kann auch intensive Gemeinschaftserfahrungen integrieren« in einer Anmerkung weiter: »Nur ist sie nicht auf eine exklusive empirische Sozialform festgelegt, wie dies die Gemeindeaufbauprogramme der 1980er Jahre vertreten haben und der Ansatz einer missionarischen Gemeindeentwicklung von Michael Herbst nach wie vor vertritt«: Birgit Weyel, Gemeinde

Grund, wenn Helge Stadelmann und Stefan Schweyer zum Greifswalder »Institut zur Erforschung von Evangelisation und Gemeindeentwicklung« bemerken: »Innerhalb der Zitationskartelle der praktisch-theologischen Zunft scheint aber ausgerechnet die Arbeit dieses Instituts totgeschwiegen zu werden«.[53]

Auf der anderen Seite steht eine breite Rezeption insbesondere in den missionarischen Netzwerken, aber auch in den Kirchen: Bei Fort- und Weiterbildungen, auf Kongressen und vor Synoden ist Michael Herbst ein gefragter Redner.

Hinzu kommt die Rezeption unter den Studierenden. Wer in Greifswald Praktische Theologie studieren wollte, kam an Michael Herbst nicht vorbei. Für viele ein gewichtiger Grund, nach Greifswald zu kommen – und zugleich ein Umstand, von dem eine ganze Fakultät profitiert. Dabei konnten und können die Erwartungen an Michael Herbst sehr unterschiedlich sein:

> »Auf der anderen Seite intensiviert sich der jährliche Ringkampf mit Studentinnen und Studenten, die in der frohen Erwartung nach Greifswald wechseln, dass ihnen hier der Umweg über die liturgische Tradition erspart bliebe – und dann basserstaunt oder auch mild verärgert sind, wenn ich ihnen sage: Keineswegs! Ihr werdet jetzt das Handwerk lernen, und nur so werdet ihr euch sicher zwischen unterschiedlichen Variationen des Themas 'Liturgie' bewegen können. Anders gesagt: Wer die Tradition verstanden hat, wird umso schönere Innovationen gestalten können«.[54]

Über den universitären Tellerrand hinaus

Erfahrungen prägen das Denken (und umgekehrt), theologische Entwürfe wurzeln im Leben und haben einen konkreten »Sitz im Leben«. Das ist auch bei Michael Herbst nicht anders. Daher soll am Ende ein Blick über den universitären Tellerrand stehen, wobei die Universität im Fall von Michael Herbst schon ein eigenes Universum darstellt, wie eine Aufzählung von Aufgaben und Funktionen verdeutlichen kann, die er in Verbindung mit oder zusätzlich zu seinen Aufgaben als Lehrstuhlinhaber wahrnahm: Universitätsprediger, Behindertenbeauftragter, mehrmals Dekan, mehrere Jahre Prorektor für Lehre, lange Jahre Senator, In-

---

als Netzwerk. Perspektiven der Netzwerktheorie für eine Kirche bei Gelegenheit, in: Peter Bubmann / Kristian Fechtner / Konrad Merzyn / Stefan Ark Nitsche / Birgit Weyel (Hg.), Gemeinde auf Zeit. Gelebte Kirchlichkeit wahrnehmen, Stuttgart u. a. 2019, 73–83, 76.

52 So z. B. Isolde Karle, Praktische Theologie, Leipzig 2020.

53 Helge Stadelmann/ Stefan Schweyer, Praktische Theologie. Ein Grundriss für Studium und Gemeinde, Gießen 2017, 104.

54 M.H., Aufbruch im Umbruch (s. Anm. 6), 140.

stitutsdirektor – das alles ist jeweils mit einer Fülle von Begegnungen und Beziehungen verbunden.

Darüber hinaus war er breit vernetzt als Herausgeber einer theologischen Zeitschrift (Theologische Beiträge; außerdem im Herausgeberkreis von »Kerygma und Dogma«), als Mitglied in theologischen Gremien (u.a. theologischer Ausschuss der VELKD), als Prediger in Gemeindegottesdiensten und evangelistischen Gottesdiensten, Redner bei Fortbildungen und Großveranstaltungen. Seine Netzwerke liegen in der Nordkirche (lange Zeit: Pommersche Evangelischen Kirche) und in Westfalen, innerhalb der AMD und der missionarischen Dienste der Landeskirchen.

Auch seine schriftstellerische Tätigkeit reicht über Fachpublikationen hinaus und schließt populäre Publikationen ein, vor allem im Bereich der »geistlichen« Literatur und Predigten. 2013 erhielt er den »Sexauer Gemeindepreis für Theologie«, eine Auszeichnung für Theologen mit besonderer Gemeindenähe.

Michael Herbst ist nicht nur Predigtlehrer, sondern selbst engagierter und leidenschaftlicher Prediger: Lange Jahre als Gemeindepfarrer, Universitätsprediger, aber dann vor allem im »GreifBar-Projekt« in evangelistischen Gottesdiensten ebenso wie in Gemeindegottesdiensten. Das letzte Wort bekommt daher der Prediger Michael Herbst mit einem »›Prospekt‹ des neuen Lebens«:[55]

> »Männer entwickeln plötzlich Fantasie in der Frage, wie sie ihre Frauen ehren und erfreuen können. Blumenläden haben Konjunktur in Gottes Reich. Kein Kind muss fürchten, dass ihm nachts Grauenhaftes geschieht. Jedes Kind sieht an seinen Eltern, wie Liebe und Treue gelingen. Frauen und Männer vergeben einander und arbeiten an ihrer Beziehung. Teufelskreise brechen auf. Das sture Schweigen hört auf. Harte Herzen tauen wieder auf. Ehepartner gehen mit der ruhigen Gewissheit durchs Leben, dass sie aneinander einen festen Halt haben. Treue regiert die Beziehungen. Es gibt eine ganz neue Form von Klatsch: »Du, sag es keinem weiter, aber ich glaube, dein Mann ist dir treu!« Auf Dienstreisen schreiben Männer abends noch Postkarten an ihre Kinder, anstatt sich Filme und Whisky reinzuziehen Scheidungswunden heilen aus. Frauen vertrauen ihren Männern. Männer sprechen tatsächlich mit ihren Frauen: mal ernsthaft, mal zärtlich, mal im Ringen um den gemeinsamen Weg. Alleinstehende erkennen ihren Wert und ihre Chancen. Und die, die allein leben, ohne es zu wollen, müssen nicht mehr den Eindruck haben, dass nur Verheiratete vollwertige Menschen sind. Junge Menschen freuen sich auf die Ehe und darauf, mit ihrem Partner das Abenteuerland zu entdecken. Alte Ehepaare sitzen Händchen halten auf der Bank in der Sonne – und er sieht trotz ihren Runzeln die schöne Frau, die er seit 50 Jahren liebt. Und beide wissen: Ich kann mich darauf verlassen, geliebt zu werden,

---

55 M.H., »... damit ich möglichst viele gewinne«, (s. Anm. 22), 212.

auch wenn ich alt und klapprig werde – bis der Tod uns scheidet. alle haben ziemlich viel Spaß miteinander. Das ist das Reich Gottes in Bezug auf das Thema Liebe, Sex und Ehe«.[56]

---

[56] A. a. O., 213 (zuvor: M.H., Harte Fragen. Geifbare Antworten auf Glaubensfrage, Asslar 2007, 248 f.).

Die bleibende Bedeutung des Auftrags des IEEG

Standortbestimmung und Tiefenbohrung

Patrick Todjeras

Einordnung des Beitrags

In diesem Beitrag werden einerseits die Schwerpunkte der Arbeit des Instituts für Evangelisation und Gemeindeentwicklung (IEEG) in weiterführender Weise beschrieben. Martin Reppenhagen, Dekan im Kirchenbezirk Karlsruhe Land und vormaliger stellvertretender Direktor des IEEG, hat dies bereits 2015 in seiner Ausführung über das IEEG unternommen.[1] Sein Beitrag wird durch die vorliegende Darstellung ergänzt und aktualisiert.[2] Andererseits wird der Arbeit am IEEG und dem Wirken eines Gründers, Direktor Prof. Dr. Michael Herbst, besonders Rechnung getragen. Dies geschieht in Orientierung an eine Dreiteilung von Simon Sineks »Golden Circle«.[3] Simeon Sinek beschreibt, dass erfolgreiche Unternehmen nicht nur sagen »was« (»what«) sie tun und »wie« (»how«) sie es tun, sondern »warum« (»why«) sie es tun. Nach Sinek kommunizieren erfolgreiche Organisationen ihre Vision und nicht primär ihre Produkte. Gleichwohl spiegelt sich in den Produkten ihre Vision wider.

Über das »Why« des IEEG

Hin und wieder kann man bestimmte Ereignisse oder einschneidende Abschnitte mit einem biblischen Wort in Verbindung bringen. Das kann für das eigene Leben oder für weltbewegende Ereignisse gelten. Da drängt sich fast zwangsläufig ein

---

1 Martin Reppenhagen, Kirche ist Mission. Das Institut zur Erforschung von Evangelisation und Gemeindeentwicklung, in: ThBeitr 46 (2015), 166–172.

2 Eine der ersten augenfälligen Änderungen ist im Namen des IEEG zu bemerken. Nach einem konflikthaften Weg hat die Universität Greifswald 2018 ihrem Namenspatron Ernst-Moritz-Arndt den Rücken gekehrt.

3 Simon Sinek, Start with Why. How Great Leaders Inspire Everyone to Take, New York 2011.

Zusammenhang zwischen Ereignis und Wort Gottes auf, so als würde das eine das andere beleuchten und zum Leben erwecken. So als würde das eine dem anderen Bedeutung und Sinn zuschreiben, es pulsieren lassen. Ob es der Taufspruch ist, der Konfirmationsspruch oder der Trauspruch – das Leben mit dem biblischen Wort in Verbindung zu bringen, geschieht nicht automatisch, sondern bedarf der Anregung von außen und ist immer wieder neu als Aufgabe zu verstehen. Nicht zuletzt sind es ja biblische Worte, die beispielsweise an biografischen Wendepunkten als Verheißungsworte ihre Kraft entfalten können. Der Praktische Theologe Ernst Lange hat diesen Umstand der »Horizontverschmelzung« (Gadamer) für den Anspruch an die Predigt beschrieben.[4] Der Lebenshorizont des Hörers verschmilzt mit dem Horizont der biblischen Botschaft. Der Hörer lernt sein Leben im »Licht der Verheißung« wahrzunehmen. Dass ein biblisches Wort mit dem Erlebten in ein Wechselverhältnis tritt und sie sich gegenseitig ausdeuten können, hat seinen Platz ebenfalls im seelsorglichen Kontext.[5]

Damit ist knapp angezeigt: Ein biblisches Wort kann zur Deutung der eigenen Existenz beitragen. Die eigene Existenz kann ein biblisches Wort erschließen.

Nun, mit dem IEEG liegt kein »Ereignis« und kein seelsorglicher Notfall vor, sondern eine Organisation, nämlich ein universitäres Hochschulinstitut mit Satzungen und Anstellungsverhältnissen. Ein Institut, das von Menschen mit Vision und Tatkraft gegründet wurde. Seit 2004 existiert das IEEG, das die organisatorische Hülle bietet, damit Themen in Angriff genommen werden und Menschen geprägt werden. Das IEEG fand seinen Anlass im Windschatten der Leipziger EKD-Synode 1999. Die Gründungsväter des IEEG stammten aus der Theologischen Fakultät Greifswald, der Pommerschen Evangelischen Kirche und der Arbeitsgemeinschaft Missionarischer Dienste (heute Teil von »midi«),[6] um den Themen der Evangelisation, Mission und Gemeindeentwicklung einen akademischen Ort zu geben.

Wenn man nun auf das IEEG blickt, nämlich als eine den Menschen dienende und prägende Struktur, dann kann man so auch die Frage nach der Deutung seiner Existenz stellen. Vielleicht ist es sogar angemessener, das IEEG nicht nur als rechtlich verfasste Organisation zu verstehen, sondern als einen »Auftrag«

---

4 Ernst Lange, Predigen als Beruf, Stuttgart 1976.

5 Vgl. dazu Michael Herbst, Beziehungsweise. Grundlagen und Praxisfelder evangelischer Seelsorge, Neukirchen-Vluyn ^{2}2013, 151–216.

6 Namentlich vermerkt in der Dokumentation zur Gründung: Prof. Dr. Michael Herbst und Prof. Dr. Jörg Ohlemacher von der Theologischen Fakultät der Universität Greifswald, Bischof Dr. Hans-Jürgen Abromeit und Konsistorialpräsident Hans-Martin Harder von der Pommerschen Evangelischen Kirche, Generalsekretär Hartmut Bärend und Pfarrer Klaus -Jürgen Diehl von der Arbeitsgemeinschaft Missionarischer Dienste. Daneben sind es weitere Berater und Impulsgeberinnen und -geber gewesen, die hier nicht eigens angeführt werden können.

und eine »Aufgabe«. So kommt man vielleicht dem Anliegen von Michael Herbst nahe. Das IEEG ist eine »Aufgabe«, die immer wieder von den verschiedenen Mitarbeiterinnen und Mitarbeitern im Laufe der Zeit seit seiner Gründung erfüllt wird. Das IEEG ist eine »Aufgabe«, die in den verschiedenen Forschungs- und Lehraufgaben sowie Weiterbildungsangeboten ihre Verwirklichung sucht.

Im Laufe der Jahre gab es verschiedene biblische Worte, die den Weg des IEEG beleuchtet haben. Deutungsworte ändern sich. Sie erschließen immer wieder eine neue Wirklichkeit. Welches biblische Wort ist dem IEEG, ja dem Team und den Mitarbeiterinnen und Mitarbeitern am IEEG gegenwärtig gegeben? Welches biblische Wort will die Arbeit der Mitarbeiterinnen und Mitarbeiter beleuchten und 'auslegen'? Was soll in dem Leitungsverhalten der Leiter transparent werden, in der Kultur der Weiterbildungen deutlich werden, in der Auswahl von Projekten zum Kriterium werden, in der Betreuung der Studierenden und Pfarrpersonen zum Leitwort werden sowie in den Publikationen etc. zum Maßstab werden?

Ein Vers aus dem 2. Timotheusbrief übernimmt die Rolle des Leuchters, der den Weg, wenn auch nur bescheiden, ausleuchtet (Ps 119, 105).

> »Du aber, mein Kind, werde stark durch die Gnade, die aus der Verbundenheit mit Christus Jesus erwächst. Du hast vor vielen Zeugen mein Vermächtnis empfangen. Gib es an zuverlässige Menschen weiter, die dann selbst fähig sind, wieder andere zu lehren.« (2 Tim 2,1-2 LUT17).

Der Bildungsauftrag wird deutlich. Ein missionarischer, Christus-bezogener und mit Christus in Beziehung setzender Bildungsauftrag wird sichtbar. Missionarische Bildung, die wieder Bildung hervorruft, sich sozusagen reproduziert und multipliziert.

Vom »How« des IEEG

Im IEEG werden seit der Gründung 2004 Themen der missionarischen Kirchen- und Gemeindeentwicklung bearbeitet, die mit den drei kybernetischen Grundentscheidungen von Michael Herbst in Verbindung stehen – erstmals in seiner Promotionsarbeit 1985 formuliert.[7] Die drei Entscheidungen orientieren sich an der Frage: »Wie will Jesus Christus durch menschliche Mitarbeiter unter den Bedingungen dieser Volkskirche seine ›Gemeinde von Brüdern‹ zusammenrufen, ihrem Leben Gestalt geben und sie in die Welt aussenden?«[8] Es geht erstens um die geistliche Erneuerung und kybernetische Ausbildung der Pfarrerpersonen,

---

7 Hier zitiert nach der Auflage von 2010: Michael Herbst, Missionarischer Gemeindeaufbau in der Volkskirche, Neukirchen-Vluyn ^{5}2010.

8 Herbst, Missionarischer Gemeindeaufbau in der Volkskirche (2010), 307.

zweitens sollen Laien »die sich schon zum Leben der Gemeinde halten, entweder im Glauben« vergewissert werden oder zum Glauben geführt werden, »um dann auch ihre Charismen für die Mitarbeit zu entdecken« und drittens sollen die Fernstehenden »zur Umkehr« eingeladen und in das Leben der Gemeinde eingegliedert werden.[9] Diese drei Grundentscheidungen prägen das »Wie« der Themen und Projekte am IEEG.

Die kybernetischen Grundentscheidungen werden ergänzt und profiliert durch einen Dreiklang, der in den Arbeiten von Michael Herbst in den letzten Jahren wiederholt hörbar war: »lebendiges, mündiges Christsein«[10] bringt vitale Gemeinden hervor und führt zu einem aufblühenden Gemeinwesen.[11]

Exemplarisch haben diese fundamentalen Überlegungen etwa pastoraltheologische Auswirkungen auf die drei kybernetischen Grundentscheidungen, wenn etwa die Vitalität einer Gemeinde in Pfarrbilddiskussionen wichtig wird. Michael Herbst sagt in Zusammenhang einer Studie zur Belastung von Pfarrerinnen und Pfarrer: »Trachtet nach vitalen Gemeinschaften, dann werdet ihr auch gesunde, nach menschlichem Maß mitwirkende Pfarrerinnen und Pfarrer haben.«[12] Oder: »Trachtet nach mündigen Gemeinden, und Ihr werdet (freilich mit Verzögerung) gesunde, resiliente und mit Freude arbeitende Pfarrerinnen und Pfarrer obendrein bekommen.«

In diesem aufgespannten Netz mit sechs Knotenpunkten findet sich die Themenvielfalt der Projekte im und am IEEG wieder.

»Culture eats vision for breakfast«

Dieses berühmte Zitat des US-amerikanischen Managementtheoretikers Peter Drucker beschreibt, dass kulturelle Eigenheiten einer Organisation »Visionen zum Frühstück verspeisen«. Er macht damit die Bedeutung und das Gewicht der Kultur einer Organisation deutlich. Gemeint ist, dass ausgefeilte Visionen und geplante Ziele, kulturellen Aspekten, zum Beispiel jenen eines Teams oder Kommunikationsabläufen, zum Opfer fallen können, wenn nicht darauf geachtet

---

9 A. a. O., 310 ff.

10 In der Bildung und Ausbildung von Studentinnen und Studenten an der Universität, in der Weiterbildung von Pfarrerinnen und Pfarrer und als Stimme im kirchlichen und theologischen Diskurs soll ein reflektiertes mündiges und lebendiges Christsein gefördert werden.

11 Michael Herbst / Benjamin Stahl, Kingdom Learning. Ein deutsch-englischer Beitrag zum Thema »lebendiges mündiges Christsein« (»discipleship«), in: ThBeitr 49 (2018), 220–242.

12 Herbst, »Trachtet zuerst« zuerst nach mündigen Gemeinden. Kirchentheoretische Reflexionen und Folgerungen aus der Greifswalder Studie (2019), 171–194, 193.

wird, »die Kultur« in einem Team zu prägen, zu gestalten und gegebenenfalls zu korrigieren.

Man würde einen wesentlichen Teil der Arbeit am IEEG – und des Leitungshandelns von Michael Herbst – nicht verstehen, ja sogar missverstehen, wenn man nicht den weichen Faktor »Kultur« benennen würde. Dazu gehören Aspekte der Teamkultur sowie der Lern-, Dienst- und Weggemeinschaft. Die im Regelfall wöchentlichen, mehrstündigen Teamsitzungen erfüllen die Ziele, einander über die Projekte und Vorhaben zu informieren, einander weiterzubilden und sich gegenseitig zu beraten. Weiter gehört dazu: Streben nach wissenschaftlicher Aktualität sowie Exzellenz in Forschung und Lehre,[13] hochwertige Dienstleistung für die Studierende, Einheit von Denken und Glauben, Missionsorientierung, Integrität etc.

Vom »What« des IEEG

Die Grundthemen und -anliegen des IEEG Evangelisation, Mission und Gemeindeentwicklung haben sich nicht verändert, jedoch haben sich die Handlungsfelder und die Beschäftigung mit anderen Disziplinen und Forschungsbereichen deutlich pluralisiert.[14] Die Projekte und Tätigkeitsfelder des IEEG spiegeln dies wider.[15] So wurde in Greifswald im Rahmen des Forschungskonsortiums »Think Rural!« (»Denk ländlich!«) ein interdisziplinäres Konsortium zu Fragen der Peripherie und des ländlichen Raumes für den Osten Deutschlands geboren.[16] Daneben wurde ein mehrjähriges Projekt zur Erforschung der Belastungsfaktoren von Pfarrerinnen Pfarrer im Pfarramt durchgeführt (2019 ab-

---

13 Dass Michael Herbst 2017 der Lehrpreis der Universität Greifswald im Bereich »integrierte Lehre« (überzeugendes Gesamtpaket aus Vorlesung, Seminar, Übung/Tutorium/Praktikum/Exkursion/etc.) übergeben wurde, ist ein sichtbares Zeugnis dafür.

14 Zu den grundlegenden Feldern der Bearbeitung, gemäß den Gründungsdokumenten, gehören: 1. Historische und empirische Grundlagen (Analyse der Konfessionslosigkeit im postsozialistischen Osten, Geschichte der Volksmission, Transformation der Frömmigkeit); 2. Evangelisation unter den Bedingungen einer pluralisierten und individualisierten Gesellschaft; 3. Gemeindeaufbau; 4. Bildung. Siehe im Archiv IEEG »Konzeption. Institut zur Erforschung von Evangelisation und Gemeindeentwicklung«.

15 Aktuelle Themen sind auf dem Youtube-Kanal des IEEG zu finden. https://www.youtube.com/channel/UChELHkG2mnLlRnFdqyK_E1w am 08.06.2020.

16 Frieder Dünkel / Michael Herbst / Thomas Schlegel (Hg.), Think Rural! Dynamiken des Wandels in peripheren ländlichen Räumen und ihre Implikationen für die Daseinsvorsorge, Wiesbaden 2014.

geschlossen). Das hierzu eigens erstellte Befragungsinstrumentarium geht in einmaliger Weise auf den deutschsprachigen pastoralen Kontext ein.[17]

Internationaler, interdisziplinärer und ökumenischer Austausch und dessen Anregungen gehören zur Arbeit des Instituts. Das ist nicht nur in der rezipierten englischsprachigen Literatur oder in den Übersetzungen englischsprachiger Beiträge in den beiden BEG-Reihen beobachtbar,[18] sondern unter anderem in den verstärkten englischsprachigen Beiträgen.[19] Neben Forschungs- und Lehrkontakten in die USA, Südafrika, nach England, Norwegen, den Niederlanden oder der Schweiz hat sich das Netz der Kooperationen im deutschsprachigen Raum in den letzten Jahren weiter verdichtet. Dies ist als weiterer Aspekt – der in den letzten Jahren deutlicher als zuvor hervorgetreten ist –zu nennen: Das Forschen, Arbeiten und Handeln in Kooperationen. Zunehmend tritt die Überzeugung in den Vordergrund mit anderen Hochschulen zusammenzuarbeiten, Ressourcen und Kompetenzen zu bündeln. Als exemplarische Kooperationen sind die Zusammenarbeit mit dem Sozialwissenschaftlichen Institut der EKD (SI), dem Zentrum für Kirchenentwicklung an der Universität Zürich (ZKE), der Evangelischen Hochschule Tabor, dem Theologischen Studienzentrum Berlin, der Internationalen Hochschule Liebenzell und der CVJM-Hochschule sowie dem CVJM-Kolleg in Kassel zu nennen. Die Kooperation umfasst den Austausch in der Lehre, bei Forschungsprojekten sowie bei Weiterbildungen, wie bspw. an der mit der CVJM-Hochschule gemeinsam entwickelten Weiterbildung für Pioniere in Kirche: Mission: Gesellschaft zu sehen ist.[20] Daneben sind universitäre Kooperationen z. B. in der Lehre mit den Praktisch Theologischen Vertretern und Vertreterinnen der Universitäten Göttingen oder Zürich als Hinweise für das gemeinsame Interesse an den Fragen der Kirchenentwicklung zu nennen.

---

17 Michael Herbst / Benjamin Stahl / Anja Hanser (Hg.), Stadt, Land, Frust? Eine Greifswalder Studie zur arbeitsbezogenen Gesundheit im Stadt- und Landpfarramt, Leipzig 2019.

18 Martin Reppenhagen stellt in seinem Artikel 2015 die beiden Reihen »Beiträge zu Evangelisation und Gemeindeentwicklung« (BEG) kurz vor. Zuletzt erschienen: Lesslie Newbigin, Das Evangelium in einer pluralistischen Gesellschaft, Neukirchen-Vluyn 2017. Demnächst erscheint die Übersetzung des Bandes: George Lings, Reproducing Churches. A Groundbreaking Perspective on how Churches Reproduce, Abingdon 2017.

19 Exemplarisch: Michael Herbst und Patrick Todjeras sind Mitherausgeber der internationalen, missionstheologischen und praktisch-theologischen Zeitschrift »Ecclesial Futures«. https://wipfandstock.com/ecclesial_futures am 08.06.2020.

20 Aktuell siehe: https://www.cvjm-hochschule.de/weiterbildung/weiterbildung-fuer-pioniere-in-kirche-mission-gesellschaft-fresh-x/profil/ am 08.06.2020. Daneben ist ein besonderer Schwerpunkt der Kooperation das Forschungsthema »Migration, Integration, Flüchtlingsarbeit und Kirche« (2016–2020) gemeinsam mit der Wertestarter Stiftung gewesen.

Schließlich sind es spezielle Blickwinkel und Betrachtungen, die in enger Verknüpfung mit den kybernetischen Fragestellungen einer missionarischen Volkskirche, Impulse für die Weiterarbeit des IEEG geben.[21]

Streiflicht: Eine exemplarische Zielgruppe

Für Pfarrerinnen und Pfarrer verdient das »Summer Sabbatical« oder Kontaktstudium, wie es an anderen Universitäten genannt wird, besondere Beachtung. Pfarrerinnen und Pfarrer haben nach mehreren Jahren im Pfarrdienst die Möglichkeit, für ein Studiensemester am universitären Leben (wieder) teilzunehmen und sich fortzubilden. Dies ist in vielen Landeskirchen vorgesehen und wird unterschiedlich organisiert. Am IEEG wird diese Möglichkeit durch die Unterstützung der Evangelisch-Lutherischen Kirche in Norddeutschland angeboten und für den deutschsprachigen Raum profiliert. Pfarrerinnen und Pfarrer haben nicht nur die Option, Angebote der Universität wahrzunehmen, sondern werden am IEEG durch einen Mitarbeiter betreut und bekommen ein für sie passendes Programm angeboten.[22] Hierbei reflektieren sie ihre bisherige Arbeit und bekommen neue Impulse. Es werden aktuelle Forschungs- und Lehrimpulse des IEEG präsentiert, Supervision angeboten, Exkursionen, Reflexions- und Orientierungstage sowie Coaching und Vernetzung.

Streiflichter: Zwei exemplarische Themen und aktuelle Forschungsinteressen

Es gibt profilierte Überlegungen zur Regionalentwicklung und das Modell einer *regiolokalen Kirche*, in der Gemeinden gemeinsam die geistliche Verantwortung

---

[21] Beispielhaft und aus aktuellem Anlass können folgende Projekte und Themen genannt werden: Rebecca John Klug, Kirche und Junge Erwachsene im Spannungsfeld. Kirchentheoretische Analysen und eine explorative Studie zur ekklesiologischen Qualität ergänzender Ausdrucksweisen des christlichen Glaubens, Göttingen 2020.
Patrick Todjeras, »Emerging Church« – ein dekonversiver Konversationsraum. Eine praktisch-theologische Untersuchung über ein anglo-amerikanisches Phänomen gelebter Religiosität, Göttingen 2020.
Felix Eiffler, Kirche für die Stadt. Pluriforme urbane Gemeindeentwicklung unter den Bedingungen urbaner Segregation, Göttingen 2020.

[22] https://ieeg.uni-greifswald.de/lehre-und-weiterbildung/weiterbildung/summer-sabbatical/ am 08.06.2020.

für eine Region übernehmen.[23] »Regiolokale Kirchenentwicklung« zielt zuerst auf die Stärkung lokaler Gemeinden. Diese haben eine gemeinsame Verantwortung für eine Region. Dabei soll ein ausgewogenes Verhältnis zwischen Zentrum und Peripherie entstehen. Da gibt es zum einen attraktive Zentralorte, wo z. B. größere Veranstaltungen und Schulungen stattfinden und zum anderen weiterhin die tief in den Ortschaften verwurzelten lokalen Gemeinden. Es wird nach Wegen gesucht, zum Beispiel wie lokale Gemeinden, möglicherweise auf verschlankte Art und Weise, rechtlich selbständig bleiben, um vor Ort eigenverantwortlich handeln zu können. Die Mitglieder der lokalen Gemeinde besuchen regelmäßig die zentralen Orte. Nach einer Metapher von Thomas Schlegel und Martin Alex entstehen so ein regionales Leuchtfeuer und ein Lichternetz aus lokalen Gemeinschaften.[24] Dabei müssen die einzelnen Gemeinden nicht mehr Anbieter von Vollprogrammen sein. Sie konzentrieren sich neben ihrem Gottesdienst auf das, worin sie stark sind, sei es die Musik, die Kinder- und Jugendarbeit oder ein missionarischer Dienst. Somit ergänzen sich die lokalen Gemeinden und verbinden sich zu einer Region. Die Parochien bleiben ein wichtiger Grundbaustein, sind aber nicht mehr durch ihre Begrenzung definiert. Parochien sind dann Orte mit bestimmtem Profil in einem lokalen Bereich der Region, aber die Grenzen der Parochie schließen nicht länger andere aus, die neue Formen kirchlichen Lebens ausprobieren (möchten).

Ein weiterer Schwerpunkt hat sich in der Evaluierung von *neuen, innovativen Gemeindeformen und erneuernden kirchlichen Prozessen* etabliert. Neben einzelnen Evaluationen in der Vergangenheit[25] hat sich, vornehmlich in Partnerschaft mit dem Sozialwissenschaftlichen Institut der EKD (SI), eine Expertise zur qualitativen und quantitativen Erforschung kirchenleitenden Erneuerungsprozessen aufgebaut. Die seit 2016 andauernde Erforschung und Evaluation der »Erprobungsräume« der Evangelischen Kirche in Mitteldeutschland (EKM) ist hierzu ein Beispiel für ein gestärktes Kompetenzcluster.[26]

---

23 Michael Herbst / Hans-Hermann Pompe, Regiolokale Kirchenentwicklung. Wie Gemeinden vom Nebeneinander zum Miteinander kommen können, Dortmund 2017.

24 Thomas Schlegel / Martin Alex (Hg.), Leuchtfeuer oder Lichternetz. Missionarische Impulse für ländliche Räume, BEG-Praxis, Neukirchen-Vluyn 2012.

25 Martin Alex / Juliane Kleemann / David Lissig, Evaluationsbericht. Evaluation der Reform des Kirchenkreises Wittstock-Ruppin, Dortmund 2012. Oder eine 2016 abgeschlossenen Evaluation im Evangelisch-Lutherischen Kirchenbezirk Zwickau.

26 Andreas Möller / Thomas Schlegel, »Die Erprobungsräume der Evangelischen Kirche in Mitteldeutschland«, in: Brennpunkt Gemeinde 69 (2016), 106–108. Kolja Koeniger / Gunther Schendel / Carla J. Witt, »Vom Testfall lernen«, in: Praktische Theologie 55 (2020), 52–58. Daneben ist sicherlich auch die Kooperation mit der Evangelischen Kirche der Pfalz (2020) zu nennen.

Streiflichter: Drei exemplarische Schwerpunkte für Studierende

An dieser Stelle verlassen die folgenden Beispiele die Angebote des IEEG und wollen ein Alleinstellungsmerkmal praktisch-theologischen Lernens an der Universität Greifswald, im Besonderen der Arbeit von Michael Herbst, hervorheben.

Die Arbeit und das Wirken von Michael Herbst lässt sich nur schwer eindimensional beschreiben und einordnen. Denn viele seiner Tätigkeiten sind eng miteinander verbunden, nicht nur in inhaltlicher Weise, sondern eben durch eine innere Logik – wie durch das Netz mit sechs Knotenpunkten – der verschiedenen Tätigkeiten. Von außen lassen sich verschiedene Tätigkeitsfelder beschreiben: Als Inhaber des Lehrstuhls für Praktische Theologie an der Universität Greifswald sind die universitären und professoralen Aufgaben vielfältig, wenngleich die inhaltlichen Schwerpunkte des Lehrstuhls für Praktische Theologie, Homiletik, Seelsorge sowie missionarische Kirchen- und Gemeindeentwicklung klar konturiert sind.

Das Homiletisch-Liturgische Seminar (HLS), das gemeinsam mit Matthias Schneider vom Institut für Kirchenmusik und Musikwissenschaft verantwortet wird, bildet seit 1996 das Herzstück jedes Sommersemesters in der Praktischen Theologie in Greifswald. Dies gilt sowohl in zeitlicher Hinsicht für die Lehrenden und Studierenden als auch in inhaltlich-theologischer Hinsicht, wenn die grundsätzlichen Fragen der Verkündigung für die Ausbildung von Pfarrerinnen und Pfarrer geklärt werden. Ein sechsstündiges Homiletikseminar ist im deutschsprachigen universitären Raum sicherlich eine Ausnahme. Das HLS, das aus dem Erlanger Homiletischen Seminar von Manfred Seitz entwickelt wurde, orientiert sich an einem Exerzitium, wie es in dem Arbeitsbuch »Wir predigen nicht uns selbst«, erschienen 2001 und nun in 6. Auflage (!), für die Predigt vorgestellt wird.[27] Der hohe Praxisanteil des Seminars und das intensive Durchdringen des Gottesdienstes, der Liturgie und der Predigtvorbereitung sowie der Feier ist ein Spezifikum dieses Angebots. Hierbei wird exemplarisch für das Verständnis von praktisch-theologischer Lehre deutlich, dass ein Theorie-Praxis-Theorie-Zirkel ein vertieftes Lernen und Verständnis ermöglichen soll.

Der zweite inhaltliche Schwerpunkt der Lehraufgabe von Michael Herbst wird in den klinisch-poimenischen Seminaren und Lehrveranstaltungen deutlich. Besonders dort, wo Studierende nach theoretischer Grundlegung in Altenheimen oder im Krankenhaus in der Begegnung mit Menschen erste Erfahrungen als Seelsorger oder Seelsorgerin machen, stellen sich integrative Lernprozesse ein.

---

27 Michael Herbst / Matthias Schneider, »Wir predigen nicht uns selbst«. Ein Arbeitsbuch für Predigt und Gottesdienst, Neukirchen-Vluyn ^{6}2017.

Schließlich hat sich seit 2015 ein weiterer Schwerpunkt, am IEEG, entwickelt, der sich in einem Bündel von verschiedenen Lehrveranstaltungen (Seminar, Blockübungen, Übungen, reflektierte Praxis und Studienreise) niederschlägt. Hinter der Bezeichnung »Greifswalder Studienprogramm Mission und Kontext« steckt das Ziel, Studierende für die Aufgaben einer missionarischen Kirchen- und Gemeindeentwicklung zu befähigen.

Die innere Logik der verschiedenen Tätigkeiten von Michael Herbst, ob in Lehrveranstaltungen, im fakultären und universitären Alltag, in der Leitung des IEEG und seiner Mitarbeitenden oder in den vielfältigen Projekten, wird in dem oben genannten Netz der Grundanliegen, der »How«-Aspekte, deutlich.[28]

Ausblick

Ist Mission und Evangelisation in der Mitte der deutschsprachigen Praktischen Theologie und in der Mitte kirchlichen Lebens angekommen? Hat Michael Herbst und das IEEG seine Aufgabe erfüllt und ist die Kirche missionarischer geworden? Ist das Notwendige zu den Fragen einer missionarischen Kirchenentwicklung geforscht und alles Hinreichende gesagt?

Dass Mission und Evangelisation in der Mitte der Kirche angekommen sei, kann man nicht überzeugend sagen, wenngleich ein starkes Interesse an einer sendungsorientierten Kirche (besonders über die Spur innovativer Gemeindeformen)[29] – im ökumenischen Horizont – wahrnehmbar ist. Zwar hallt der Begriff und der Ansatz der »Mission« vereinzelt durch deutschsprachige praktisch-theologische und kirchliche Debatten, dies jedoch noch immer in Form von Zerrbildern und Abwehrbewegungen.[30] Eine konstruktive Form ist an vielen

---

28 Dies gilt in gleichem Maß für »GreifBar«, das über einige Mitarbeiterinnen und Mitarbeiter mit dem IEEG verbunden ist. In »GreifBar«, das als Werk des Pommerschen Evangelischen Kirchenkreises gegründet wurde und als solches rechtlich verfasst ist, bildet sich unweigerlich vieles vom dem ab, wie und was am IEEG geforscht und untersucht wird. Die Angebote und das Leben in »GreifBar« sind aber keine Best-Practice Ergebnisse der Institutsarbeit. Vielmehr ist es für einzelne Mitarbeiterinnen und Mitarbeiter ein Kontext, um die Forschung und Lehre zu erden und Aspekte gemeinsam zu erproben.

29 Siehe dazu die Untersuchung, die von der EKD in Auftrag gegeben wurde: Erhard Berneburg / Daniel Hörsch (Hg.), Atlas neue Gemeindeformen. Vielfalt von Kirche wird sichtbar, 2019.

30 Deutlich wurde dies etwa in der Veranstaltungsreihe der Missionarischen Dienste in der Landeskirche Hannover, besonders in der Tagung »Mission Possible?!« in Loccum, im November 2019. Siehe einen Bericht unter: https://www.loccum.de/tagungen/1950/ am 08.06.2020. Nach 100 Jahren Missionarischer Dienste befinde man sich auf der der

wissenschaftlichen und kirchlichen Stellen noch zu vermissen. Eine Ausnahme bilden die internationalen ökumenischen Impulse.[31]

Für das IEEG und dem »Why«, »How« und »What« lässt sich im Anschluss an die Überlegungen von Ralph Kunz zum 15jährigen Jubiläum des IEEG[32] Folgendes sagen: Der Auftrag, der dem IEEG gegeben ist, Themen der Evangelisation und der Kirchen- und Gemeindeentwicklung bildend zu gestalten, besteht weiterhin – angesichts der kirchlichen und theologischen Herausforderungen im deutschsprachigen Raum. Ich füge hinzu: Also bleibt alles beim Alten.

Suche und im Modus des Orientierens, was Mission sei. Ebenso ist eine Suchbewegung beobachtbar, was unter Mission im Blick auf religiös produktive Subjekte zu verstehen ist.

Auf kirchlicher Seite ist die Diskussion um die Mission in der Rheinischen Kirche exemplarisch zu nennen. Henning Wrogemann, Wie kann ein christliches Glaubenszeugnis gegenüber Muslimen begründet werden? Missio Amoris Dei und die Frage der Anerkennung, in: ThBeitr 47 (2016), 305–323.

31 Siehe dazu exemplarisch: Gerrit Noort / Kyriaki Avtzi / Stefan Paas, Sharing Good News. Handbook of Evangelism in Europe, Genf 2017.

32 Vortrag von Ralph Kunz in Greifswald zum 15-jährigen Bestehen des IEEG, am 28. Juni 2019.

Wer hat Angst vor aufgeklärter Mission?

Michael Herbst zum Abschied

Thies Gundlach

> »Frömmigkeit an für sich betrachtet ist weder ein Wissen noch ein Tun, sondern die Bestimmtheit des Gefühls oder des unmittelbaren Selbstbewusstseins.«

Dieser theologische Jahrhundertsatz von F.D.E. Schleiermacher nähert sich allmählich seinem zweihundertsten Geburtstag und ist so eindrücklich wie aktuell. Denn Frömmigkeit ist gleichsam das Ziel jeder missionarischen Anstrengung. Frömmigkeit nicht im Sinne einer bigotten »Frommen Helene«, sondern Frömmigkeit als innere und äußere Haltung eines Menschen, der sein Wissen und sein Tun geprägt sein lässt von der Weisheit christlicher Grund- und Glaubenseinsichten. Schleiermachers Satz meint ja nicht, dass Frömmigkeit ohne Wissen und ohne Tun auskomme, sondern dass diese beiden Dimensionen von einer »eigenen Provinz im Gemüt« geprägt werde, – um eine zweite, berühmte Formulierung Schleiermachers zu zitieren. Sowohl das Wissen wie das Tun kriegen gleichsam eine besondere Farbe, eine unverwechselbare Tonart, eine »Anmut«, die sich mitunter durch Leichtigkeit, Humor und Selbstdistanz auszeichnet, mitunter durch strikte Klarheit und positionelle Unbestechlichkeit. Frömmigkeit ist eine Frage der Haltung, die – innerlich geprägt – äußerlich wirksam und sichtbar wird.

Nun gibt es ja seit vielen Jahren den unausgesprochenen oder auch ausgesprochenen Vorwurf insbesondere aus der akademischen Theologie, aber auch aus vielen (konservativen) Kreisen der Gesellschaft, die evangelische Frömmigkeit sei unkritisch zu einem sozialpolitischen Tun übergangen, das sich kaum noch von grün-alternativen Positionen unterscheide. Man mag dies begrüßen, weil man selbst in diese Richtung überzeugt ist; man mag dies wertschätzen, weil man darin eine wegweisende Funktion des Protestantismus für die Gesellschaft erkennen kann; man mag dies aber auch kritisieren als Verlust an biblischer Klarheit und christlicher Theologie. Aber in aller Regel wird diese Kritik am gegenwärtigen Tun der Kirche verbunden mit der Aufforderung, nun endlich wieder zurückzukehren zu den eigentlich theologischen Themen, zur Bibel und

Bekenntnis, zum Glauben an das Gericht Gottes und die Hoffnung auf das ewige Leben.

Das Problem, das sich mir seit Beginn meiner Tätigkeit in der EKD vor fast 20 Jahren stellt, ist nun die Tatsache, dass durch diese Konstellation alle Versuche, nicht nur das Tun, sondern auch das Wissen geprägt sein zu lassen, in Misskredit gerät, – frei nach dem Motto: Wer von Glaubenswissen redet, gar von einer katechetischen Dimension des Glaubens, der gerät schnell in eine ungute Nähe zu jenen konservativen Geistern. Und wer dieses Glaubenswissen auch noch aus missionarischen Gründen anstrebt und Menschen davon überzeugen möchte, dass im christlichen Glaubenswissen an Gott und seinen Sohn eine unerhört befreiende Kraft liegen kann, der gerät sehr leicht in eine »Schmuddelecke«, die mit einer Mischung aus Überwältigungsphantasien und intellektueller Naivität assoziiert wird.

Mission als Versuch, Menschen zur Freiheit einer selbstbewussten christlichen Frömmigkeit zu führen, wird diskreditiert als belehrende Anmaßung, anderen sagen zu wollen, was sie zu wissen und zu kennen haben.

Nun mag es im Umfeld des Protestantismus durchaus noch Formen von »Mission« geben, die dieser Beschreibung entsprechen; manche vermeintlich fromme Gemeinschaft lässt einen mitunter Verzweifeln über die mangelnde Aufklärung, die sich darin niederschlägt. Frömmigkeit wird dann verknüpft mit intellektuell unredlicher, weil wörtlicher Bibelkenntnis und moralischen Grundorientierungen, die mühelos in ein verklemmtes 19. Jahrhundert passen. Das aber zu bestreiten und Mission in ein freies geistiges Umfeld zu führen, habe ich immer als besondere Leistung von Michael Herbst als Person, aber auch als strategische Ausrichtung des von ihm geleiteten Institut für Evangelisation und evangelische Gemeindeentwicklung = IEEG) verstanden.

Aufgeklärte Mission gleichsam als programmatische Überschrift erscheint mir zutreffend und ich bin froh, dass die EKD – durchaus im Unterschied auch zu manchen universitären Kollegen/innen und Institutionen – zusammen mit einigen Landeskirchen dieses Institut und dieses Anliegen von Michael Herbst seit den ersten Gehversuchen im Rahmen ihrer Möglichkeiten unterstützten. Ich erinnere hier nur an die kontinuierliche Unterstützung durch den damaligen Vorsitzenden des Rates der EKD Präses Manfred Kock, der viel beitrug zum Entstehen des Instituts. Und ich verstehe die Gründung der »Evangelische Arbeitsstelle für missionarische Kirchenentwicklung und diakonische Profilbildung« (MiDi) als Fortsetzung des gleichen Impulses mit erweiterten Mitteln, insofern nun eine Verbindung mit der Diakonie gefunden ist. Aber wesentliche Impulse und nachhaltigen Forschungen haben Michael Herbst und sein Institut auf den Weg gebracht; wir stehen heute in vielen Fragestellungen und auch in vielen Klärungen »auf ihren Schultern«.

Natürlich muss man nüchtern eingestehen: der große missionarische Erfolg, der sich auch statistisch in stabiler Zugehörigkeit zur evangelischen Kirche niederschlägt, ist der Mission in den letzten Jahren und Jahrzehnten in Deutschland nicht beschieden gewesen. Nun wissen aber alle: Glaube und damit auch Frömmigkeit kann man nicht »machen«, nicht herstellen oder gar befehlen, sondern nur säen und zulassen, pflanzen und pflegen. Und gerade darüber ist viel nachgedacht worden – von Michael Herbst und seinem Institut – und manche Grundeinsichten sind pointiert erarbeitet worden, nicht zuletzt durch die intellektuell redliche Wahrnehmung missionarischer Bemühungen und Einsichten aus dem englischsprachigen Raum. Dies kann sicher als ein großer Verdienst des Instituts gelten: Dass wir aus der nationalen Perspektive herausgerufen wurden und die anglikanisch-nordamerikanische Perspektiven eingezeichnet wurden.

Frömmigkeit als anthropologisches Ziel missionarischer Anstrengungen ist weder ein Wissen noch ein Tun, sondern eine existentielle Haltung, eine innere Gestimmtheit, die alles Wissen und alles Tun prägen und mitgestalten. Aber ich gestehe, dass mir in unseren Tagen auch etwas verloren gegangen zu sein scheint, was zweifellos nicht dem Institut und schon gar nicht Michael Herbst anzulasten ist, sondern eher einem Grundtrend der kirchlichen Gegenwart, die sich Aufmerksamkeit und Relevanz zuerst aus ihrem Tun erhofft – und damit ja nicht völlig falsch liegt. Aber Frömmigkeit braucht Wissen, Glaubenswissen, um sich selbst zu verstehen. Die Väter und Mütter der theologischen Tradition haben ja klugerweise immer unterschieden zwischen dem Inhalt des Glaubens (was wir glauben = *fides quae creduntur*) und der Form des Glaubens (wie wir glauben = *fides qua creduntur*). Hier geht es klassisch um das Ineinander von *notitia, assensus* und *fiducia*, also um Kenntnis, Zustimmung und Vertrauen. Es dürfte Konsens sein, dass wir in all den missionarischen Bemühungen die beiden letzteren Dimensionen besonders betont haben: Zustimmung, besser freiwillige Anverwandlung des Glaubens und das wachsende Vertrauen in Gottes Gegenwart. Eher seltener habe ich Bemühungen wahrgenommen um das erste Stichwort, die Kenntnis der Glaubenstraditionen. Und tatsächlich ist es ja sehr unterschiedlich, was man eigentlich »zur Kenntnis nehmen« muss, um zu Glauben und Frömmigkeit zu finden. Muß man die ganze Bibel kennen oder nur bestimmte Teile? Muss man die traditionelle Dogmatik kennen und wenn, wie viel davon? Manchmal – ich gestehe eine gewisse Zuspitzung im folgenden Gedanken – habe ich den Eindruck gewonnen, dass sich die *notitia* auf einige ganz wenige, reduzierte Inhalte bezieht, – mitunter zusammengeschnurrt auf einen einzigen biblischen Satz (»Gott lieben und den Nächsten« oder einzelne Jesus-Gleichnisse wie den »Verlorenen Sohn«) oder auf einen ganz schlichten Gedanken (»Gott ist gnädig«). Nun will ich nicht in kulturpessimistische Schelte abdriften, weswegen ich den Gedanken positiv wende und gleichsam rückblickend auf meinen persönlichen Entdeckungszusammenhang verweise:

Ich komme aus keiner frommen Familie, ich bin erst zur Konfirmation getauft worden, Weihnachten wurden Geschenke verteilt (möglichst selbst gebastelt), gutes Essen gepflegt und eine Acryl-Platte mit Weihnachtsliedern aufgelegt.

Aber durch Impulse während des Zivildienstes und andere »Zufälligkeiten« geriet ich ins Theologiestudium und gestehe, dass mich seither nichts mehr so fasziniert hat wie die *notitia* der christlichen Wissensbestände – vielleicht mit Ausnahme des Oratorienchores, in dem ich große Musikwerke mitsingen durfte. Aber 2000 Jahre geistlich-dogmatische Traditionen, schwer errungene Einsichten im Streit mit den jeweiligen Zeitgeistern, kluge Einsichten in die Wahrheit und Schönheit des Glaubens, eine historisch-kritische Methode der Bibelinterpretation, die mir den Glauben an Gottes Reden durch Menschen überhaupt erst eröffnet hat, und Staunen über die intellektuellen Anstrengungen und klugen Lösungen, die Glaubende vor mir gefunden haben, um den »Knoten der Geschichte« nicht so auseinander gehen zu lassen, dass »das Christenthum mit der Barbarei, und die Wissenschaft mit dem Unglauben?« verschmelzen (um noch einmal Schleiermacher zu zitieren). Es war gerade die aufgeklärte, durchdachte, gereifte, gleichsam durch die Aufklärung erwachsen gewordene Theologie, die mich geöffnet hat für Zustimmung und Vertrauen in Gottes Gegenwart und Führung. Die traditionellen Bestimmungen, die klugen Unterscheidungen, die großartigen Gesamtentwürfe eines Schleiermachers, Paul Tillichs oder Karl Barths wirkten wie eine Kathedrale, in der jedes Fenster ein Fenster zum Himmel wurde und in jeder Ecke noch ein erstaunliches Geheimnis von Gottes Tiefe und Weisheit aufleuchtete.

Je älter man wird, desto häufiger erzählt man von früher; dieser Gefahr will ich nicht erliegen und deswegen abschließen mit der systematischen Frage, die sich durch diese Erinnerung stellt: Wie viel *fides quae* braucht unsere Frömmigkeit in gegenwärtigen Zeiten? Ich habe den Eindruck, wir vernachlässigen hier manches, auch wenn es nicht darum gehen kann, ein Theologiestudium zum Kriterium zu machen. Denn geben wir zu viel Erwartungen vor und straucheln dann auch noch bei der Vermittlung, stoßen wir viele Menschen vor den Kopf, – so wie es nicht wenige tun, die wieder »Glaubensgehorsam« und eine Rückkehr zu längst erloschenen Themen fordern. Aber zu wenig Erwartung an Kenntnissen führt zu einer inhaltlichen Schlichtheit und auch Leere, die haarscharf an der Banalität eines dauerhaft belanglosen »lieben Gottes« vorbeigeht. So geht aber vor allem die Faszination über Wissensbestände verloren, die erst durch deren Kenntnis zum Leuchten kommen kann. Vielleicht braucht zukünftig missionarisches Handeln mit dem Ziel, aufgeklärte Frömmigkeit zu fördern, noch mehr Orientierung an dem *fides quae creduntur*; mit den Glaubens- und Taufkursen, die nicht zuletzt durch das IEEG und Michael Herbst gefördert wurden, ist die Richtung jedenfalls eingeschlagen.

Bewegung, Gruppe und ein wenig Organisation

Die missionarischen Gemeinden im Spiegel der Logiken von Kirche

Uta Pohl-Patalong

Im Nachdenken über die Zukunft von Kirche bilden Modelle der künftigen Gestalt von Kirche ein wichtiges Instrument. Sie entwerfen alternative Sozialstrukturen von Kirche, die es ermöglichen, über das Bestehende hinauszudenken und die Gestalt der Kirche stärker an dem auszurichten, was theologisch im Blick auf die Gesellschaft der Gegenwart geboten erscheint. An diesem Diskurs hat sich Michael Herbst seit Jahrzehnten äußerst produktiv beteiligt. Während er in den 1980er Jahren in Westdeutschland eine maßgebliche Rolle in der »Gemeindeaufbaubewegung« spielte,[1] hat er seit den 2000er Jahren aus ostdeutscher Perspektive das Modell der »missionarischen Gemeinden« maßgeblich mit entwickelt und profiliert – nicht als Ersatz für die Parochie, wohl aber als ihre Ergänzung. Unter dem Stichwort »Fresh Expressions of Church« sind diese Gemeindeformen in Kontakt mit der anglikanischen Kirche im deutschsprachigen Raum zu einem viel diskutierten Modell geworden, das an verschiedenen Stellen auch längst erprobt und gelebt wird.[2]

Eine andere Möglichkeit des Nachdenkens über die Zukunft der Kirche setzt bei einer Analyse der bestehenden Strukturen an und versucht diese anhand von bestimmten Kategorien besser zu verstehen, um Veränderungen praktisch-theologisch zu fundieren und zu orientieren. Dies kann auf unterschiedlichen Ebenen geschehen: So können die – ursprünglich aus der katholischen Kirche stammenden »Grundvollzüge der Kirche *leiturgia*, *martyria*, *koinonia* und *diakonia* analytisch herangezogen werden, eine praktisch-theologische Bestimmung der kirchlichen Aufgaben kann als Wahrnehmungsraster kirchlichen Handelns

---

1 Vgl. Michael Herbst, Missionarischer Gemeindeaufbau in der Volkskirche, Stuttgart ³1993.

2 Ich spreche in diesem Beitrag dennoch überwiegend nicht von »Fresh X«, sondern vom Modell oder Ansatz der »missionarischen Gemeinden«, weil es mir um den von Michael Herbst entwickelten und vertretenen denkerischen Ansatz geht und nicht um die konkreten Formen von Gemeinde.

dienen[3] oder aber man betrachtet die Kirche im Spiegel der in der Soziologie entwickelten Sozialformen »Institution«, »Organisation«, »Gruppe« und »Bewegung«.[4] Die Variante möchte ich hier aufnehmen und mit dem Modell der missionarischen Gemeinden in Beziehung setzen.

Ich folge dabei Michael Herbst, der sich in einer 2018 veröffentlichten Vorlesung auf die genannten Sozialformen von Kirche bezieht. In diesem Zusammenhang deutet er eine Nähe der missionarisch orientierten Ansätze zur Gruppe und zur Bewegung an und vermutet, dass diese der Logik der Institution und der Organisation eher einen »dienenden, das Entstehen und Wachsen von Kirche als Gruppe und Bewegung fördernden Charakter zuweisen würden«.[5] Dies gilt es im Folgenden näher zu betrachten und vor allem zu fragen, in welcher Weise sich der Ansatz der missionarischen Gemeinden in der Lesart von Michael Herbst explizit oder implizit auf die vier Logiken von Kirche bezieht. Dabei gehe ich davon aus, dass sich die in der Soziologie als jeweils eigene Sozialformen behandelte Größen gegenwärtig als Logiken oder Charaktere von Kirche zeigen: Kirche »ist« dann nicht eine Institution, Gruppe, Organisation oder Bewegung, sondern besitzt (auch) den Charakter einer Institution, Gruppe, Organisation oder Bewegung und folgt ihrer jeweiligen Logik.

Dabei möchte ich folgendermaßen vorgehen: Die vier »Logiken« oder »Charaktere« von Kirchen sollen zunächst jeweils erläutert und dann historisch und aktuell auf die Entwicklung der kirchlichen Sozialformen bezogen werden. Anschließend wird das Modell der missionarischen Gemeinden von Michael Herbst daraufhin befragt, in welcher Beziehung es zu der jeweiligen Logik steht. Ziel ist

---

3 Vgl. beispielsweise EBERHARD HAUSCHILDT/UTA POHL-PATALONG, Kirche, Lehrbuch Praktische Theologie, Gütersloh 2013, 415–437.

4 Diese sind in den letzten Jahren in der Praktischen Theologie in unterschiedlichen Konstellationen verarbeitet worden. So verwendet Jan Hermelink beispielsweise das Viererschema Institution-Organisation-Interaktion-Inszenierung (vgl. JAN HERMELINK, Kirchliche Organisation und das Jenseits des Glaubens. Eine praktisch-theologische Theorie der evangelischen Kirche, Gütersloh 2011, 89–123), während Ralph Kunz die Trias Institution, Organisation und Bewegung wählt (vgl. RALPH KUNZ, Kybernetik, in: CHRISTIAN GRETHLEIN / HELMUT SCHWIER [Hrsg.], Praktische Theologie. Eine Theorie- und Problemgeschichte [Arbeiten zur Praktischen Theologie 33], Leipzig 2007, 669–672). Eberhard Hauschildt und ich haben uns in unserer Kirchentheorie dafür entschieden, Gruppe und Bewegung zusammenzudenken und dies als Dreierschema mit Institution und Organisation zu kombinieren (vgl. HAUSCHILDT / POHL-PATALONG, Kirche, 138–213). Da die Logik der »Bewegung« in den letzten Jahren in den Suchprozessen zur künftigen Gestalt der Kirche an Bedeutung gewonnen und dies m. E. in der jetzigen Gestalt nicht mehr deckungsgleich mit der Sozialform der Gruppe ist, die jedoch bleibend wichtig ist, erweitere ich hier das Dreier- zu einem Viererschema.

5 Vgl. MICHAEL HERBST, Aufbruch im Umbruch. Beiträge zu aktuellen Fragen der Kirchentheorie, BEG 24, Göttingen 2018, 35.

es, den Ansatz des Jubilars noch einmal von einer anderen Seite her wahrzunehmen und von daher seine Potenziale für die Zukunft der Kirche auszuloten. Die Frage nach dem Stellenwert dieser vier Charaktere für die Kirche und ihre künftige Gestalt lasse ich dabei bewusst offen.[6] Die Reihenfolge, in der ich die vier Größen bearbeite, orientiert sich daran, wann sie historisch für die gegenwärtige Gestalt von Kirche bedeutsam wurden und nimmt keine Rangordnung vor.

1. Der Charakter der Institution

Bis heute haben die Großkirchen den Charakter von Institutionen.[7] Institutionen entstehen durch Institutionalisierungsprozesse in ursprünglich unstrukturierteren Bewegungen. Der erste Schritt dazu ist eine Gewöhnung an Abläufe, Rollen

---

[6] Eberhard Hauschildt hat für das Verhältnis der Sozialformen den Begriff des »Hybrids« vorgeschlagen (vgl. EBERHARD HAUSCHILDT, Hybrid evangelischer Großkirche vor einem Schub an Organisationswerdung. Anmerkungen zum Impulspapier »Kirche der Freiheit« des Rates der EKD, in: PTh 96 [2007], 56–66), der von einem bleibenden Nebeneinander der Logiken ausgeht, während andere Ansätze von einer Entwicklung von der Institution hin zur Organisation ausgehen, vgl. bspw. HOLGER LUDWIG, Von der Institution zur Organisation. Eine grundbegriffliche Untersuchung zur Beschreibung der Sozialgestalt der Kirche in der neueren evangelischen Ekklesiologie, Öffentliche Theologie 26, Leipzig 2010. Dies gilt auch für Frank Weyen, der in diesem Zusammenhang an dem Hybridgedanken (HAUSCHILDT / POHL-PATALONG, Kirche, 216–219) recht harsch kritisiert, dass diese vier Logiken gesellschaftstheoretisch nicht auf einer Ebene zu verhandeln seien, weil die Gruppe und die Bewegung als »Vor- oder Unterform der Kommunikation [...] nicht gleichen Rang einnehmen können wie die beiden anderen Hauptformen sozialer Organisation des menschlichen Zusammenlebens« und zudem die Institution noch einmal eine »Unterform« der Organisation« bilde, was seinem Interesse entgegenkommt, »dass sich die Kirche klar als Organisation versteht« (FRANK WEYEN, Organisationsförmigkeit der evangelischen Kirche in der Postmoderne, in: PTh 102 [2013], 427–441, 436 bzw. 441). Dies kann hier nicht organisationstheoretisch diskutiert werden und muss es auch nicht, weil Theorien ja immer so gut sind, wie sie Wirklichkeit erhellen und Fragestellungen befördern, und mir das Viererschema gut geeignet erscheint, um den Ansatz der missionarischen Gemeinden analytisch zu schärfen.

[7] Zu den Charakteristika der Institution vgl. bspw. HERMANN L. GUKENBIEHL, Institution und Organisation, in: HERMANN KORTE / BERNHARD SCHÄFERS (Hrsg.), Einführung in Hauptbegriffe der Soziologie, Wiesbaden [8]2010, 143–159; ROGER HÄUßLING, Institution, in: JOHANNES KOPP / ANJA STEINBACH (Hg.), Grundbegriffe der Soziologie, Wiesbaden [12]2018, 191–195; HAUSCHILDT / POHL-PATALONG, Kirche, 157–163; HERMELINK, Organisation, 103–110; HARTMUT TYRELL, Religion – Institutionen und Organisation, in: BERNHARD SCHÄFERS / JUSTIN STAGL (Hg.), Kultur und Religion, Institutionen und Charisma im Zivilisationsprozess, Konstanz 2005, 25–56.

und bestimmte Interpretationen von Inhalten, die dann an die nächste Generation weitergegeben werden. Dies geschieht in der Regel dann, wenn die Bewegung erfolgreich ist, und es sichert ihr dauerhaftes Bestehen.

Institutionen können definiert werden als »Sinneinheit von habitualisierten Formen des Handelns und der sozialen Interaktion, deren Sinn und Rechtfertigung der jeweiligen Kultur entstammen und deren dauerhafte Beachtung die umgebende Gesellschaft sichert«.[8] Damit übernehmen sie selbstverständlich Aufgaben in der und für die Gesellschaft und tragen zu ihrer Stabilität bei. Auf diese Weise wird bestimmten Einrichtungen gesellschaftlich eine Zuständigkeit für bestimmte Lebensbereiche zugesprochen, die diesen Regeln und Formen bereitstellen, an denen das Individuum teilhaben kann. Sie entlasten die Individuen in den beständigen Entscheidungsnotwendigkeiten, indem sie Routinen vorgeben, an denen sie sich orientieren können und teilweise auch orientieren müssen.[9]

Erste Spuren dieser Logik sind bereits in den späten Schriften des Neuen Testaments zu erkennen. Besonders im Epheserbrief, in den Pastoralbriefen und in der Apostelgeschichte sind gegenüber dem Bewegungscharakter der Anhänger*innen Jesu und der Apostel*innen Institutionalisierungsprozesse zu erkennen, die Strukturen schaffen, dauerhafte Regelungen finden, Liturgien ritualisieren oder bestimmte Aufgaben dauerhaft an Ämter binden. Kirchentheoretisch ist für den Charakter der Institution dann vor allem die Entwicklung der territorialen Konstitutionslogik von Gemeinde zentral, die sich im Mittelalter allmählich herausbildete und bis heute die Gestalt der Kirche nicht unwesentlich prägt.[10] Mit der territorialen Orientierung reagierte die Kirche auf ihren raschen Aufstieg im 4. Jahrhundert von einer verfolgten Minderheit zur »Reichskirche«. Sie machte auf diese Weise ihren Anspruch deutlich, die gesamte Bevölkerung kirchlich zu organisieren. Vollständig durchgesetzt wurde das Territorialprinzip auf dem Land dann ab dem 9. Jahrhundert, als der Pfarrzwang eingeführt wurde, sowie die Pflicht, den Zehnten an die Kirche abzuliefern: Nur so war es möglich, die Gläubigen einerseits zu kontrollieren, ob sie zum Abendmahl gingen und ihre Kinder taufen ließen und andererseits sicherzustellen, dass ihr Geld dahin floss, wohin es fließen sollte. Die Gemeinde wurde

---

8 Gukenbiehl, Institution (s. Anm. 7), 146.

9 So entlastet die Bildungsinstitution Schule mit der Schulpflicht Jugendliche davon, sich (täglich neu) dafür entscheiden zu müssen, ob sie einen nicht unerheblichen Teil ihrer Lebenszeit in Bildungsvorgänge investieren – und übt gleichzeitig einen entsprechenden Zwang aus.

10 Vgl. zu dieser historischen Entwicklung Uta Pohl-Patalong, Ortsgemeinde und übergemeindliche Arbeit im Konflikt. Eine Analyse der Argumentationen und ein alternatives Modell, Göttingen 2003, 71–77.

damit zu einem kirchlichen Verwaltungsbezirk, der die kirchliche Ordnung etablierte und aufrechterhielt.

Trotz ihres Aufbruchscharakters und ihrer Kämpfe mit der Institution Kirche nutzte auch die Reformation den institutionellen Charakter der Kirche, wenn sie die Bildung des Volkes als kirchliche Aufgabe sah. Der Augsburger Religionsfrieden 1555 mit der Entscheidung »cuius regio, eius religio« entspricht ebenfalls dem Charakter einer Institution, indem er die Gesellschaft stabilisierte und die religiösen Zugehörigkeiten festlegte. In der Entwicklung zur Staatskirche, die erst 1918 mit der Abdankung des Kaisers und der Ausrufung der Demokratie endete, wurde die institutionelle Logik dann auf die Spitze getrieben.

Mit der Religions- und Gewissensfreiheit der Moderne kann die Kirche – glücklicherweise – keinen Zwang mehr ausüben. Die Mitgliedschaft in ihr sowie die Teilnahme an ihren Handlungen sind in der Moderne nicht verpflichtend und sie nehmen in der Gegenwart weiter ab: Mittlerweile ist deutschlandweit die Zahl der Menschen ohne Religionszugehörigkeit höher als die der Mitglieder der evangelischen oder der katholischen Kirche, und in Ostdeutschland ist sie deutlich höher als die der beiden Kirchen zusammen. Dies führt zu nachvollziehbaren Diagnosen vom Ende der »Volkskirche«, die mit dem Charakter der Institution eng verbunden ist. Dass der Institutionenbegriff »das Fundament auch und gerade für das Verständnis von Kirche«[11] bildet, wie man noch vor einigen Jahrzehnten formulieren konnte, ließe sich heute so pauschal nicht mehr sagen.

Dennoch ist der Institutionencharakter der Kirche in Deutschland nach wie vor lebendig, wenn auch im Osten Deutschlands in geringerem Maße als im Westen. Nach wie vor wird Kirche als zuständig für »Religion« im gesellschaftlichen Diskurs und teilweise auch für die Individuen wahrgenommen – wenn auch immer abhängig von der Entscheidung des Subjekts, ob es diese Zuständigkeit annimmt und der Kirche eine entsprechende Rolle und Bedeutung zuspricht. Vertreter*innen der großen Kirchen wirken in gesellschaftlichen Entscheidungsprozessen mit ethischem Charakter mit. Bei Naturkatastrophen, Terroranschlägen, Amokläufen und anderen erschütternden Ereignissen werden öffentliche Gottesdienste gefeiert und medial inszeniert. In der Coronakrise wurden Worte der Kirchen erwartet und ihre Sinnhaftigkeit wurde diskutiert. Der Kirche wird eine öffentliche Rolle in der Begleitung von Menschen in prekären Lebenssituationen zuerkannt, wie beispielsweise in der Notfallseelsorge sichtbar wird. Zumindest im Westdeutschland werden die Kasualien teilweise noch (in einer Mischung als liminalen und liminoiden Elementen) als Unterstützung der Bewältigung biografischer Übergänge genutzt. Auch wenn muslimische Eltern ihr Kind in der evangelischen Kita anmelden, weil ihnen eine religiöse Dimension wichtig ist, oder Kinder nicht-konfessionell gebundener Eltern in eine evange-

[11] DIETRICH RÖSSLER, Grundriß der Praktischen Theologie, Berlin/New York ²1994, 437.

lische Schule gehen, weil sie dieser eine wertschätzende und subjektorientierte Pädagogik zutrauen, ist diese Logik wirksam.

Institutionen symbolisieren überzeitliche Beständigkeit, sichern Stabilität, bieten Orientierung und stehen für einen überindividuellen Zusammenhang. Veränderungen geschehen langsam im Kontext einer sich verändernden Gesellschaft, ohne dass sie gezielt geplant und gesteuert werden. Diese Eigenschaften zeigen auch die Schwierigkeiten des institutionellen Charakters in der heutigen Zeit. Geschätzt werden die Stabilität und die Orientierung an der Tradition überwiegend von kirchlich sozialisierten Menschen, häufig den älteren Generationen angehörend. Auf eine produktive Neu- oder Erstbegegnung mit der Kirche und dem kirchlich kommunizierten Evangelium ist der institutionelle Charakter der Kirche nicht ausgerichtet. Die missionarischen Chancen dieser Logik sind daher eher als gering einzuschätzen. Nicht zufällig etablieren sich die missionarischen Gemeinden überwiegend neben der mit der institutionellen Logik verbundenen Ortsgemeinde, weil sie sich zumindest in ihrer traditionellen Form als wenig geeignet erwiesen haben und erweisen, Menschen einen Erst- oder Neukontakt zum christlichen Glauben zu eröffnen.

Entsprechend setzt sich der Ansatz der »missionarischen Gemeinden« überwiegend kritisch mit dem institutionellen Charakter der Kirche auseinander. Michael Herbst kritisiert in seinen Werken an verschiedenen Stellen die für Institutionen typische Tendenz, sich an Stabilität und bekannten Mustern zu orientieren:

> »Wir könnten beweglich sein, aber wir klammern [...]. In Entscheidungssituationen rufen wir ab, was wir immer gedacht, wie wir immer verstanden, was wir immer als Lösung gekannt und darum auch immer entschieden haben.«[12]

Das Beharren auf der Dominanz des parochialen Prinzips (das Herbst nicht als solches ablehnt, sofern es im Sinne einer »mixed economy« andere Gemeindeformen gleichberechtigt neben sich zulässt) und den traditionellen Formen von Kirchenmitgliedschaft sieht er als schädlich für die missionarische Dimension der Kirche an. Eindrücklich schildert er Beispiele, wie Menschen durch diese Inflexibilität an einem näheren Kontakt mit der Kirche und dem Evangelium gehindert werden.[13] Das Beharren auf einem »weiter so« gehe an der Realität der Gegenwart vorbei:

---

[12] Michael Herbst, Wie die Kirche Zukunft hat, in: Hans-Hermann Pompe / Patrick Todjeras / Carla J. Witt (Hg.), Fresh X – Frisch. Neu. Innovativ. Und es ist Kirche, BEG Praxis, Neukirchen-Vluyn 2016, 128–146, 143.

[13] Vgl. Michael Herbst, Neue Wege ins Gotteshaus. Kirchenmitgliedschaft und missionarische Gemeindeentwicklung, in: Johannes Zimmermann (Hg.), Kirchenmitglied-

»Das Parochialprinzip ist regional in einem Maße ausgehöhlt, dass man nicht mehr ernsthaft von flächendeckender Versorgung und wohnortbezogener Gemeindlichkeit reden sollte. [...] Wir sollten uns auf die Situation einer Missionskirche einstellen und unsere Ressourcen entsprechend auf die Bildung überlebensfähiger geistlicher Gemeinschaften ausrichten.«[14]

Dass eine Abkehr vom institutionellen Charakter der Kirche Konsequenzen hat, ist ihm sehr bewusst. So müsste sich der rechtlich-finanzielle Rahmen verändern, den er als »Allokationsdogma« bezeichnet, »das das kirchliche Geld prinzipienfest nach der Zahl der Köpfe verteilt und nicht nach der zu leistenden Arbeit«.[15] Die Abkehr von der institutionellen Logik würde aber auch eine veränderte Rolle der Kirche in der Gesellschaft nach sich ziehen; es würde bedeuten, »christentümliche Größe abzugeben und auf privilegierte Positionen zu verzichten«.[16] Der Fokus wendet sich in missionarischer Perspektive weg von der Frage, wie »die Kirche« in der Gesellschaft sinnvoll agieren kann hin zu der Perspektive, wie Menschen vom Evangelium erfasst werden können. »Die Kernfrage lautet: Wer bekommt nie, was die Gemeinde des Gekreuzigten ihm schuldet, wenn wir nur das machen, was wir schon immer gemacht haben?«[17] Eine konsequente Orientierung der Kirche an der Mission erfordere,

»alles hinter sich [zu] lassen und auf[zu]geben, was sie hindern könnte, den Menschen im Geist Jesu zu dienen und ihnen die Liebe des Gekreuzigten zu bezeugen. Alles außer dem Evangelium. Alle Traditionen und Trachten, alle Liturgien und Lieder, alle Strukturen und Strategien, alle Gebäude und Gelder.«[18]

Damit ist deutlich: Der Ansatz der »missionarischen Gemeinden« legt zumindest eine deutliche Reduzierung der institutionellen Logik der Kirche nahe, wenn nicht langfristig den völligen Verzicht auf diese – bzw. ihre konsequente Orientierung an ihrer Funktion für den Glauben von Menschen:

---

schaft. Zugehörigkeit(en) zur Kirche im Wandel, BEG 5, Neukirchen-Vluyn 2008, 102–113.

14 Herbst, Neue Wege ins Gotteshaus (s. Anm. 13), 106.

15 Herbst, Wie die Kirche Zukunft hat (s. Anm. 12), 145.

16 Michael Herbst, Wege in die Zukunft, in: Heinzpeter Hempelmann / Ders. / Markus Weimer (Hg.), Frische Formen für die Kirche von heute, BEG Praxis, Neukirchen-Vluyn 2011, 77–97, 88.

17 Michael Herbst, Kirche mit Mission. Beiträge zu Fragen des Gemeindeaufbaus, BEG 20, Neukirchen-Vluyn 2013, 11.

18 A.a.O., 12, vgl. auch a.a.O., 16 und Herbst, Aufbruch im Umbruch (s. Anm. 5), 22.

»Kirche als Institution und Organisation hat darin ihr Recht, dass sie der Kirche als Gemeinschaft derer dient, die unter Wort und Sakrament zusammen kommen und auf diese Weise werden, was sie empfangen – Leib Christi.«[19]

2. Der Charakter der Gruppe

Als »Gruppe« im soziologischen Sinne bezeichnet man einen Zusammenhang von Menschen, die über einen längeren Zeitraum in regelmäßigem Kontakt miteinander stehen und sich als zusammengehörig empfinden.[20] Sie haben ein gemeinsames Thema und verfolgen ein gemeinsames Ziel. Sie teilen daher bestimmte Normen und Werte. Oft ist eine bestimmte Rollenaufteilung zu beobachten. Damit geht eine Abgrenzung nach außen einher – Voraussetzung für die Entstehung von Gruppen ist die Existenz von Menschen, die nicht zu ihr gehören.

Gruppen gehen auf elementare menschliche Bedürfnisse ein: Sie sichern eine persönliche Wahrnehmung, ermöglichen Gefühle der Zuneigung und etablieren eine Wir-Identität. Diese fügen sich im Bedürfnis nach sozialer Gemeinschaft zusammen. Menschen sind – wie auch viele Tierarten – darauf angewiesen, Beziehungen zu pflegen, Zuwendung zu erfahren und gegenseitig füreinander da zu sein. Ein Gemeinschaftsgefühl muss sich nicht zwingend auf persönlich bekannte Menschen beziehen (besonders im digitalen Zeitalter nicht mehr), sondern kann sich beispielsweise auch auf die weltweite Kirche Jesu Christi richten, aber es wird intensiver und dichter, wenn sich ideelle und persönliche Bezüge miteinander verbinden. Auch der Begriff der »Gruppe« ist mittlerweile um die digitale Perspektive erweitert worden; klassisch ist jedoch die persönliche dichte Interaktion. In jedem Fall ist es Voraussetzung für die Entstehung einer Gruppe, dass es Menschen gibt, die nicht zu ihr gehören – weil sie nicht die gleiche soziale Nähe, die gleichen Überzeugungen oder das gleiche Engagement haben.

In gewisser Weise widersprechen Institutionen eigentlich dem Charakter der Gruppe, denn für diese ist ein Wir-Gefühl in notwendiger Abgrenzung zu einem

---

19 Herbst, Kirche mit Mission (s. Anm. 17), 56.

20 Zu den Charakteristika der Gruppe vgl. beispielsweise: Anna Neumaier / Jens Schlamelcher, Religiöse Vergemeinschaftung im Prozess der Vergesellschaftung, in: Patrick Heiser / Christian Ludwig (Hg.), Sozialformen des Religiösen im Wandel, Wiesbaden 2014, 19–52, v.a. 26f.; Bernhard Schäfers, Die soziale Gruppe, in: Hermann Korte / Ders., Einführung in die Hauptbegriffe der Soziologie, Wiesbaden [9]2016, 127–142; Ders., Entwicklung der Gruppensoziologie und Eigenständigkeit der Gruppe als Sozialgebilde, in: Ders. (Hrsg.), Einführung in die Gruppensoziologie. Geschichte – Theorien – Analysen, Wiesbaden [3]1999, 19–36, v.a. 20f.; Ders. / Bianca Lehmann, Art. Gruppe, in: Kopp/Steinbach, Grundbegriffe (s. Anm. 7), 163–168.

»Nicht-Wir« gerade konstitutiv, während sich die Institution auf die gesamte Gesellschaft richtet. Seit Ende des 19. Jh. werden jedoch gerade diese beiden Logiken hybridartig in der Kirche, konkret: in der Ortsgemeinde miteinander verbunden.

Hintergrund dieser Entwicklung war die enorme Zuwanderung in die großen Städte im Zuge der Industrialisierung des späten 18. und 19. Jh. Der Verlust sozialer Einbindung führte häufig zur materiellen Verelendung einerseits und zum Verlust ethisch-religiöser Bindungen andererseits. Die in die Stadt strömende Landbevölkerung fand kaum Anschluss an die kirchliche Organisation – der Gottesdienstbesuch in den Städten wird Ende des 19. Jahrhunderts auf ca. 1,5 % unter der evangelischen Bevölkerung geschätzt. Dieser Situation sollte ein Neuentwurf von »Gemeinde« begegnen, der vor allem von Emil Sulze (1832–1914) entwickelt wurde.[21] Die Parochie sollte zu einer »überschaubaren Gemeinde« werden, die von gegenseitiger Seelsorge- und Liebestätigkeit geprägt ist. Möglichst viele der nominellen Kirchenmitglieder sollten in eine aktive Beteiligung am kirchlichen Leben integriert werden, um ihnen moralischen Halt, diakonische Unterstützung und vor allem eine christliche Sozialisation zu vermitteln. Jedes Mitglied sollte erfasst, gekannt und betreut werden, und es sollte eine auf persönlicher Kenntnis beruhende Gemeinschaft der Gemeindeglieder untereinander und mit dem Pfarrer entstehen. Diesem Ziel diente die Idee, dass Gemeindeglieder ihre Freizeit in der Gemeinde verbringen könnten. Nach dem Vorbild von Vereinen entstanden Gruppen und Kreise, das Gemeindehaus wurde entworfen. Dabei sollte Kirche gegenüber der modernen Welt, die von Konkurrenz und Disharmonie geprägt gesehen wurde, die harmonische Gemeinschaft gewährleisten.

Dieses Gemeindeideal müsste nicht notwendig territorial organisiert sein, wurde jedoch im Unterschied zu dem Ansatz der missionarischen Gemeinden von Emil Sulze eng mit dem Parochialprinzip verklammert. Zum einen nutzte er die Tradition des kirchlichen Verwaltungsbezirks für die Organisation der persönlichen Betreuung. Gewählte »Hausväter« waren ehrenamtlich für die seelsorgliche und soziale Betreuung der Bewohner*innen eines Wohnblocks zuständig. Zum anderen polemisierte Sulze gegen die (zu seiner Zeit sehr lebendigen) auf subjektiver Wahl beruhenden Personalgemeinden und lud das Zuweisungsprinzip theologisch auf: Personalgemeinden seien Zeichen eines »unbeschränkte[n] Individualismus«[22] in der Kirche und besäßen tyrannische Züge. Die Unterschiedlichkeit der Menschen in der Ortsgemeinde erziehe zu »Duldsamkeit und damit zum Fortschritt«, während die Personalgemeinde »der christlichen Liebe« widerstreite.[23]

---

21 Vgl. zu dieser Epoche Pohl-Patalong, Ortsgemeinde (s. Anm. 10), 97–109.

22 Emil Sulze, Die evangelische Gemeinde (Gotha 1881), Leipzig ^{2}1912, 172.

23 A. a. O., 189.

Mit der Einführung der Logik der Gruppe wurde der gesellschaftlichen Entwicklung Rechnung getragen, dass ein selbstverständliches und unhinterfragtes Praktizieren des christlichen Glaubens in der Moderne nicht mehr vorausgesetzt werden kann. Der Kirche kam dabei die neue Aufgabe zu, Formate zu entwickeln, in denen Menschen sich als Christ*innen zusammenfinden und sich auf der Basis eines Gemeinschaftsgefühls (angeleitet vom Pfarrer und von Ehrenamtlichen) gegenseitig in Glaubens- und Lebensfragen unterstützen. Das Gemeindeverständnis wurde dadurch von der Logik der Gruppe geprägt und durch das Leitbild der christlichen Liebe sowohl theologisch als auch emotional aufgeladen.

Die Gemeindebewegung und der Ansatz der missionarischen Gemeinden werden von einer ähnlichen Wahrnehmung und einer ähnlichen Motivation geeint: der Erfahrung von Entkirchlichung und Entchristlichung sowie dem Impetus, dies nicht tatenlos hinzunehmen, sondern Strukturen zu entwickeln, die Menschen besser als die bisherigen Strukturen in Kontakt mit dem Evangelium bringen. Sie unterscheiden sich durch ihren Kontext der Früh- bzw. der Spätmoderne und der damit verbundenen unterschiedlichen gesellschaftlichen und sozialen Verhältnisse und auch der (zeitbedingten) Theologie – so wird von Emil Sulze beispielsweise die diakonische Hilfe an das christliche Bekenntnis und ein »sittliches« Leben geknüpft, während für die missionarischen Gemeinden gerade die Voraussetzungslosigkeit der Zuwendung und Unterstützung wichtig ist. Für beide aber ist die sozial erfahrbare Gemeinschaft einander bekannter Menschen ein konstitutives Element für ihren Ansatz. Die Logik der Gruppe bekommt eine wesentliche Funktion für das grundlegende Anliegen, Menschen mit dem Evangelium zu erreichen und ihr Leben dadurch zu verändern.

Die Bedeutung des Charakters der Gruppe wird bei Michael Herbst, wenn ich es recht sehe, auf drei Ebenen entfaltet.

(1) »Gruppe« als Weg zum christlichen Glauben

Zum einen sieht er die soziale Gemeinschaft einander bekannter und miteinander verbundener Menschen als große Chance dafür, dass ein Interesse am Evangelium entsteht, Menschen neugierig auf die christliche Botschaft werden und dadurch zum Glauben kommen. Eine wichtige Voraussetzung der Entstehung neuer Gemeinden liegt für ihn in der sozialen Nähe und dem Teilen der gleichen Lebensbedingungen. Im Blick auf den missionarischen Kontakt mit Menschen in Plattenbausiedlungen formuliert er: »Wir müssen dort leben, unseren Alltag mit den Menschen dort teilen«[24] und schildert eindrücklich, wie aus einer WG in

24 Herbst, Kirche mit Mission (s. Anm. 17), 8.

einem Plattenbau eine Gemeinde entsteht.[25] In Aufnahme von und eingehender Auseinandersetzung mit dem angelsächsischen Diskurs um das Verhältnis von »belonging« und »believing« kommt er zu der Erkenntnis: »Sehr häufig kommt ›belonging before believing‹, die Erfahrung tragfähiger Gemeinschaft öffnet auch für den persönlichen Glauben.«[26]

(2) »Gruppe« als notwendiges Element des christlichen Lebens

Die christliche Gemeinschaft in der Logik der »Gruppe« ist für Herbst aber auch ein bleibendes Konstitutivum für das Leben als Christ*in und einen lebendigen Glauben – »belonging« und »believing« gehören auch dauerhaft zusammen.[27] »Der Glaube kann gar nicht ohne die Gemeinde gedacht werden. Ein gemeindefreies Christentum ist eine Illusion.«[28] Herbst erörtert in seinen Werken auf unterschiedliche Weise die Frage, ob zum Christsein die Beheimatung in einer Gemeinde verbindlich hinzugehört und setzt sich ausführlich mit Positionen, die ein »distanziertes Christentum« (z. B. Gerald Kretzschmar) und eine »Kirche bei Gelegenheit« (z. B. Michael Nüchtern) befürworten, auseinander. Er kommt jedoch zu dem Schluss, dass diese Positionen einerseits von einer »Überschätzung der Stabilität« geprägt seien, insofern die »Kirche bei Gelegenheit« beständig an den Rändern bröckele, und andererseits von einer »Überschätzung der Religiosität«, insofern im kirchlich distanzierten Christentum häufig Christsein auf eine Verpflichtung zum moralischen Verhalten reduziert werde. »Der Glaube ist keine wirklich bedeutsame Kraft für die meisten, die zwar noch zur Kirche gehören, aber weder am Leben der Gemeinde teilhaben, noch ein inniges Verhältnis zu der Botschaft haben, die wir bezeugen.«[29] Seines Erachtens sei dagegen »auf den Zusammenhang zwischen Glauben und Gemeinschaft zu verweisen [sei], der dort unterschätzt wird, wo man meint, ein vitaler Glaube können entstehen, erhalten bleiben und wachsen, wenn es nur zu seltenen Begegnungen mit anderen kommt. Die mit mir glauben und mir zusprechen, was von Gott her Wahrheit meines Lebens ist«[30]. Daher brauchten Menschen, die neu vom Evangelium erreicht

---

[25] Vgl. Herbst, Wege in die Zukunft (s. Anm. 16), 93 und Herbst, Kirche mit Mission (s. Anm. 17), 8f.

[26] Herbst., Kirche mit Mission (s. Anm. 17), 56. Vgl. Herbst, Gemeindeaufbau auf dem Weg ins Jahr 2017, in: Matthias Clausen / Ders. / Thomas Schlegel (Hrsg.), Alles auf Anfang. Missionarische Impulse für Kirche in nachkirchlicher Zeit, BEG 19, Neukirchen-Vluyn 2013, 7–41, 24.

[27] Vgl. Herbst, Kirche mit Mission (s. Anm. 17), 251.

[28] Herbst, Alles auf Anfang (s. Anm. 26), 16.

[29] Herbst, Kirche mit Mission (s. Anm. 17), 254.

[30] Herbst, Alles auf Anfang (s. Anm. 26), 24,

werden, für sie passende Gemeinden, um den Glauben auf Dauer eigenständig zu leben: »Konversion ohne Kommunion wird nicht zu einer mündigen Gestalt des Christseins führen.«[31]

Auf der anderen Seite grenzt sich Herbst immer wieder ausdrücklich – beispielsweise in Auseinandersetzung mit Isolde Karle – von der Festlegung der Sozialität auf eine bestimmte Form wie die Parochie ab. Er widerspricht einer »starren Normierung, die ein bestimmtes, etwa 'vereinskirchliches' Modell der christlichen Gemeinschaft allen Getauften vorschriebe«. Im Gegenteil geht es ja in den missionarischen Gemeinden darum, »unterschiedliche Modelle der christlichen Geselligkeit anzubieten, eine Pluralität der Orte, an denen Menschen miteinander den Glauben, die Hoffnung und die Liebe Christi verbindlich teilen.«[32] Die theologische Basis dafür bildet für ihn CA VII, die eine große Freiheit eröffne. Gemäß der realen Vielfalt der »Fresh Expressions of Church« nennt Herbst beispielhaft unterschiedliche Formen:

> »Wir können und dürfen dann sowohl in kleineren als auch in größeren Größenordnungen denken, wir können uns lokale Hausgemeinden denken, örtliche Gottesdienstkerne, Netzwerke von Menschen ähnlicher Milieus, intakte profilierte Parochien, kooperierende oder fusionierende Ortsgemeinden.«[33]

Dies bedeute jedoch keine Beliebigkeit der gemeindlichen Formen. Zum einen dürften sie nicht flüchtig sein, sondern müssten Menschen verbindlich vergemeinschaften. »Aber es meint reale und auch regelmäßige Versammlungen von Menschen, die auf das Wort hören, welches Christus bezeugt.«[34] Denn erst eine Regelmäßigkeit des Zusammenkommens könne »einen nachhaltigen Einfluss auf die Lebensgestalt des Glaubenden ausüben«.[35] Vor allem aber bilde das »verbum externum«, das den einzelnen Menschen zugesprochen wird, das Kriterium für die Legitimität der Gemeinde,[36] womit bereits die dritte – theologische – Ebene angesprochen ist:

(3) »Gruppe« als theologische Größe

War die Argumentation bei den beiden bisherigen Argumentationsgängen eher anthropologisch – wenn auch mit theologischem Bezug – ausgerichtet, hat die

---

31 Herbst, Kirche mit Mission (s. Anm. 17), 248.

32 Herbst, Alles auf Anfang (s. Anm. 26), 25.

33 Ebd.

34 Herbst, Alles auf Anfang (s. Anm. 26), 24.

35 A. a. O. 25.

36 Vgl. a. a. O., 16 sowie Herbst. Neue Wege ins Gotteshaus (s. Anm. 13), 107.

soziale Gemeinschaft in der Logik der Gruppe bei Michael Herbst jedoch auch einen zutiefst theologischen Charakter:

> »Der christliche Glaube ist ein sozialer Glaube. Er stellt den Glaubenden nicht nur in ein unmittelbares Verhältnis zu Gott, sondern auch in eine verbindliche Beziehung zu denen, die mit ihm den Glauben an Gott teilen. Der Glaube lebt von dem, was sich kein Mensch selbst sagen kann, also von dem *verbum externum*, das den Angefochtenen tröstet.«

In einem weiteren Argumentationsgang fundiert er die theologische Bedeutung christlicher Sozialität auch biblisch, indem er auf die »Verbindlichkeit« des Glaubens verweist:

> »Er ist auch Berufung zur geschwisterlichen Gemeinschaft, zum Tragen des Anderen (1Thess 5,12–15), zur Betätigung der eigenen Gaben in der Ergänzungsgemeinschaft des Leibes Christi (Röm 12,1–8) und zur Liebe, mindestens *auch* gegenüber ›des Glaubens Genossen‹ (Gal 6,10). Diese Verbindung mit Christus und den Christen ist die Bedingung der Möglichkeit zu vitalem und fruchtbarem Glauben (Joh 15,1–17).«[37]

Damit ist deutlich: Die Logik der Gruppe bildet in der Tat ein konstitutives Element der missionarischen Gemeinden, die an ihre Wurzeln im 19. Jh. konstruktiv anschließt, jedoch unter spätmodernen Bedingungen eine eigene Ausprägung entwickelt. Sie motiviert nach diesem Ansatz zum Glauben und ist auch auf Dauer ein unverzichtbares Element des christlichen Lebens, weil sie das *verbum externum* sicherstellt, welches der Glaube benötigt.

3. Der Charakter der Organisation

In den letzten Jahrzehnten hat die Kirche verstärkt den Charakter einer Organisation entwickelt. Auch wenn die These einer Ablösung des Institutionscharakters durch den der Organisation[38] in dieser Einlinigkeit angesichts der Komplexität kirchlicher Strukturen zu pauschal erscheint, ist es unbestreitbar, dass der Organisationscharakter zugenommen hat – die Kirche wird beweglicher, bewusste Steuerungsprozesse nehmen zu, Ziele und Zwecke werden reflektiert und die Mitglieder kommen stärker in den Blick. Denn eine Organisation ist sich ihrer Ziele und Zwecke bewusst. Sie denkt und handelt »strategisch«, indem sie

---

[37] HERBST, Alles auf Anfang (s. Anm. 26), 24f.

[38] Vgl. oben Anm. 4.

sinnvolle Wege für deren Umsetzung sucht.[39] »Um ein Ziel auf Dauer zu gewährleisten, wird bewusst eine Struktur geschaffen und festgelegt und es werden daran ausgerichtet die Aktivitäten der Organisationsmitglieder und die verfügbaren Mittel koordiniert.«[40] Dementsprechend ist die Zugehörigkeit ihrer Mitglieder als von ihnen getroffene Entscheidung im Blick, um die geworben werden muss. Organisationen möchten ihre Mitglieder langfristig überzeugen und binden und bedenken gleichzeitig Strategien, um neue Mitglieder zu gewinnen. Auf deren Vertrauen ist sie angewiesen, für das Plausibilität und Transparenz zentral sind. Sie kommunizieren mit ihren Mitgliedern und haben deren Bedürfnisse im Blick. Organisationen schaffen Partizipationsmöglichkeiten und entwickeln differenzierte Modelle der Beteiligung. Dabei setzen sie durchaus auf ein Wir-Gefühl, das jedoch nicht auf sozialen Kontakten beruht wie das der Gruppe, sondern das auf ideellen Übereinstimmungen und gemeinsamen Zielen (z. B. Umweltschutz, Antirassismus o. ä.) beruht. Weil die Mitgliedschaft und das Engagement in einer Organisation nicht selbstverständlich sind, sondern sich auf individuelle Plausibilität gründen, stehen Organisationen immer in Konkurrenz mit anderen Organisationen um gesellschaftliche Aufmerksamkeit und Zustimmung. Sie verstehen sich als Größe auf dem »Markt« der Konkurrenz um Aufmerksamkeit, Relevanz, Geld und nicht zuletzt auch Zeit neben anderen Organisationen – möchte also beispielsweise attraktivere Bedingungen für das ehrenamtliche Engagement bieten oder überzeugendere Fundraisingprojekte entwickeln als andere. Dafür ist eine ständige Weiterentwicklung und damit auch eine Flexibilität in Verbindung mit einem strategischen Denken erforderlich, das permanent reflektiert, ob die gegebenen Strukturen noch sinnvoll sind oder verändert werden müssen – ein »change management« ist erforderlich.

---

[39] Zu den Charakteristika der Organisation Karina Becker / Ulrich Brinkmann, Organisation in: Kopp / Steinbach, Grundbegriffe (s. Anm. 7), 351–359; Hans Geser, Zwischen Anpassung, Selbstbehauptung und politischer Agitation: Zur aktuellen (und zukünftigen) Bedeutung religiöser Organisationen, in: Michael Krüggeler / Karl Gabriel / Winfried Gebhardt (Hrsg.), Institution, Organisation, Bewegung. Sozialformen der Religion im Wandel, Opladen 1999, 39–70; Hauschildt / Pohl-Patalong, Kirche (s. Anm. 3), 181–215; Martin Petzke / Hartmann Tyrell, Religiöse Organisationen, in: Maja Apelt / Veronika Tacke (Hrsg.), Handbuch Organisationstypen, Wiesbaden 2012, 275–306; Jens Schlamelcher, Von der Gemeinschaft zur Organisation. Transformation kirchlicher Sozialgestalt im Kontext der gegenwärtigen Restrukturierungsprozesse, in: EvTh 73 (2013), 29–37; Ders., Religiöse Organisation, in: Detlef Pollack / Volkhard Krech / Olaf Müller / Markus Hero (Hrsg.): Handbuch Religionssoziologie, Wiesbaden 2018, 489–506.

[40] Hauschildt / Pohl-Patalong, Kirche (s. Anm. 3), 181 mit Bezug auf Gukenbiehl, Institution (s. Anm. 7), 154.

Anklänge an den Organisationscharakter der Kirche lassen sich ebenfalls bereits in der Gemeindebewegung verorten, insofern dort mit einer tiefgreifenden strukturellen Veränderung bewusst auf die Entwicklungen der Gesellschaft und der Lebensbedingungen von Menschen reagiert wurde. Wesentlich deutlicher wurde dieser dann in den nächsten großen Reformbemühungen, der Kirchenreformbewegung der 1960er und 1970er Jahre am Beginn der »Spätmoderne«.[41] Diese war erneut wesentlich motiviert durch die Wahrnehmung, dass die bisherigen kirchlichen Strukturen angesichts der raschen gesellschaftlichen Wandlungen viele Menschen nicht mehr erreichten, wie bereits in den 1950er Jahren vor allem in der Ökumenischen Bewegung kritisiert wurde.[42] »Ganze Bereiche des öffentlichen Lebens sind für sie unerforschtes Gebiet und ein weißer Fleck auf der Landkarte unserer Gemeinden.«[43] Der traditionellen Parochie wurde vorgeworfen, dass sie ihren »missionarischen Auftrag vergessen hat und, sehr selbstzufrieden, sich in erster Linie darum kümmert, wie sie sich weiterhin erfolgreich am Leben erhalten kann«.[44] Statt der territorialen Ausrichtung müsse die Mission das »Strukturprinzip« der Kirche sein und ihre Sozialformen gestalten.[45]

Ohne dass ein durchgehendes Konzept für die Gestalt der Kirche entworfen wurde, wurden Alternativen zur Ortsgemeinde vorgeschlagen und teilweise auch umgesetzt: Die »Paragemeinden«, die in der Arbeits- oder Freizeitwelt Menschen christlicher Gesinnung sammeln und ihnen Formen christlicher Gemeinschaft anbieten sollten,[46] die Orientierung an der Region und damit verbunden die Vergrößerung der Gemeinde, die das Kirchturmdenken und den Provinzialismus überwinden helfen und die Kirche lebensnäher für den modernen Menschen ma-

---

41 Vgl. dazu Pohl-Patalong, Ortsgemeinde (s. Anm. 10), 110–125.

42 So hatte die zweite Weltkirchenkonferenz in Evanston 1954 die Kirchen gebeten, ihre Strukturen auf die Funktionsfähigkeit in der veränderten Gesellschaft hin zu überprüfen. Die 3. Vollversammlung des ÖRK in Neu Delhi 1961 beschloss das Studienprojekt 'Die missionarische Struktur der Gemeinde', für das die Leitung Hans-Jochen Margull übertragen wurde.

43 Ernst zur Nieden, Die Gemeinde nach dem Gottesdienst, Stuttgart 1955, 12.

44 Gerhard Brennecke, Jesus Christus, das Licht der Welt. Bericht über die Dritte Vollversammlung des Ökumenischen Rates der Kirchen Neu Delhi 1961, Berlin 1963, 89.

45 Hans Jochen Margull (Hg.), Mission als Strukturprinzip. Ein Arbeitsbuch zur Frage missionarischer Gemeinden, Genf 1965.

46 Dies wurde sich folgendermaßen vorgestellt: »Eine Handvoll Stenotypistinnen und Verkäuferinnen in einem Warenhaus; ein Dutzend Arbeiter in den verschiedenen Werkabteilungen eines Betriebes; acht Wissenschaftler mit ihren Frauen in einer großen chemischen Fabrik; eine Gruppe christlicher Lehrer im Lehrerkollegium einer großen Schule; eine kleine Gemeinde aus zwei oder drei Straßen, die als Hausgemeinde in der Wohnung eines ihrer Glieder zusammenkommt.« (Brennecke, Jesus Christus [s. Anm. 44], 89).

chen sollte, sowie der Ausbau der Dienste und Werke in Bereichen, die als Überforderung der Ortsgemeinde gesehen wurden wie Seelsorge im Krankenhaus oder im Gefängnis, Voranbringen gesellschaftlicher Diskurse in den Akademien, Arbeit mit bestimmten Zielgruppen, Ökumene, interreligiöser Dialog etc.

Bereits diese Entwicklungen gaben Anstöße zu einer stärkeren Organisationswerdung der Kirche, die auch in den Ortsgemeinden spürbar wurden. Angeregt durch die Kritik der Kirchenreform und die sich entwickelnden Alternativstrukturen begannen sie, stärker über ihre Ziele und Zwecke nachzudenken. Die Gemeindeaufbaubewegung der 1980er (s.o.) fragte nach Möglichkeiten der Evangelisation innerhalb und außerhalb der Ortsgemeinden und erinnerte die Kirche an ihren missionarischen Auftrag. Allmählich entwickelte sich ein Denken in Aufgaben und Projekten. Die in den 1990er Jahren erscheinenden Milieutheorien belegten und verobjektivierten den alltagsweltlichen Eindruck, dass die klassische Parochie manche Bevölkerungsgruppen wesentlich besser erreicht als andere und motivierten zu dem Bemühen, neue Zielgruppen zu erreichen und sich dafür »strategischer« auszurichten.

Einen weiteren deutlichen Schub bekam der Charakter der Organisation dann durch die Mitte der 1990er Jahre ausgerufene »Krise der Kirche«, die durch die Wiedervereinigung Deutschlands, vor allem dann aber durch die finanziellen Einbrüche ab 1995 verstärkt wurde.[47] Hatte bis dahin die Erfahrung beständigen Wachstums in finanzieller und personeller Hinsicht ein »weiter so« möglich erscheinen lassen, wurde nun deutlich, dass die Kirche über ihre Gestalt, ihre Mitglieder und ihre Attraktivität nachdenken musste, wenn sie ihre Zukunftsfähigkeit sichern wollte. Angesichts der großen Konkurrenz auf dem Freizeitmarkt – und auch auf dem religiösen »Markt« – wurde die Notwendigkeit erkannt, den Wert des christlichen Glaubens und der kirchlichen Angebote plausibel zu machen. Schließlich trat der demographische Wandel stärker ins Bewusstsein und es wurde die Dringlichkeit eines raschen Umbaus kirchlicher Strukturen deutlich angesichts in naher Zukunft noch stärker erwartbarer Finanzierungsprobleme. All dies zeigte, dass es gezielter Anstrengungen bedarf, um die Kirche in eine Gestalt zu überführen, die den Herausforderungen der Spätmoderne sinnvoll begegnen kann.

Diese Wahrnehmungen führten zu strukturellen Reformprozessen in allen Landeskirchen, für die erstmals unternehmerische Einsichten und Logiken herangezogen wurden. Unternehmensberatungen wurden in die Kirche geholt, Leitbilder entworfen, Struktur- und Reformpapiere verfasst und teilweise weitreichende Entscheidungen über Einsparungen getroffen. Ein neues Vokabular

---

47 Vgl. Eberhard Hauschildt, Kirche als Institution und Organisation, in: Ralph Kunz / Thomas Schlag (Hg.), Handbuch für Kirchen- und Gemeindeentwicklung, Neukirchen-Vluyn 2014, 169–178, 171, zu den Konsequenzen und der Kritik an dieser Entwicklung vgl. a.a.O., 172f.

fand Verwendung (und wurde viel kritisiert), das von »Leitlinien«, »Angeboten«, »Mitgliederorientierung«, »Personalgesprächen«, »Fundraising« und »Qualität« sprach. Projekt- und Steuerungsgruppen wurden eingerichtet. Diese Tendenzen kulminierten in dem EKD-Papier »Kirche der Freiheit«, das endgültig deutlich machte, dass eine Kombination der (vormodernen) Institutionslogik und der (frühmodernen) Gruppenlogik für die Kirche in der Spätmoderne nicht ausreicht.

Wurde damals von nicht wenigen befürchtet, dass die »unternehmerische« Seite die Überhand gewinnen und der Charakter der Organisation den der Institution und den der Gruppe verdrängen würde, zeigt sich mittlerweile, dass dies nicht eingetreten ist und die Charaktere nebeneinander bestehen geblieben sind.

Auch das Modell der missionarischen Gemeinden trägt Züge der organisationalen Logik. Bereits der Impetus, alte Strukturen zu verlassen und neue zu denken, entspricht dieser. Michael Herbst formuliert auf der Basis des *satis est* von CA VII:

> »Alles andere ist darum nicht beliebig, aber es kann so gestaltet werden, wie es nötig ist. Alte Formen können sterben. Es gibt notwendige Abschiede. Man kann Neues probieren und man kann daran scheitern und es neu probieren und dann besser scheitern und irgendwann gelingt etwas [...] Strukturen, Organisationsformen, Regeln sind zeitlich, nicht ewig. Wir können beweglich sein und müssen nicht klammern.«[48]

Gegenüber dem Begriff des »Unternehmens« und seiner Ausrichtung hat er keine Berührungsängste, wenn er davon spricht, dass eine Gemeinde mit »unternehmerische[m] Mut« agieren solle: »Sie fühlt sich wohl, wenn Dinge sich wandeln. Sie hat ein entspanntes Verhältnis zu Fehlern und zum Scheitern. Sie konzentriert sich auf das, was sie als ihre Kernkompetenz erkennt.«[49] Besonders der letzte Aspekt entspricht der Logik der Organisation: Die Verständigung darüber, was ihre »Kernkompetenz« ist und ggf. die Umgestaltung der Handlungen, sodass diese leitend für das »Unternehmen« wird. Aus der Wirtschaft übernimmt Herbst auch das Prinzip, Ziele nach der SMART-Regel zu definieren.[50] Ein solches strategisches Vorgehen empfiehlt er den missionarischen Gemeinden auch für ihr konkretes Handeln: »Einmal im Jahr sollten wir uns das fragen, persönlich und dann auch in der Gemeindeleitung: Was würden wir denn heute nicht mehr beginnen? ›Was von all dem, was wir heute tun, würden wir nicht mehr neu beginnen, wenn wir es nicht schon täten?‹ Manchmal sind es gar nicht so schlechte Programme und Aktivitäten, aber eben solche, die uns zu viel Kraft kosten, die wir eigentlich an anderer Stelle bräuchten.« Dies parallelisiert er auch

---

48 Herbst, Wie die Kirche Zukunft hat (s. Anm. 12), 143.

49 Herbst, Wege in die Zukunft (s. Anm. 16), 92.

50 Vgl. Herbst, Kirche mit Mission (s. Anm. 17), 74.

explizit mit »erfolgreiche[n] Unternehmen«, die »immer auch Stopp-Listen führen: Das alles, was da drauf steht, machen wir in Zukunft nicht mehr!«[51]

Der Charakter der Organisation kann damit vor allem im Denkansatz der missionarischen Gemeinden verortet werden, der bewusst von alten Formen Abschied nimmt und neue Formen entwickelt, mit denen funktional der Zweck und das Ziel der Kirche, Menschen für das Evangelium zu gewinnen, besser umgesetzt werden können.

4. Der Charakter der Bewegung

Seit einiger Zeit hat daneben ein vierter Charakter in der Kirche neu an Bedeutung gewonnen – der der Bewegung. Dieser ist allerdings in der christlichen Tradition gut bekannt: Sie ist zum einen mit den Wurzeln des Christentums eng verbunden, insofern die Anhänger*innen Jesu und das frühe Christentum viele Merkmale einer Bewegung aufweisen[52] (sofern man diese nicht strikt auf die moderne Gesellschaft bezieht, »in der sich Individuen in der zweckrationalen Verfolgung gemeinsamer Interessen an einer Veränderung der Gesellschaft zusammenschließen«[53]). Aber auch im Verlauf der Kirchengeschichte gab es immer wieder (Reform-)Bewegungen wie z. B. die Katharer oder die Täufer, die aufgrund eines gemeinsamen religiösen Anliegens eigene Sozialstrukturen ausbildeten.

Bewegungen bezeichnen einen teilweise auch losen Zusammenhang von Individuen oder auch Gruppen durch ein gemeinsames Interesse, das sie im Mainstream der Gesellschaft (oder der Kirche) nicht hinreichend repräsentiert finden und in den offiziellen Entscheidungsstrukturen zu wenig berücksichtigt sehen[54] – eine der bekanntesten dürfte gegenwärtig »Fridays for Future« sein. Sie sind daher auf Veränderung des status quo ausgerichtet. Kennzeichnend ist der Aufbruchscharakter, verbunden mit einem starken persönlichen Engagement für die Sache, von der man überzeugt ist und die man voranbringen möchte. Die Bewegung grenzt sich häufig von einer Mehrheit ab, die als unbefriedigend, oft als traditionell und rückwärtsgewandt empfunden wird. Bewegungen verdanken sich dem Engagement von Individuen, die die Analyse von Missständen mit ei-

---

51 Herbst, Kirche mit Mission (s. Anm. 17), 47.

52 Vgl. Michael N. Ebertz, Das Charisma des Gekreuzigten. Zur Soziologie der Jesusbewegung, Tübingen 1987.

53 Hauschildt / Pohl-Patalong, Kirche (s. Anm. 3), 144.

54 Zu den Charakteristika von (sozialen) Bewegungen vgl. beispielsweise Heinrich W. Ahlemeyer, *Was ist eine soziale Bewegung? Zur Distinktion und Einheit eines sozialen Phänomens, in:* Zeitschrift für Soziologie 18/3 (1989), 175–191; Thomas Kern, Soziale Bewegungen. Ursachen, Wirkungen, Mechanismen, Wiesbaden 2008; Annette Schnabel, Art. Bewegung, soziale, in: Kopp / Steinbach, Grundbegriffe (s. Anm. 7), 47–51.

nem starken Veränderungswillen verbinden. Nicht selten sind dies charismatische Persönlichkeiten, die andere überzeugen und ihnen als Orientierung und Vorbild dienen. Bewegungen sind dann besonders erfolgreich, wenn sich Charisma mit Gestaltungswillen, Organisationstalent und Teamfähigkeit verbindet, denn sie bilden typischerweise keine Ämterstruktur aus, die eine funktionale Begrenzung sicherstellt und demokratisch gewählt werden könnte. Gleichzeitig entgehen sie dadurch den Nachteilen bürokratischer Organisation und können Menschen flexibel nach ihren Fähigkeiten und den konkreten Erfordernissen einsetzen. Oft gibt es eine hohe emotionale Verbundenheit mit den anderen Engagierten, vor allem aber mit der Sache, für die man sich einsetzt. Das »Commitment« kann dazu führen, dass Menschen ihr Privatleben in die Bewegung einbringen bis hin zu einer vollständigen Umstellung ihrer Lebensumstände. Dies bildet ein großes Potenzial von Bewegungen und macht sie für andere besonders glaubwürdig und damit wiederum auch attraktiv. Ihre strikte Ausrichtung an bestimmten Themen und Defiziten bringt zudem eine besondere Wirksamkeit mit sich.

Dabei haben es Bewegungen schwer, sich auf Dauer zu stellen. Eine lockere Strukturierung, ein Gefühl intensiver Gemeinschaft und das hohe persönliche Commitment sind auf Dauer schwer durchzuhalten. Typischerweise wandeln sich Bewegungen in Richtung von Institutionen, Organisationen und Gruppen – und nicht selten entsteht dann wieder eine neue Bewegung, wenn die Probleme nicht gelöst worden sind.

Dem Charakter einer Bewegung entspricht eine flexible und bewegliche Kirche, die sich eng an den Fragen und Lebensthemen sowie den Lebensformen von Menschen orientiert und das Evangelium in diese hinein kulturell vermitteln bzw. »inkarnieren« möchte. Der Bewegungscharakter kann dabei unterschiedliche Ausrichtungen haben: Möglich sind zum einen gesellschaftspolitische Anliegen, für die sich die Kirche im Horizont des Reiches Gottes und seinem Heilswillen für die Welt engagiert. In den 1970er und 1980er Jahren war dies im kirchlichen Teil der Friedensbewegung, in der ökologischen und feministischen Bewegung der Fall, und auch heute engagieren sich Kirchenmitglieder beispielsweise als »church for future«. Eine andere Variante des Bewegungscharakters richtet sich auf experimentelle Formen von Kirche, die gesellschaftliche Aufmerksamkeit erregen und Kirche als präsent in den Lebenswelten von Menschen inszenieren wollen wie beispielsweise die »PopUp-Church«[55] oder der Rosengarten in Hetzdorf im Uckerland.[56]

Einer dritten Variante entsprechen die missionarischen Gemeinden in besonderem Maße in ihrem Anliegen, Kirche flexibel und beweglich in den Lebenswelten von Menschen, die bisher noch keinen Kontakt mit dem Evangelium hatten, zu

55 Vgl. z. B. https://popupkirche.com/ (27.7.2020).

56 Vgl. https://reiseziel-uckermark.de/internet-rosengarten-hetzdorf-uckerland-kasparick/ oder https://uckerlandkirchenblog.wordpress.com/ (27.7.2020).

gestalten. In den Werken von Michael Herbst wird an diversen Stellen deutlich, dass in seinem Ansatz und auch in seiner Vision von Kirche die Logik der Bewegung einen sehr hohen Stellenwert besitzt. Auch dies zeigt sich auf unterschiedlichen Ebenen.

(1) »Bewegung« als Orientierung für die Entstehung neuer Formen von Kirche

Die Logik der Bewegung mit ihrer Flexibilität der Formen und ihrem Mut zum Experiment zeigt sich zunächst darin, wie Michael Herbst sich die Gestalt der künftigen Kirche vorstellt. Für diese ist charakteristisch, dass sie gegenwärtig noch nicht bekannt ist und nicht im Voraus, quasi auf dem »Reißbrett«, geplant werden kann: »Es gibt keine Schnittmuster. Es gibt keine Modelle, die man nur kopieren müsste.«[57] Dies gilt auch deshalb, weil es nicht die eine Gestalt und Struktur geben soll, sondern sie kontextuell geprägt ist und unterschiedliche Formen annehmen darf. »Man kennt nicht schon im Voraus die neue Gestalt von Kirche am Ort oder in der Region.«[58] Und auch vor Ort wird nicht erst geplant und dann umgesetzt, sondern die jeweilige Gestalt von Kirche entwickelt sich im Prozess. »Irgendwann merken wir, dass sich etwas Neues ergeben hat: eine originelle und kontextuelle Weise, genau hier an diesem Ort, Kirche zu sein.«[59]

(2) »Bewegung« als Leitbild für die Gestalt von Kirche

Wenn Michael Herbst seine Vision einer Kirche der Zukunft formuliert, dann wird implizit ihr Bewegungscharakter sehr deutlich: »Es ist die Kirche mit leichtem Gepäck, beweglich, auch noch zerbrechlich, manche nur auf Zeit lebensfähig, manche aber auch der Keim dauerhafter Gestalten von Kirche.«[60] Diese Kirche realisiert sich bei ihm in vielfältiger Gestalt, die sich an ihrem Kontext orientiert und funktional auf die Chancen der Kommunikation des Evangeliums vor Ort ausgerichtet ist. Dies kann dann folgendermaßen aussehen:

> »Das sind Gemeinden, die häufig kein Kirchengebäude haben, nicht unbedingt einen hauptamtlichen Pfarrer, zuweilen ganz andere liturgische Formen pflegen und gerade nicht durch die gemeinsame Wohnlage in der Nachbarschaft geeint sind. Es sind

---

57 Herbst, Wege in die Zukunft (s. Anm. 16), 81.

58 Herbst, Alles auf Anfang (s. Anm. 26), 31. Vgl. Herbst, Aufbruch im Umbruch (s. Anm. 5), 52.

59 Herbst, Wie die Kirche Zukunft hat (s. Anm. 12), 143.

60 Herbst, Alles auf Anfang (s. Anm. 26), 32.

Gemeinden in Cafés und Schulen, an Surfstränden und in Klöstern, in Plattenbauten und Dorfgemeinschaftshäusern, in Backstuben und in Wohnzimmern, es sind aber auch vollständige 'zweite Programme' unter dem Dach einer Ortsgemeinde.«[61]

Diese sich neu entwickelnden Formen sind in dem Ansatz von Michael Herbst gerade keine strategisch geprägte Zwischenlösung für die krisenhafte Situation der Gegenwart, sodass es für eine bestimmte Phase Experimente geben müsste, um dann wieder zu fixierten Formen zu finden. Er betont, dass die flexiblen Formen von Kirche keine »Brückenlösung in die traditionelle Gemeindlichkeit« bilden (an anderer Stelle spricht er sogar von »›Brücken‹-Falle«[62]), sondern eine »vollgültige und vollwertige Gestalt von Kirche«[63] seien.

(3) »Bewegung« als Grundlage für den kirchentheoretischen Ansatz

»Wir brauchen einen Mentalitätswechsel vom Streben nach Selbsterhaltung der Kirche weg und zu einem missionarischen Geist hin, der uns aufbrechen und um der Menschen willen Neues wagen lässt« oder: »Wir brauchen den Mut zum Experiment und die Freiheit, Fehler zu machen.«[64] In Sätzen wie diesen zeigt sich präzise die Bedeutung des Charakters der Bewegung für das Denken von Michael Herbst und seinen kirchentheoretischen Ansatz. In expliziter Abgrenzung von einer Dominanz der Logiken »Institution« und »Organisation« (ohne diese jedoch abzulehnen) formuliert er an verschiedenen Stellen Grundsätze des Bewegungscharakters als entscheidend für die Zukunft der Kirche:

> »[Es ist] nicht [...] bedeutungslos [...], ob Kirche als Institution und Organisation morgen auch besteht, aber bestehen soll sie nur, damit in ihr all das entstehen, leben, gedeihen und wachsen kann, was die großen Worte über die Kirche sagen. Diese Wesensaussagen über die Kirche steigern dann aber auch, was wir im Blick auf Institution und Organisation für wichtig oder unwichtig, für förderlich oder schädlich halten.«[65]

Aus dieser Orientierung folgt eine Reihenfolge von Fragen in kirchlichen Reformprozessen, die m. E. durchaus auch eine inhaltliche Hierarchisierung bilden:

---

[61] Ebd., vgl. Herbst, Neue Wege ins Gotteshaus (s. Anm. 13), 112.

[62] Herbst, Wege in die Zukunft (s. Anm. 16), 81.

[63] Herbst, Alles auf Anfang (s. Anm. 26), 31.

[64] Beides Herbst, Kirche mit Mission (s. Anm. 17), 198.

[65] Herbst, Wie die Kirche Zukunft hat (s. Anm. 12), 130, ähnlich Herbst, Aufbruch im Umbruch (s. Anm. 5), 196.

Erst müsse nach dem »Warum« gefragt werden, dann käme das »Was« und schließlich das »Wie«, was konkret bedeutet: »Erst Jesus Christus, dann unsere Sendung, dann die konkrete Gestalt gemeindlichen Lebens.«[66] Dies führt er an anderer Stelle weiter aus: »Nicht die Selbstbehauptung der Kirche ist Anlass zur Begründung neuer Gemeindeformen, sondern die Beteiligung der Kirche an der *missio Dei* lässt auch nach neuen Gemeindeformen suchen. Die Argumentation setzt bei der missionarischen Leidenschaft Gottes für die Menschen ein und befasst sich dann mit missionarischem Handeln und *abschließend* mit kirchlichen Strukturen.«[67] Theologisch formuliert bedeutet das:

> »Aus Christologie folgt Missiologie, aus Missiologie Ekklesiologie. [...] Gemeinde und Kirche sind nicht Themen erster, sondern dritter Ordnung, aber dann kommen sie zu Ehren.«[68]

Das Nachdenken über die Zukunft der Kirche dürfe nicht »von außen« erfolgen, sondern »von innen«: »Es geht um so etwas wie eine Berufung, einen Sinn, eine Mission.«[69] Das bedeutet konkret:

> »Jesus hat uns einen Traum vom Reich Gottes in Kopf und Herz gesetzt und wir träumen von einer Gemeinde, die ein Zeichen des Reiches, ein Vorgeschmack des Himmels oder eine Agentin des neuen Lebens sein kann. Übrigens, wir hätten auch ein paar Dinge darüber zu sagen, wie das geht und was wir dazu brauchen.«[70]

Dabei wird in fast jeder Formulierung deutlich, dass Herbst nicht einseitig auf den Bewegungscharakter setzt, der klassischerweise nicht an dauerhaften Strukturen interessiert ist und sich wenig Gedanken über die strukturelle Umsetzung seiner Ideale macht. Er nimmt die Logiken der Institution und der Organisation ernst, ordnet sie jedoch dem Bewegungscharakter nach und – so zumindest meine Wahrnehmung – im Zweifelsfall ihr auch unter bzw. ordnet sie ihr funktional zu.

---

66 A.a.O., 130 und 133, vgl. Herbst, Wege in die Zukunft (s. Anm. 16), 84 und Herbst, Aufbruch im Umbruch (s. Anm. 5), 197.

67 Herbst, Alles auf Anfang (s. Anm. 26), 31.

68 Herbst, Wege in die Zukunft (s. Anm. 16), 89.

69 Herbst, Wie die Kirche Zukunft hat (s. Anm. 12), 130.

70 Herbst, Aufbruch im Umbruch (s. Anm. 5), 197.

5. Fazit

Die Darstellung bestätigt im Großen und Ganzen die Vermutung von Michael Herbst, dass das Modell der missionarischen Gemeinden den Sozialformen der Gruppe und der Bewegung besonders nahesteht. Dies zeigt sich vor allem darin, dass diese beiden auf unterschiedlichen Ebenen zum Tragen kommen: bei der Genese des Glaubens bzw. der gemeindlichen Formen, in deren Bestehen und Wachsen und schließlich auf einer grundsätzlichen theologischen Ebene (die einmal eher in der systematischen Theologie und einmal eher in der Kirchentheorie zu verorten ist). Im Spiegel des Modells hat sich aber auch bestätigt, dass es sinnvoll ist, die Logik der »Gruppe« und die der »Bewegung« trotz mancher Gemeinsamkeiten zu unterscheiden. Während der Charakter der »Institution« überwiegend kritisch thematisiert wird, ist jedoch auch eine gewisse Nähe des Ansatzes zur Organisation zu erkennen, und zwar in der Überzeugung, dass es eines bewussten kirchlichen Handelns bedarf, mit dem sinnvolle Formen entwickelt werden, um die Zwecke und Ziele der Kirche besser zu erreichen. Dem kommt jedoch kein so grundsätzlicher und vor allem theologischer Stellenwert zu wie den Logiken der »Gruppe« und der »Bewegung«, die den Ansatz der missionarischen Gemeinden maßgeblich prägen und damit gleichzeitig auch seine Anliegen und seine Potenziale besonders deutlich werden lassen.

6. Die vier Logiken als Leitbilder künftiger Kirchenentwicklung?

In der Diskussion um die Zukunft der Kirche wird oft – und auch von Michael Herbst – betont, dass sich die Kirchenbilder nicht ausschließen, sondern sich gegenseitig bereichern. Das ist zweifelsohne richtig, zumal vor dem Hintergrund, dass eine stark pluralisierte Gesellschaft unterschiedliche Kommunikationswege des Evangeliums und unterschiedliche Zugangsmöglichkeiten benötigt. Gleichwohl besteht die Gefahr, dass ein nicht bewusst gestaltetes Nebeneinander der Logiken die Entwicklung einer zukunftsfähigen Kirche hemmt statt fördert. Die vier Logiken stehen nur theoretisch gleichberechtigt nebeneinander, faktisch sind die Machtverhältnisse und Ressourcen ungleich verteilt. Trotz der gemeindlichen Aufbrüche der letzten Jahre ist die Parochie nach wie vor die dominante Organisationsform, die die meisten finanziellen und personellen Ressourcen bindet und von ihren Grundprinzipien der Flächendeckung, des persönlichen Kontakts und der pastoralen Versorgung her auch keine weiteren starken Kürzungen verträgt, ohne diese zu verändern. Mit diesen Grundprinzipien sind vorrangig die Logiken der Institution und der Gruppe verbunden, die zudem in den synodalen Entscheidungsgremien in allen Landeskirchen dominant sind.

Angesichts dieser Situation einerseits und der gegenwärtigen Herausforderungen andererseits scheint es mir daher zum einen sinnvoll zu sein, die Logik der Bewegung zu fördern, die am entschiedensten neue Formen von Kirche entwickelt und mit ihnen im Hinhören auf die Kommunikationswege von Menschen und Evangelium experimentiert. Während ich der Logik der Gruppe weniger zutraue als Michael Herbst, würde ich mit ihm den Charakter der Organisation insofern stärken, als diese Logik in besonderer Weise funktional danach fragt, welche Sozialformen der Kommunikation des Evangeliums besonders dienlich sind. Darin könnte das künftige Leitbild der Kirche liegen – als Dienstleisterin für die Kommunikation des Evangeliums jede Logik im Blick auf dieses Kriterium zu prüfen.

Gottes transformative Mission als Leitbild der Kirche

Ralph Kunz

Ist Mission ein Programm?

Die 1987 unter dem Titel »Missionarischer Gemeindeaufbau in der Volkskirche« publizierte Dissertation von Michael Herbst steht für ein Programm, das in den 1980er Jahren für Debatten sorgte und bis heute zu irritieren vermag.[1] Wer sich, wie Michael Herbst, für den missionarischen Gemeindeaufbau in der Volkskirche ausspricht, hat ein *Leitbild* von Kirche, das alles andere als selbstverständlich ist. Man könnte auch sagen, dass das Leitbild einer missionarischen Gemeinde nicht so recht zum Leitbild einer volkskirchlichen Gemeinde passen will, weil die Mission beunruhigt, sucht und sendet, während die Volkskirche sammelt, versorgt und segnet. Natürlich gab es in den letzten Jahrzehnten immer wieder Versuche, die beiden Impulse zu kombinieren, falsche Alternativen zu vermeiden und für einen Hybrid zu werben.[2] Aus dem Gegeneinander wurde mit der Zeit ein Nebeneinander unterschiedlicher Ansätze. Nach rund vierzig Jahren lässt sich sagen, dass der missionarische Gemeindeaufbau in der Volkskirche als *ein Programm* neben anderen Programmen akzeptiert ist.

Bedeutet es das Ende der Debatte? Schließlich haben die Frommen im Land ihre missionarische Spielwiese in der Kirche. Also ist dafür gesorgt, dass jeder nach seiner Fasson selig werden kann. Tatsächlich verweist das schiedliche und mehr oder weniger friedliche Nebeneinander verschiedener Programme auf ein organisationales Leitbild, das an staatliche Fernsehsender erinnert. Die realexistierende Kirche bietet das Leitbild einer pluralistischen Organisation. Wer

---

1 Michael Herbst, Missionarischer Gemeindeaufbau in der Volkskirche, Stuttgart 1987.

2 Ausführlicher in: Ralph Kunz, Kybernetik, in: Christian Grethlein / Helmut Schwier (Hg.), Praktische Theologie. Eine Theorie- und Problemgeschichte, Gütersloh 2007, 607–684; Ralph Kunz, Soziallehren für eine gemeinschaftsfähige Kirche. Theologische Relecture der soziologischen Klassiker, in: Hans-Martin Pompe / Christian Alexander Oelke (Hg.), Gemeinschaft der Glaubenden gestalten. Nähe und Distanz in neuen Sozialformen, Leipzig 2019, 21–64.

mehr Eindeutigkeit oder Geschlossenheit sucht, wird auf Freikirchen verwiesen. Das Leitbild kann sich auf Kirchenordnungen stützen und auf demokratische Verfahren der Entscheidungsfindung. Sie garantieren einen verlässlichen Rahmen für Debatten, die in den Synoden und Leitungsgremien ausgetragen werden, um herauszufinden, wohin sich die Institution bewegen soll. Steuerungsimpulse für die Entwicklung der Kirche werden ausdiskutiert und ausgehandelt – zum Beispiel in Form von Leitsätzen für eine aufgeschlossene Kirche.[3]

Die Leitsätze sind bemerkenswert, weil sie dem missionarischen Anliegen mehr als nur den Rang eines Programms zumessen. Allerdings macht die Aufzählung auch klar, dass die Mission nur ein Leitsatz ist. Schließlich widerspiegeln die elf Leitsätze, dass die Kirche auch andere Aufgaben zu bewältigen hat. Wer sich aber wie der Jubilar dafür einsetzt, dass Mission das Leitbild der Kirche ist, will mehr, will eine missionsförmige Organisation und eine von der Missionsbewegung inspirierte Institution. Er fordert nichts anderes ein als Eberhard Jüngel, der die Mission in seiner berühmten Meditation zur Synode 1999 als »konstitutive Grundstruktur der christlichen Kirche« bezeichnete!

Widerstand gegen die Mission ist letztlich keine Frage des religiösen Geschmacks. Er steht vielmehr im *Widerspruch* zu dem, was Kirche ist oder besser gesagt, im Widerspruch zu dem, was sie werden soll. Müsste man also, um die aktuelle Leitsatz-Diskussion aufzugreifen, eine Hierarchie der Leitsätze einfordern? Wäre es damit getan, die Mission zum ersten Leitziel zu erklären, aus dem sich die anderen Ziele ableiten lassen?

Das wäre durchaus denkbar. Die Diskussionslage hat sich seit den 1980er Jahren verändert. Man berührt den vergifteten Begriff wieder, wenn auch mit spitzen Fingern. Die Art und Weise, wie der Leitsatz »Mission« in »Kirche auf gutem Grund« formuliert wurde, ist ein gutes Beispiel dafür. »Mission« kommt sozusagen korrekt und auf Hochglanz poliert daher.

Zukünftig wird missionarisches Handeln gefördert, das partnerschaftlich, dialogisch und situativ vorgeht. Sprachfähigkeit, Dialogbereitschaft und ein authentisch gelebter Glaube sind für ein kommunikatives Handeln der Kirche unerlässlich, das wahrheitsfindend und glaubensfördernd wirkt und Teilhabe ermöglicht.[4]

Was heißt das in der Substanz? Worin besteht ein authentisch gelebter Glaube? Es wird erst in den Erläuterungen ausgeführt. Zuerst geht es um die Wirkung, wie Mission daherkommt. Sie soll partnerschaftlich und dialogisch auftreten. Ein bestimmtes Profil wird erkennbar. Hier wird eine diakonisch profilierte Mission gefordert. *Sie* soll gefördert werden. Denn »Christus ist Urbild

---

[3] »Kirche auf gutem Grund – Elf Leitsätze für eine aufgeschlossene Kirche«, EKD 2020. Zu finden unter: https://www.ekd.de/11-leitsaetze-fuer-eine-aufgeschlossene-kirche-56952.htm (02.10.2020).

[4] Ebd.

und Vorbild dieses Tuns für die Vielen. Die Kirche folgt ihm und seinem Geist, wenn sie sich für die Schwachen, Ausgegrenzten, Verletzten und Bedrohten einsetzt.«[5] Die säkularen Zeitgenossen, die bei der Erwähnung von Mission Gänsehaut bekommen, dürfen einigermaßen beruhigt sein ...

Die Betonung der sozialen Dimension ist nicht nur ein Werbetrick! Das Leitbild dieser Mission kann sich auf eine Sensibilisierung für Fragen der Gerechtigkeit in der Missionstheologie berufen, die schon seit einiger Zeit im Gange ist. Für das, was in den Leitsätzen als Profilierung der Mission erscheint, gibt es im missionstheologischen Diskurs einen Begriff. Man hat das Adjektiv »missionarisch« durch »missional« ersetzt.[6] Das Kunstwort signalisiert dreierlei. Es steht

- erstens für eine missionstheologische Wende, die im englischsprachigen *globalen Kontext* ihren Ursprung hat;
- zweitens für den Versuch, die *konstitutive Funktion* der Mission für die Kirche zu markieren;
- drittens für eine Orientierung an der *Missio Dei*, die der Mission der Kirche vorausgeht.

Es wäre allerdings eine arge Verkürzung der missionalen Theologie, wenn man sie nur als Zuspitzung auf die *soziale Frage* begreifen würde.[7] Sie ist auch hinsichtlich ihrer soteriologischen Konzepte anders aufgestellt als die »alte« missionarische Missionstheologie – weniger auf das individuelle Seelenheil und mehr auf den Schalom der Gemeinschaft ausgerichtet, weniger das Sühnopfer und stärker die Versöhnung betonend.[8] Erwähnenswert ist in diesem Zusam-

---

5 Ebd.

6 Die missionale Theologie verdankt sich Impulsen der Wort-Gottes-Theologie. Grundlegend war David Jacobus Bosch, Transforming Mission. Paradigm Shifts in Theology of Mission, American Society of Missiology series 16, Maryknoll (N.Y.) 1991 und Lesslie Newbigin, The Open Secret. Introduction to a Theology of Mission, Grand Rapids 1995. Vgl. dazu Darrell Likens Guder, Mission Possible. Barths Missionsekklesiologie als Integration zwischen Kirchenlehre und -praxis, in: Zeitschrift für Dialektische Theologie 29 (2013) 58/1, 11–33 und Martin Reppenhagen, Auf dem Weg zu einer missionalen Kirche. Die Diskussion um eine »Missional Church« in den USA, BEG 17, Neukirchen-Vluyn, 2011.

7 Vgl. dazu Ralph Kunz, Vom Mission Statement zur Mission Movement. Grundsätze einer Missiologie für das 21. Jahrhundert, in: Philipp Elhaus / Tobias Kirchhof (Hg.), Kirche sucht Mission. Kirchenentwicklung in missionarischer Provokation, Gütersloh 2020, 127–151.

8 Man kann in dieser Akzentverschiebung den Einfluss der Wort-Gottes-Theologie erkennen. Evangelikale Kritiker orten hier eine Schwäche der missionalen Theologie. Vgl. Andreas Loos / Stefan Schweyer (Hg.), Alles Heil? Mit missionaler Theologie übers Heil sprechen, Gießen 2017.

menhang das schon etwas ältere Grundlagenpapier der Gemeinschaft evangelischer Kirchen Europas (GEKE) mit dem sprechenden Titel »Evangelisch evangelisieren«.[9] Aus diesem Text lässt sich die Bereitschaft der protestantischen Kirchen herauslesen, die Konsequenzen aus einer rechtfertigungstheologischen Grundlegung der Mission zu ziehen. Darum gilt mit gutem Grund: Ohne Gottes Mission gäbe es keine Kirche und ohne Gnade wäre die Mission der Kirche nicht evangelisch. Denn eine evangelische Missionstheologie, die sich von den Angstneurosen der Höllenbotschaft losgesagt hat, die also evangelisch evangelisieren will und weiß, dass die Grundlage der Mission der Kirche die Rechtfertigung der Gottlosen ist, *gerade* sie wird darauf beharren, dass Mission keine Option ist. Sie fragt nicht nach einem Programm, sondern nach der Programmatik der Sendung. Es steht nicht zur Disposition, *ob* die Kirche missionieren soll. Schon die Frage offenbart ein fatales Missverständnis. Die Kirche, die Gott versammelt hat, ist die Kirche, die Gott sendet. Mission ist eine Lebensäußerung der Kirche. Darum ist das Leitbild der Mission untrennbar mit dem Leibbild der Kirche verbunden. Eberhard Jüngel sagt es schöner:

> »Wenn die Christenheit atmen könnte, wenn sie Luft holen und tief durchatmen könnte, dann würde auch sie erfahren, dass ›im Atemholen ... zweierlei Gnaden‹ sind. Sie würde beides, das Einatmen-Müssen und das Ausatmen-Können als eine Gnade erfahren, ohne die sie nicht leben könnte. Einatmend geht die Kirche in sich, ausatmend geht sie aus sich heraus. [...] Die Kirche muss, wenn sie am Leben bleiben will, auch ausatmen können. Sie muss über sich selbst hinausgehen, wenn sie die Kirche Jesu Christi bleiben will. Sie kann als die von seinem Geist bewegte Kirche nicht existieren, wenn sie nicht auch missionierende und evangelisierende Kirche ist oder wieder wird.«[10]

Wollen wir missionierende Kirche werden?

Nicht alle wollen das schöne Bild sehen. Sie haben andere Leitbilder der Mission vor Augen, die es ihnen verwehren, Eberhard Jüngels Leibmeditation mit einem Amen zu quittieren. Schade, denke ich und nehme zur Kenntnis, dass die realexistierende Kirche komplizierter ist als die Vision des Sehers. Es ist schlicht und einfach eine Tatsache, dass in ein und derselben Organisation divergierende

---

9 Evangelisch evangelisieren – Perspektiven für Kirchen in Europa, hgg. im Auftrag des Rates der GEKE von Michael Bünker und Martin Friedrich, 2006. Der Text ist zu finden unter: https://landeskirchenforum.ch/sites/default/files/evangelisch_evangelisieren_geke_2007.pdf (02.10.2020).

10 https://www.befg.de/fileadmin/bgs_mission/media/dokumente/EJungel-Einfuhrungsreferat-EKD-Synode-1999-Mission.pdf (04.10.2020).

Leitbilder nebeneinander bestehen. Das wiederum hat Konsequenzen für die Leitung, Steuerung und Entwicklung der Kirche. Weil sich die Teilsysteme der Organisation in verschiedene Richtungen bewegen und in unterschiedlichen Interessenssphären positionieren, bleibt – auch aus pragmatischen Erwägungen – dem demokratisch organisierten Gesamtsystem nur der Kompromiss eines Strategiegemischs. Schließlich ist die Kirche kein Konzern mit einem CEO.

Der Protestant sagt Ja zum Kompromiss, aber nimmt sich die Freiheit, die Leitsätze der »Kirche auf gutem Grund« zu debattieren. Denn wer *verstanden* hat, dass die Mission eine Gnade ist, ohne die die Kirche nicht leben kann, fragt sich, wie die Reihe der elf Sätze zustande gekommen ist. Warum steht die Öffentlichkeit zuoberst? Welche Agenda steckt hinter dieser Priorisierung? Welche Logik leitet die Auflistung der Sätze? Lässt sich ein Leitbild der Kirche aus diesen Sätzen ableiten?

Die Missiologie kann die Ekklesiologie nicht ersetzen. Im Wissen darum, wie tief das Missverständnis der Kirche sitzt und wie viel tiefer das Missverständnis der Mission hockt,[11] auch im Wissen darum, wie viel theologische Arbeit es braucht, um das, was Jüngels Meditation so hellsichtig und leichtfüßig ansagt, wirklich in der Tiefe zu verstehen, behaupte ich, *dass Mission das Leitbild der Kirche* ist. Mission ist ein Leitbild, das wir uns als Kirche wieder einverleiben müssen. Dahin müssen wir kommen und bis wir dort sind, braucht es einen langen Atem. Wer mehr will als das schiedlich-friedliche Nebeneinander von Dingen, die wir auch noch tun können, darf darum die inhaltliche Debatte nicht scheuen. Wir müssen überzeugende Argumente für dieses Leitbild bringen und darauf hoffen, dass wir uns am Ende darauf einigen. Die Einigung auf dieses Ziel schließt unterschiedliche Formen der Mission nicht aus. Im Gegenteil! Dass wir leidenschaftlich um dasselbe ringen, nämlich *wie* wir evangelisch evangelisieren und uns dann die damit verbundenen Fragen der Ausgestaltung auf allen Ebenen der Kirche stellen, ist auch nicht das Ende der protestantischen Debattenkultur. Im Gegenteil! Es ist, schaut man auf den Anfang der reformatorischen Bewegung, ihr Anfang.

Wie kommen wir zum Konsens, dass wir eine missionsförmige Kirche wollen? Was braucht es, damit die Kirche wieder missionierende und evangelisierende Kirche werden will? In den letzten Jahren kamen viele inspirierende Impulse aus der englischen Kirche. Michael Herbst wurde mit anderen zusammen zu einem wichtigen Übersetzer der englischen Erneuerung in unsere volkskirchliche Situation.[12] Ein wichtiges Stichwort heißt Mixed Economy.[13] Rowan

---

11 Vgl. dazu Ralph Kunz / Uta Pohl-Patalong, Aufbruch zu einem neuen Verständnis von Gemeinde. Ein Beitrag zur Verständigung, in: PTh 48 (2013), 28–35, 29f.

12 Zum Beispiel in: Michael Herbst, Aufbruch im Umbruch. Beiträge zu aktuellen Fragen der Kirchentheorie (BEG 24), Göttingen 2018, 158–168.

Williams ist mit dieser Formel das Kunststück gelungen, die Forderung und Förderung unterschiedlicher Formen christlicher Gemeinschaft mit *einer* Klammer zusammenzufassen. Diese in der Mixed Economy angepeilte Erweiterung der Gemeindeformate fußt letztlich auf dem Grundsatz einer *missionsförmigen Kirche.* Ohne das Leitbild »mission shaped church«[14] und d. h. ohne die missionstheologische Arbeit, in die Laien, Leitende und akademische Theologinnen und Theologen involviert waren, gäbe es keine Erneuerung in der Church of England.

Wäre ein solcher partizipativer Leitbild-Prozess auch in unseren Landen denkbar? Könnten wir uns darauf einigen, wieder missionierende und evangelisierende Kirche zu werden? Ist es utopisch, so zu denken? Ist es realistisch, an dieser Bestimmung von Kirche festzuhalten? Ist es ein Griff nach den Sternen?

Per aspera ad astra

Der Lateiner weiß, dass denen, die nach den Sternen greifen, die rauen Wege nicht erspart bleiben. Das geflügelte Wort *per aspera ad astra* geht auf Seneca zurück und stammt aus seiner Tragödie *Hercules furens* (Der wildgewordene Herkules). Dort heißt es: *Non est ad astra mollis e terris via*, deutsch: »Es ist kein weicher Weg von der Erde zu den Sternen.«[15]

Festschriften sind eine schöne Gelegenheit, die Erdenschwere der Gelehrten abzulegen und dem Ruf des Morgensterns zu folgen. Gehen wir das Wagnis ein, greifen wir nach den Sternen. Wir wissen ja: Es geht wieder nach unten und der Weg vom All zurück *ad terram* wird kein weicher Weg sein. Spätestens beim Wiedereintritt in die Atmosphäre entsteht Reibung. Wer vom Himmel her in die irdischen Gefilde kommt, muss seine himmlische Mär verteidigen. Was leistet das steile Leitbild Mission für die Kirche?

Wir schauen nach oben und nach vorne. Weil auch andere »Missionen« nach Höherem streben und in die Zukunft schauen, drängt sich ein Vergleich auf. Säkulare und religiöse Leitbilder antizipieren und imaginieren Unterschiedliches. Die Ermittlung der Ähnlichkeiten und Unähnlichkeiten ist aufschlussreich. Es ist auch ein Anlass, danach zu fragen, wie sich Kirche im Licht der Mission begründet, wozu sie sich selber verpflichtet und wie der Erfolg ihrer Bemühung von säkularen Zeitgenossen beurteilt wird.

---

13 Vgl. dazu das Themenheft »Mixed Economy – Chancen und Grenzen einer Strategie der Kirchenentwicklung«, in: PTh 109, 2020.

14 Mission Shaped Church, Witshire 2004, siehe: https://thewearypilgrim.typepad.com/files/mission_shaped_church-1.pdf (04.10.2020).

15 Informiert durch https://de.wikipedia.org/wiki/Per_aspera_ad_astra.

Wir schauen notgedrungen wieder nach unten, wenden den Blick und erinnern uns *non est ad astra mollis e terris via.* Man könnte die Gelegenheit nutzen, ein wenig tiefer zu gehen und in die Unterwelt abzusteigen. Ich halte mich ans Apostolikum, das bekennt, dass Christus von der Höhe *ad inferna* hinuntergestiegen ist, um wieder aufzusteigen und aufzufahren in die Höhe, »von wo er kommen wird zu richten die Lebenden und die Toten« – Gott sei Dank! Das ist eine Frohbotschaft! Haben wir in der Tiefe verstanden, was sie bedeutet? Dass ER, der tot war, lebendig von Ewigkeit zu Ewigkeit ist (Apk 1,18)? Darum muss Schluss sein mit der rabenschwarzen Soteriologie, die so viel Unheil angerichtet hat. Eine Mission, die mit der Androhung einer ewigen Höllenstrafe herumfuchtelt, darf sich nicht evangelisch nennen. Das infernale Missverständnis macht die Mission zum Risiko.[16] Halten wir uns an das Wort Gottes: »Ich will Euch Zukunft und Hoffnung geben.« (Jer 31)

Nach Himmelfahrt und Höllenritt landen wir zu guter Letzt wieder auf der *Erde* und fragen uns, was es für die Mission der Kirche bedeutet, das Beste der Stadt (...) zu suchen. Nur, was ist das Beste? Wie kann das gute Leben gefördert und die Welt gesegnet werden? Nehmen wir einmal an, wir hätten den höllischen Widerspruch der Drohbotschaft überwunden. Vor wem sollten wir uns dann noch fürchten? Was macht uns dann noch Angst?

Es ist offensichtlich – ob zu Recht oder zu Unrecht – die Aussicht, dass uns aufgrund des Klimawandels bald das Wasser bis zum Hals steht. Das macht vielen Menschen höllisch Angst. Hat die Mission auf *diese Not* eine Antwort? Lässt der Advent eines neuen Himmels und einer neuen Erde Hoffnung für *diese Erde* aufkommen? Vor hundert Jahren war es die soziale Frage, die die (innere) Mission irritierte – heute ist es die ökologische Frage. In einer Welt, die Angst vor dem Untergang hat, leistet sich die Mission den Übermut, hoffnungsvoll nach oben und nach vorn zu schauen – zum Leitstern, der den Weg zu einer erneuerten Schöpfung weist.

Interstellarer Auf- und Abstieg

Michael Herbst liebt es, seine Vorträge mit Zitaten, Anekdoten oder Witzen zu starten. Manchmal sind es Storys, die auf die Sprünge helfen. Einer solchen Story

16 Ausführlicher in RALPH KUNZ, Kritische Evangelistik, in: WALTER DÜRR / RALPH KUNZ (Hg.), Gottes Kirche re-imaginieren. Reflexionen über die Kirche und ihre Sendung im 21. Jahrhundert, Münster 2016, 145–159.

bin ich im US-amerikanisch-britischen Science-Fiction-Film »Interstellar« (2014) begegnet.[17]

Die Geschichte spielt in der zweiten Hälfte des 21. Jahrhunderts. Es geht zu Ende mit dem Planet des Lebens. Krankheiten und Sandstürme vernichten die Lebensgrundlage für die Menschheit. Es wird Zeit, die Erde zu verlassen und einen neuen Planeten zu suchen. Die Utopie ist also eine Dystopie. Das apokalyptische Szenario ist der Hintergrund der spektakulären Rettungsaktion, in der *zwei Auserwählte* eine wichtige Rolle spielen.

Die Hauptfigur der Geschichte ist Cooper, ein ehemaliger Raumschiff-Pilot, der von der NASA für ein Himmelfahrtskommando auserwählt wird. Er wird ausgesendet, zwölf Wissenschaftlern nachzufliegen, die im Rahmen eines Programms namens »Lazarus« zehn Jahre zuvor durch ein Wurmloch geschickt wurden. Dieses Loch ist wie eine Pforte in die andere Welt – zu einem neuen Himmel, wenn man so will und die letzte Chance, eine neue Erde zu finden. In den Galaxien jenseits des Lochs sollten also die Ausgesandten bewohnbare Planeten finden, auf denen Menschen siedeln können. Es werden aber nur rudimentäre Nachrichten empfangen, die keine verlässlichen Informationen über den Erfolg des Unternehmens vermitteln. Coopers Mission soll drei Signalen nachgehen, die hoffnungsvoll sind und Gewissheit darüber bringen, ob sich die entdeckten Planeten tatsächlich für die menschliche Besiedlung eignen.

Derweil Cooper auf der Suche nach der neuen Erde davonfliegt, tüftelt Murphy, seine begabte Tochter, an einer Formel, mit der die Gravitation der alten Erde aufgehoben werden kann. Eigentlich ist *sie* es, die auserwählt wurde und nicht ihr Vater. An ihr ist es, einen alternativen Rettungsplan zu realisieren, der vielen Menschen das Überleben sichert. Denn der NASA-Plan einer Besiedlung in fernen Galaxien rettet nur den Bruchteil der Menschheit. Es wäre nur eine kleine Elite, die davonkommen würde. Murphys Ziel ist es, mittels Raumschiffen möglichst alle Menschen samt Saatgut und ein paar Tieren in die rettende Höhe einer Raumstation zu transportieren.

Murphy rechnet und rechnet, aber kommt nicht auf die Lösung. Ihr fehlen wesentliche Informationen, um die Gravitationsformel zu entschlüsseln. Es ist ein Wissen, das nur exterrestrisch zur Verfügung steht. Cooper erfährt davon und beschließt, von seiner Mission umzukehren. Natürlich fehlt ihm der nötige Treibstoff für die Wende. Aber dank eines Schwarzen Lochs, durch das der Held mutig hindurchfliegt, bekommt er den nötigen Schwung. In der negativen Zone wird nun möglich, was in Raum und Zeit unmöglich ist. Cooper kann gleichzeitig an verschiedenen Orten zu verschiedenen Zeiten sein und seiner Tochter Murphy mit Hilfe eines Roboters und Morsezeichen die fehlenden Elemente der Formel

---

17 Der Film hat (ähnlich wie »Matrix«) Diskussionen ausgelöst über das Menschen(un)mögliche: https://ew.com/article/2014/11/07/interstellar-plot-explained/ (04.10.2020).

offenbaren. Relativität und Quantenphysik küssen sich – alles schmilzt und das Unmögliche wird möglich. Dank dem Höllenritt des Vaters, der Treue der Tochter und dem Geist der Formel kommt die Menschheit noch einmal davon! Die Mission zur Raumstation, die viele rettet, ist ein Erfolg. Und die andere Mission zur neuen Erde? Man darf hoffen, dass es weitergeht – mit den Menschen und mit dem Film.

There is no heaven, only sky!

Auch wenn die Story ziemlich gesucht ist und am Ende nicht ganz aufgeht, ist der Film unterhaltsam. Vor allem ist der Streifen lehrreich. Auffällig oft greift der Drehbuchautor auf biblische Motive zurück. Im Skript finden sich zahlreiche Bruchstücke aus dem Steinbruch der Tradition, die zwar wiedererkennbar sind, aber im fantastischen Plot der Science-Fiction eine andere Funktion bekommen.

Interessanterweise kippt »Interstellar« nicht in das Genre der Fantasy. Das Außerirdische wird nicht überirdisch. Alles bleibt von A bis Z Science-Fiction. Zwar wird Astrophysik gedehnt bis zur Schmerzgrenze und darüber hinaus, aber der Film wird nie metaphysisch.[18] Cooper und Murphy helfen sich selber. Sie brauchen keinen Gott und keine Engel. Das Wurmloch hat sich zufällig geöffnet und wenn jemand geholfen hat, dann ist es der Mensch der Zukunft, der gelernt hat, durch Raum und Zeit zu reisen, um seinen unterbelichteten Vorfahren zu erleuchten. Dass Cooper nach dem gescheiterten Lazarus-Projekt die Negativität des Schwarzen Lochs nutzte und mehr oder weniger seinen eigenen Tod überlebte, kann (pseudo-)wissenschaftlich erklärt werden. Es ist erstaunlich, aber kein Wunder. Nie ist etwas Übernatürliches im Spiel. Der Mensch ist allein. Es gibt keinen Himmel, nur das Weltall. John Lennon flüstert: Sagte ich doch schon immer. »There is no heaven, only sky.«

Warum erinnert mich das Bild der Welt, das der Film zeichnet, dennoch an Zukunftsszenarien der Kirchenentwicklung? Möglicherweise ist es, weil diese Szenarien in aller Regel dystopisch sind. Will heißen: In den soziologischen Prognosen steht es um die Volkskirche ähnlich hoffnungslos, wie um die Erde in »Interstellar.« Ob die Kirche schon am Ende ist oder sich erst in der Spätzeit befindet, spielt keine Rolle. Es läuft auf dasselbe hinaus. Sie ist nicht mehr zu retten. Im Film verlassen die Menschen ihre Erde. In den negativen Zukunftsprognosen der Kirche verlassen Mitglieder die Organisation. Hier wie dort gehen die Ressourcen zur Neige. Die Erde wird unbewohnbar, die Kirche, die von Vielen verlassen wird, wird ärmer, kleiner und unbedeutender. Die Lage ist hoffnungslos, es sei denn, man fände eine Formel, mit der die Gravitation aufgehoben würde – eine Lösung, zu der man nur mit exterrestrischer Hilfe kommt.

---

18 Der Regisseur, Christopher Nolan, ließ sich von einer Physikerin beraten.

Das pseudowissenschaftliche Brimborium der Mission, die im Film Rettung bringt, steht für den Glauben an die Machbarkeit und ist typisch für das Genre der Science-Fiction-Erzählung. Jede Literatur vermittelt eine Art Bildung und damit auch Leitbilder. Das gilt auch für die Heilige Schrift. Es sind Bilder einer real-utopischen Fiktion, die zur *Hoffnung* leiten.[19] Und welchen Nutzen hat der Vergleich der einen mit der anderen Fiktion?

Der Autor des 1. Petrusbriefes sieht es als Aufgabe von uns Christen, der Welt gegenüber »Rechenschaft abzulegen über die Hoffnung, die in uns ist« (1Petr 3,15). Anknüpfungspunkte für ein Gespräch finden sich also zuhauf. Ziel ist es, die Story zu erzählen, die Hoffnung gibt, weil sie Bilder für das vergangene, gegenwärtige und künftige Leben auf dieser Erde hat. Biblische Geschichten sind stark, weil sie einen Raum des Möglichen erschließen. Warum die biblischen Bildergeschichten Hoffnung vermitteln, führt noch einmal zur Spur zurück, auf die mich das Leitbild Mission gebracht hat.

Reale Dystopien

Geschichten aus der Vergangenheit oder der Zukunft können uns in andere Welten entführen, aber leiten auch dazu an, die Gegenwart mit gebildeten Augen (neu) zu sehen. Wenn ich Zeitung lese oder die Tagesschau einschalte, mache ich permanent den Vergleich zwischen den *Topoi* der Realität und den *Utopien* der Fantasie: So war es früher, so sieht es heute aus und so könnte es einmal werden. Der dystopische Science-Fiction-Film präsentiert eine Fiktion, die ein Déjà-vu-Gefühl erzeugt. Bilder der faktischen Welt legen sich über das Fiktionale, das Faktische hat die Fiktion provoziert. Angesichts plastikverseuchter Meere, brennender Wälder in Sibirien oder abgemagerter Eisbären in Alaska, kommt Empörung und die Angst auf: Es geht alles kaputt! Das Déjà-vu ist auch der ökologischen Bildung geschuldet, die mir ein Weltbild und damit auch ein Gefühl für das 'Haus', in dem ich wohne, vermittelt. Es sind Geschichten der Hausgemeinschaft, die den *ökologischen Sinn* und ein Gefühl für den Haushalt, an dem ich teilhabe, wecken.

Die *Ökologie* (altgriechisch: οἶκος *oikos* = »Haus« oder »Haushalt« und λόγος *logos* = »Lehre«) bedeutet eigentlich »Lehre vom Haushalt«. Im 19. Jahrhundert verstand man darunter diejenige wissenschaftliche Teildisziplin der Biologie, die die Beziehungen der Lebewesen untereinander und zu ihrer unbelebten Umwelt erforscht. Seit den 1960er Jahren hat sich diese Bedeutung geweitet. Die Ökologie beschäftigt sich mit der Gesamtumweltsituation. *Ökologisch* steht umgangssprachlich für eine Haltung, die *ökonomisch* nachhaltig ist, weil sie einen scho-

---

[19] Vgl. dazu das inspirierende Buch von GISBERT GRESHAKE, Kirche wohin? Ein real-utopischer Blick in die Zukunft, Freiburg 2020.

nenden Umgang mit Umweltressourcen einfordert. Die Hausfrau, die ökologisch handelt, handelt ökonomisch richtig, weil sie sich haushälterisch verhält. Gibt der Hausmann mehr aus, als er einnimmt, schneidet er sich ins eigene Fleisch. Eine unökologische Ökonomie ist ein Widerspruch in sich selbst. Man muss kein edler Mensch sein, um zu solchen Einsichten zu kommen und man muss nicht lange nachrechnen, um zu einer realistischen Einschätzung unserer ökologischen Bilanz zu kommen. Unser Haus steht in Flammen.

Die weltweite Klimabewegung zeigt, dass sich so etwas wie ein ökologisches Gewissen in der breiten Bevölkerung gebildet hat. Was bewegt, ist das durch Unterhaltungsliteratur, Kinofilme und Serien verbreitete Narrativ der *Dystopie*, Antiutopie oder Kakotopie, das die *Folgen des Klimawandels* für das Zusammenleben auf unserem Planeten in trost- und hoffnungslosen Szenarien ausmalt. Wenn die Ökologie den funktionierenden Haushalt ins Bild rückt, schaut die Dystopie den verwüsteten Ort. Vielleicht brauchen wir das hoffnungslose Horrorszenario, um in die Gänge zu kommen?! Aber wäre es nicht viel naheliegender, nach einer Theologie zu fragen, die uns Hoffnung für unsere Heimat Erde macht?[20]

Da ich ein Lesejunkie bin und viel Stoff brauche, um meine Sucht zu nähren, plündere ich hin und wieder Büchergestelle, die Literatur für junge Leserinnen und Leser anbietet. Ein großer Anteil sogenannter Jugendbücher ist Fantasy Fiction. Indianer sind out, Feen, Vampire und andere Fantasiewesen sind in. Reisen in alternative Welten (ent-)führen in eine magische *Vergangenheit* oder parallele Universen, also Zeitalter, in denen (fast) alles möglich ist. Auffallend häufig gehen *Zukunftsromane* von der Idee eines verwüsteten Planeten aus und erzählen die Geschichte einer Zerstörung, die durch eine (menschenverursachte) Katastrophe ausgelöst wurde. Manchmal mischen sich die Genres. Dann bringen Zauberer und Mischwesen dank ausgeklügelten Techniken die Rettung für den alten Planeten (oder finden wie im Beispiel von Interstellar per Raumschiff einen neuen). Die Magie ist Fortsetzung der Technik mit anderen Mitteln. Was vorher historisch betrachtet war, wird in den utopischen Fantasien in einem eigenartigen Mix aus Robotik, Esoterik und Romantik nach vorne in ein künftiges Weltalter projiziert. Es ist, als ob künstliche Intelligenz und Erdgeister in derselben Liga spielen. Einige Autoren oder Autorinnen träumen von einer *neuen Erde*, auf der die totale Harmonie zwischen Menschen und Natur herrscht, andere malen Schreckensbilder der totalen Feindschaft und wieder andere vermischen Maschinen und Menschen.[21]

---

20 Geiko Müller-Fahrenholz, Heimat Erde. Christliche Spiritualität unter endzeitlichen Lebensbedingungen, Gütersloh 2013.

21 Die Idee eines Human Enhancement ist – in seiner radikalen Ausprägung – eine wissenschaftliche Utopie, die in Entsprechung zur holistischen Fantasie den verkörperten

Vor uns die Sintflut

Der Klimawandel erscheint in diesen Szenarien mitunter als eine List der Natur oder vielleicht eher als Unlust, den Menschen noch länger zu ertragen. Die Erwärmung wäre – mit einer zurzeit naheliegenden Metapher gesagt – das Fieber, das der Planet entwickelt, um den lästigen Virus namens Mensch loszuwerden.

Gewisse Familienähnlichkeiten zwischen dem real-dystopischen Roman und *der* biblischen Katastrophenerzählung lassen sich nicht übersehen. Die künftige *Flut* ist ein Naturereignis, das durch menschliches Fehlverhalten ausgelöst wird. Dass mit dem Abschmelzen der polaren Eiskappen ein großer Teil der dicht besiedelten Küstenregionen versinken wird, erinnert in der Tat an die Sintflut. 2080 steht Hamburg unter Wasser. Nicht alle Organismen werden an den Folgen des Wandels leiden. Einige profitieren von der Umweltsituation. Für unsere Spezies wird es aber eng. Wir leiden hier und jetzt an der Erosion der Böden, der Vergiftung der Gewässer und der Verpestung der Luft. Das Artensterben und die Verwüstung sind die Kennzeichen des Holozäns, dem neuen Erdzeitalter, dem andere Zeitalter folgen werden – möglicherweise ohne uns. Und wo bleibt der Schöpfer des Universums? Weder in fantastischen noch in realistischen Szenarien taucht er auf.

Tatsächlich kennt sowohl die areligiöse als auch die neureligiöse Futurologie keinen *Advent*. Sie fantasiert mit Sintfluten und sinniert über Fluchten, aber das ökologische Modell, das diesen Storys zugrunde liegt, ist kurz und bündig gesagt Gott-, Geist- und Christus-frei. Es kommt kein Hausherr, der nach dem Rechten schaut. Die Tatsache, dass die futuristische Gegenwartsliteratur zu hoffnungsloser Apokalypse neigt, bedeutet indes nicht, dass Schuld, Gericht, Strafe und Rettung keine Themen sind. Gerade das religiöse Vakuum der immanenten Fiktion macht eine Auseinandersetzung mit ihnen theologisch spannend. Die Bildung, die Filme wie Interstellar befördern, fordern das biblische Welt-, Mensch- und Gottesbild regelrecht heraus. Schließlich werden alte Unheilsgeschichten neu erzählt.

Die Theologie soll auf diese Bildung kritisch – im Sinne einer Unterscheidung der Geister – reagieren. Sie soll den Christen das Rüstzeug geben, Rechenschaft von der Hoffnung abzulegen, die in ihnen ist. Sie soll die trostlosen Bilder einer untergehenden Welt mit den Bildern der kommenden Welt konfrontieren. Sie tut es trotzig, weil die technischen und magischen *Versprechen* der Utopien leer sind und die *Verzweiflung* der Dystopie jeder Hoffnung den Garaus macht. Sie tut es im Glauben – in der Zuversicht auf das, was wir noch nicht sehen.

Die Behauptung verlangt freilich nach einer Begründung, die mit einer selbstkritischen Aufarbeitung der missionstheologischen Ökologievergessenheit

---

Menschen überspringt. Vgl. dazu THOMAS FUCHS, Verteidigung des Menschen. Grundfragen einer verkörperten Anthropologie, Berlin 2020.

einsetzen muss. Denn eigentlich steht es ja geschrieben, dass die Welt ein Haus Gottes ist, in dem wir nicht allein wohnen. Wir müssen uns also fragen, warum in der Missionstheologie der Haushalt und die Rücksicht auf die nichtmenschlichen Hausmitbewohner kaum eine Rolle spielen. Ich will eine Antwort versuchen und mich dabei auf ein zentrales Motiv im ersten Schöpfungsbericht (Gen 1,1–2,3) konzentrieren.

Die Schöpfung ist eine Realutopie

Der feierliche Text am Anfang der Bibel malt uns das Bild einer durch und durch *ökologischen Realutopie* vor Augen. Warum ökologisch? Weil in der ersten Schöpfungserzählung eine Hausordnung vorgestellt wird! Warum ist die vorgestellte Ordnung *utopisch?* Weil sie eine Schau voranstellt und nicht die Wirklichkeit. Warum ist sie *real?* Weil Gott als Schöpfer der Welt *die* lebendige Realität schlechthin ist, die in einer dynamischen Interaktion mit der Welt steht.[22] Woran zeigt sich, dass die Ordnung *gut* ist? Ihre Güte zeigt sich am Tisch, den der Schöpfer den Tieren und Menschen deckt! Nachdem Gott allem, was Odem hat, beschieden hat, es soll sich vermehren, wird zuerst den Menschen und danach dem Getier ein Speiseplan vorgelegt:

> Und Gott sprach: Seht, ich gebe euch alles Kraut auf der ganzen Erde, das Samen trägt, und alle Bäume, an denen samentragende Früchte sind. Das wird eure Nahrung sein. Und allen Wildtieren und allen Vögeln des Himmels und allen Kriechtieren auf der Erde, allem, was Lebensatem in sich hat, gebe ich alles grüne Kraut zur Nahrung. Und so geschah es. Und Gott sah alles an, was er gemacht hatte, und sieh, es war sehr gut.

Am Beispiel der Ernährung wird deutlich, warum das theologische Konzept der Schöpfung nicht mit dem verwechselt werden sollte, was wir unter *Natur* verstehen. Die Natur ist verfressen, aber die Schöpfung isst ursprünglich Birchermüesli. Fleischliebhaber können sich beruhigen. Die vegane Lebensweise ist definitiv vorsintflutlich. Tatsächlich ist in der Dramaturgie der Urgeschichten der *Fleischverzehr* ein Zugeständnis an den gefallenen Menschen und wird explizit erwähnt im Zusammenhang der Gebote, die Gott der Welt *nach der Sintflut* gibt.

---

[22] Günter Thomas, Gottes Lebendigkeit. Beiträge zur systematischen Theologie, Leipzig 2019.

> Seid fruchtbar und mehrt euch und füllt die Erde. Furcht und Schrecken vor euch komme über alle Tiere der Erde und über alle Vögel des Himmels. Mit allem, was auf dem Erdboden kriecht, und mit allen Fischen des Meeres sind sie in eure Hand gegeben. Alles, was sich regt und lebt, soll eure Nahrung sein. Wie das grüne Kraut übergebe ich euch alles. (Gen 9,1-3)

Es ist schon auffällig, wie sich mit der Revision des Speiseplans der Ton ändert. Kein Wort davon, dass die Schöpfung 2.0 *gut* ist. Verändert hat sich vor allem das Regime der Menschen über ihre Mitgeschöpfe. Menschen dürfen Tiere töten. Die Jagdlizenz ist freilich kein Aufruf zum Frevel und auch nicht das letzte Wort in dieser Sache.

Liest man weiter, taucht die ursprüngliche Vorstellung einer Ökologie ohne Furcht und Schrecken in der prophetischen Vision eines allumfassenden Friedens wieder auf. Im sogenannten »Tierfrieden« werden die Verheißungen des messianischen Königreichs mit der Vision einer veganen Schöpfungsordnung verbunden.

> Die Wölfe werden bei den Lämmern wohnen und der Pardel bei den Böcken liegen. Ein kleiner Knabe wird Kälber und junge Löwen und Mastvieh miteinander treiben. Kühe und Bären werden an der Weide gehen, dass ihre Jungen beieinander liegen; und Löwen werden Stroh essen wie die Ochsen. Und ein Säugling wird seine Lust haben am Loch der Otter und ein Entwöhnter wird seine Hand stecken in die Höhle des Basilisken. (Jes 11,6-8)

In der Bibel folgt die prophetische Utopie auf den Schöpfungsbericht. Literarhistorisch kommt sie vorher. Die prophetische Schau ist also älter. Das bedeutet, dass die Schöpfungsordnung in Gen 1 auf der *Vision der Neuschöpfung* gründet. Was die Prophetie schaut - eine Welt, in der kein Tod mehr sein wird - hat die Redaktion später vorangestellt. So sollen wir es lesen, so will die Bibel uns bilden. Die ursprüngliche Welt ist die neue Welt. Gott hat ein Haus ohne häusliche Gewalt gebaut, eine Stadt ohne Metzgereien und ein Reich ohne Tempel. Das ist die Grundlage.

Die Verbindung der realutopischen Schöpfungsökologie mit der prophetischen Hoffnung auf ein messianisches Zeitalter findet sich auch im Neuen Testament. In der Mission Jesu verändert sich aber die Leserichtung. Was in seiner Botschaft »Königreich«, »Gottesreich« oder »Reich der Himmel« heißt, gründet in einem radikalen Vertrauen in Gottes Güte. Gott sorgt sich um jeden einzelnen Menschen und nimmt Partei für die Kranken, Armen und Verfolgten. Zwar liegt über der gefallenen Schöpfung ein dunkler Schatten, aber Gottes Treue ist unverbrüchlich. Und das Gesicht der vollkommenen Schöpfung hilft dieser Treue zum Durchbruch, lässt uns voll Zuversicht für die Erlösung von dem Bösen beten und nach dem Schalom streben, dem Ziel der umfassenden Versöhnung des ganzen Kosmos – dem Anfang und der Vollendung der *Missio Dei.*

Im Advent wird alles ans Licht kommen. Dann wird Gottes Hausordnung die Feindschaft endgültig überwinden. Aber nicht mit Laserkanonen. Im Weltraum der göttlichen Möglichkeit erwartet uns eine Ökologie, die komplett neu und doch die ursprüngliche ist. Anhand des Gebots der *Feindesliebe* lässt sich schön zeigen, *wie* die protologische und die eschatologische Vision dieser Hausordnung ineinander übergehen. Die Bilder, mit der Jesus das Gebot untermalt, machen deutlich, warum seine Nachfolger auf Vergeltung und Rache verzichten und diejenigen segnen sollen, die sie verfluchen. Es ist die alles begründende Treue und Güte, die Gott schon im Noah-Bund versprochen hat.

> Denn Gott lässt seine Sonne aufgehen über die Bösen und über die Guten und lässt regnen über Gerechte und Ungerechte. (Mt 5,45)

Es gibt Auslegungen, die in dieser Stelle Ansätze einer »natürlichen Theologie« sehen wollen. Naheliegender ist es, von einem Vertrauen zu sprechen, das sich auf die Güte des Schöpfers berufen kann. Denn keine Sonnengöttin und kein Regengott vermögen zu tun, was der Schöpfer, Wunder aller Wunder, permanent an uns, in uns und zwischen uns tut. Gott ist die Quelle des Lebens (Ps 36,10). Aus ihr schöpft die Welt.

Gottes Hoffnung für die Welt

Wie steht es um dieses Zeugnis, wenn die »Vögel des Himmels« nicht mehr singen? Was sieht man davon, wenn weit und breit keine »Lilien auf dem Feld« blühen? Weil Dystopien das Konzept von Gottes Treue zu seiner Schöpfung infrage stellen, fordern sie auch zur Auseinandersetzung mit dem Konzept der schöpferischen Neuzuwendung Gottes heraus. Was daraus missionstheologisch folgt, will ich anhand von Überlegungen des Bochumer Systematikers Günter Thomas zeigen.[23] Thomas geht es zwar nicht in erster Linie um eine Missions-

[23] Die folgenden Ausführungen nehmen Bezug auf Günter Thomas, Das Konzept von Gottes schöpferischer Neuzuwendung und seine Konsequenzen für das Geflecht theologischer Themen, in: Ders., Gottes Lebendigkeit (s. Anm. 22), 227–243. Thomas' Überlegungen fußen auf Ders., Neue Schöpfung. Systematisch-theologische Untersuchungen zur Hoffnung auf das »Leben in der zukünftigen Welt«, Neukirchen 2009 und Ders., Gottes schöpferische Gerechtigkeit, in: Ruth Hess / Martin Leiner (Hg.), Alles in allem. Eschatologische Anstöße, J. Christine Janowski zum 60. Geburtstag, Neukirchen-Vluyn 2005, 109–132.

theologie, wohl aber um eine Kritik schöpfungstheologischer Modelle, in denen die Zuordnung von Schöpfung und Neuschöpfung auseinanderbricht.

Das ist dann der Fall, wenn die Jenseitshoffnung *schöpfungsfrei* gedacht wird oder umgekehrt eine *jenseitsfreie* Diesseitsorientierung jeden Gedanken an ein Handeln Gottes ausschließt. In beiden Positionen geht unwiderruflich verloren, was für Glauben unbedingt wichtig ist, nämlich die Hoffnung auf Gottes schöpferische Lebendigkeit, die sich *schon jetzt* in der *Schöpfung* zeigt, aber noch nicht in der Fülle greifbar ist. Dass Gott kommt und eine neue Erde und ein neuer Himmel sein wird, gehört zum letzten Kapitel der Heilsgeschichte, das in der Theologie als *Eschatologie* abgehandelt wird. Zeitlich gedacht stehen die »letzten Dinge« tatsächlich für den Abschluss der Geschichte, geistlich verstanden *bilden* sie den Anfang für den Glauben.

Thomas unternimmt darum den umgekehrten Versuch, »von den Umbauten der Eschatologie aus sozusagen rückwärts theologische Themenfelder zu konturieren und zu strukturieren«[24] – ich meine, es sei ein biblisches Verfahren. Für eine Theologie der Schöpfung gesagt, heißt das, mit ihrer prophetischen Vollendung einzusetzen. Und genau das steckt im Wort Ökologie! Das ist ihre missionale Energie. Sie ist eine Hausordnung, die voll Hoffnung in die Welt schaut, weil sie glaubt, dass Gott kontinuierlich an und in dieser Welt handelt. Eine ökologische Missionstheologie (oder missionstheologische Ökologie) vertraut darauf, dass Gott seine Welt nicht im Stich lässt. Gleichzeitig gibt die (eschatologisch eingefädelte) Öko-Missionstheologie den Gedanken der unverfügbaren Rettung oder Vollendung, die noch kommt, nicht auf.

Wie kommt aber der Übergang zustande? Thomas unterscheidet drei verschiedene Modelle der Zuordnung von Schöpfung und Neuer Schöpfung:

Im Modell »Restitution« dominiert die Vorstellung der *Heilung*. Ein ursprünglich guter Zustand, der auch umgangssprachlich »paradiesisch« genannt wird, wird durch den Fall so gründlich verdorben, dass es einer tiefgreifenden Heilung bedarf. Restitution heißt, dass Verlorenes wiedergefunden und Krankheiten geheilt werden. Die Wiederherstellung kommt auf den Ursprung zurück.

Im Modell »Substitution« dominiert die Vorstellung der *Ersetzung*. Ein Erstes, das fehlerhaft war, wird komplett ausgewechselt durch ein Neues, Zweites. »Von dem Modell der Restitution unterscheidet es sich dadurch, dass das Ziel nicht zum Anfang zurückführt, sondern [...] zu einem anderen klar unterschiedenen ›Ort‹.«[25]

Das dritte Modell »Transformation« ist eine Mischung der anderen Modelle. Mit der Substitution teilt die Transformation den Gedanken einer Veränderung, die keine Rückkehr, sondern einen Neuanfang bedeutet und mit der Restitution teilt die Transformation den Gedanken einer Bewahrung, in der das Gegebene in

24 THOMAS, Gottes Lebendigkeit (s. Anm. 22), 227.

25 A.a.O., 229.

heilsamer Weise aufgehoben wird.[26] Beides kommt in der Vorstellung der *Verwandlung* zusammen.

Für Thomas passt das Mischmodell der Transformation am besten zum innerkanonischen Gespräch über die Rettung und Vollendung der Schöpfung. In der Kombination der *rettenden Trans*formation kommt es zur spannungsvollen Verbindung eines kontinuierlichen Prozesses der Veränderung zum Guten und eines Neuanfangs, in dem zwangsläufig das Moment des Bruchs mit dem Alten mit enthalten ist.

Ich finde die Unterscheidung des Systematikers missionstheologisch relevant! Mit Blick auf die Zukunft des Planeten stellt sich nämlich die Frage, was die biblische Rede von der Hoffnung auf eine neue Erde und einen neuen Himmel (2Petr 3,13; Offb 21f.) meint. Eine ökologievergessene Missionstheologie tendiert dazu, die erste Schöpfung zu substituieren und einem religiösen Eskapismus zu frönen. Was komplett verdorben ist (bzw. was wir zerstört haben), wird ersetzt. Warum sollen wir uns darum kümmern? Wenn aber die Bilder der neuen Welt die alte Welt auf dem Abfall entsorgen, zeigen sie nicht die Hoffnungsbilder der Bibel, sondern eine – für die Theologiegeschichte folgenreiche – entmaterialisierte Version der Eschatologie. Die »letzten Dinge« sind in diesem Denken ein Kontrast zum Körperlichen und lassen sich nur als Übergang von irdischen Vorstellungen des Glücks in eine ganz und gar geistig vorgestellte Welt beschreiben.[27]

Transformative Mission – ein ökologischer Ausblick

Vielleicht bringen wir den heiligen Materialismus der Bibel nicht widerspruchsfrei ins Denksystem. Die grobe Skizze des Konzepts der *transformativen Rettung* muss hier genügen, um ihre missionstheologische Bedeutung klar zu machen. Was heißt es, die Welt als Schöpfung sehen?[28] Es heißt, sie im Licht des neuen Menschen zu sehen, wie er sich im Christusereignis offenbart hat.[29] In den

---

26 Ebd.

27 A. a. O., 230 (kursiv RK).

28 Rowan Williams, Theologe und ehemaliger Erzbischof von Canterbury, bringt es mit dem Titel seines Buches »Christ The Heart of Creation« (London 2018) wunderbar auf den Punkt. Die Christologie ist Schöpfungstheologie – Christus ist der Hausherr.

29 Es ist das Merkmal prophetischen Predigens, wie sie Christel E.A. Weber, Prophetisches Predigen als Sichtwechsel. Eine interkulturelle Studie, Leipzig 2019, 37 am Beispiel einer Predigt von Desmond Tutu beschreibt. »Die Botschaft der Predigt trifft ihn (und die Gemeinde) als etwas Neues, das überrascht, emotional berührt und in Aktion versetzt. Das Novum besteht für ihn in der Imagination einer anderen Wirklichkeit, in der sich die Verhältnisse durch Gottes Handeln umgekehrt haben. Diese Imagination hat die Kraft,

Bildern der Erlösung, die sich mit der Wiederkunft Christi erfüllen wird, kommt die Hoffnung zum Vorschein, die Gott von Anfang an im Sinn hat. Es sind Bilder einer realen Utopie. *Real* ist die Utopie, weil sie einen Gott vorstellt, der Gott der ganzen Schöpfung ist und nicht nur dem Geschöpf des sechsten Tages die Treue hält und *utopisch* ist die Realität, weil sie darauf vertraut, dass sich Geschöpfe tatsächlich so verhalten können, wie es sich der erste Schöpfungsbericht vorstellt. Gottes Mission besteht darin, dass sein Reich komme und sein Wille geschehe.

Sowohl in Science-Fiction-Romanen als auch in der aktuellen Astronautik taucht das Wort »Mission« relativ häufig auf. Mission bedeutet in der dystopischen Literatur die Suche nach einer neuen Erde. Dass im Weltall ein paar neue Erden auf unsere Besiedlung warten, ist wissenschaftlich betrachtet Nonsens. Die Erdlinge sind nicht gebaut für Reisen in Lichtgeschwindigkeit. Die Fantasie ist sowohl wissenschaftlich wie theologisch als auch ökologisch fragwürdig. Der welträumliche Imperialismus ist eine typische Figur der menschlichen Hybris. Man spielt Wildwest im All, träumt von unberührten Welten und würde – wenn es sich ergeben würde – dieselben Frevel wiederholen.

Ganz aus der Luft gegriffen ist der Verdacht nicht. Anzeichen dafür sind schon zu sehen. Für die kommerzielle Weltraumfahrt ist mittelfristig die wirtschaftliche Ausbeutung nahegelegener Himmelskörper eine Option. Wer von einem Bergwerk auf dem Mond träumt, untergräbt eine nachhaltige Politik. Was ist die Alternative? Rettet uns eine grüne Diktatur vor den Fantasien des Raubkapitalismus? Lassen sich die »letzten Dinge« wenn möglich mit Bildung und notfalls mit Gewalt durchsetzen?

Die Hoffnung, dass es möglich ist, einen neuen Menschen zu erziehen oder im Reagenzglas zu züchten, einen Menschen, der eine Art messianische Verantwortung für die Hausgemeinschaft übernehmen kann, weckt (auch) Ängste. In der alten Version dieser Utopie war der neue Mensch ein Homo faber. In der nachindustriellen Welt ist es der Homo deus, eine Weiterentwicklung der alten Spezies, die holistisch denkt, vegan isst und dank Informatik schöpferisch tätig ist.

In diesem größeren Zusammenhang betrachtet liegt der christlichen Mission, die sich an der *Missio Dei* orientiert, an einem moderateren und dennoch revolutionären Leitbild. Wir kommen zur neuen Erde und zum neuen Himmel nur auf dem Weg einer Transformation, die durch Christus realisiert und als Mission aktualisiert wird. Also hat die Gemeinde Jesu einen ökologischen Auftrag, den es missionstheologisch durchzubuchstabieren gilt.

Wir sind nicht Hausbesitzer, wir sind Hausbewohner. Wir gehören zur Erde, aber sie ist uns nicht zur Zerstörung gegeben. Die Erde ist eine *Leihgabe*, die wir

---

bereits die Gegenwart zu verändern: Sie erweist sich als Energie der Transformation.« (37).

treu verwalten und zu der wir, wie dem eigenen Leib, Sorge tragen sollen. In dieser Aufgabe haben wir versagt. Aber nicht unser Versagen, sondern Gottes Versprechen ist entscheidend; und nicht das Schuldzugeständnis, sondern das Bekenntnis der Kirche, als Leib Christi Gottes Mission treu zu bleiben, führt weiter.

Die englische Kirche hat im eingangs erwähnten langjährigen Prozess fünf Grundanliegen ihrer Mission formuliert. Den fünften Punkt könnte man als *ökologische Mission* bezeichnen, weil er zum Ausdruck bringt, dass die Sendung der Gemeinde auf die Weite der Kreatur hinzielt.

> »The mission of the Church is the mission of Christ:
> To proclaim the Good News of the Kingdom,
> To teach, baptise and nurture new believers,
> To respond to human need by loving service,
> To transform unjust structures of society, to challenge violence of every kind and pursue peace and reconciliation,
> To strive to safeguard the integrity of creation, and sustain and renew the life of the earth.«[30]

Die Erwartung an die Missionare ist in Punkt Fünf bewusst sehr vorsichtig formuliert. Der Begriff des »Strebens« steht in den Briefen des Paulus für das menschliche Bemühen um Heiligung.[31] Im Streben (oder im Sich-Ausstrecken) steckt die Zuversicht, dass es gelingt, das Ethos der Mitmenschlichkeit zum Ethos der Mitgeschöpflichkeit zu erweitern, aber im Streben ist auch die demütige Einsicht formuliert, dass wir keine neuen Welten schaffen können. Vorsichtig ist die Formulierung auch in der Aussage, dass es darum gehe, die »Integrität der Schöpfung« zu schützen. Dahinter steckt wiederum die Zuversicht, dass es uns gelingt, Gottes Güte in der Schöpfung als erneuernde Kraft zu entdecken.

Die Missionstheologie, wie sie in allen fünf Punkten zum Ausdruck kommt, beschreibt eine Lebensform, die weiß, dass in dem, was wir Natur nennen, dunkle Schatten eingezeichnet sind. Letztlich geht es in der Missionstheologie, die ihre Ökologievergessenheit überwindet, um ein Reden und Handeln der Kirche, die »der Stadt Bestes« (Jer 29,7) sucht, indem sie die *Freundschaft* mit allen Geschöpfen pflegt und in allem auf den Trost des himmlischen Bürgerrechts vertraut (Phil 3,20).

---

[30] Auf der Homepage der Anglikanischen Kirchengemeinschaft zu finden unter http://www.anglicancommunion.org/mission/marks-of-mission.aspx (04.10.2020).

[31] Vgl. dazu Miroslav Volf / Matthew Croasmun, Für das Leben der Welt. Ein Manifest zur Erneuerung der Theologie, Reihe Glaube und Gesellschaft 8, Münster 2019.

Anfängliches Schlusslicht

Eschatologie ist die Aussicht auf den Triumph des Schalom für alle mit allen! Am Ende frohlockt die *Freude*, die sich in der Freundschaft mit anderen Geschöpfen einstellt. Denn die Hoffnung, die sich aus den biblischen Geschichten herauslesen lässt, hofft nicht auf Gott allein.[32] Die biblische Hoffnung ist von der Liebe inspiriert, die weder den Menschen noch die Welt für einen hoffnungslosen Fall hält. Die Aussicht, dass Gott alles in allem sein wird, ist die Vollendung der göttlichen Mission, die Fiktion einer Welt, in der das *Zusammenleben* aller mit allen in einen kosmischen Lobgesang mündet. Darum kommt die Transformation, die uns rettet, niemals nur durch die Anspannung eines moralischen oder religiösen Muskels zustande. Sie ist letztlich dem schönen *Zusammenspiel* aller mit allen zu verdanken.

Wir sehen, um im Bild zu bleiben, das Ziel der Mission dann am klarsten, wenn wir uns entspannen und sie als göttliche Arbeit an uns und in uns begreifen, als ein »Sich-verwandeln-Lassen« (Röm 12,2) und Sich-Einlassen auf Gottes Atem, als das großartige Finale, das in der vollendeten Schöpfung von Anfang an aufleuchtet:

> Und so wurden vollendet Himmel und Erde und ihr ganzes Heer. Und Gott vollendete am siebten Tag sein Werk, das er gemacht hatte, und er ruhte am siebten Tag von all seinem Werk, das er gemacht hatte. Und Gott segnete den siebten Tag und heiligte ihn, denn an ihm ruhte Gott von all seinem Werk, das er durch sein Tun geschaffen hatte. (Gen 2,1-3)

Der *Gottesdienst im Alltag* ist ein »Streben« nach dem Heiligen, das heilsam unterbrochen wird von der *Ruhe der Feier*, in der die Vollendung der Schöpfung vorweggenommen wird. Die tätige Heiligung im Sinne eines *Wandels* wird durch das Evangelium in Gang gesetzt, fängt mit dem Sabbat an und leitet zum Sabbat. So beginnen wir jede Woche: In der Schar der Feiernden, die die Güte ihres Schöpfers preist und seinen Segen genießt. So bleibt der Mensch nicht allein. Wir klagen mit der leidenden Kreatur und hoffen mit ihr, dass sich das Antlitz der Erde zu guter Letzt erneuert. So wird Gottes Mission erinnert als Leitbild der Kirche – eine Vision der Hoffnung für alles, was Odem hat!

---

[32] Ich sehe hier auch eine Verbindung zur Formulierung im Leitsatz »Mission« im oben zitierten EKD-Papier, in dem die Teilhabe betont wird. Es ist (auch) die Grundlage einer partizipatorischen Christologie, die nicht das einzigartige, wohl aber das einsame Handeln Christi anfragt. Vgl. dazu Luise Schottroff, Heilungsgemeinschaften. Christus und seine Geschwister nach dem Matthäusevangelium, in: Marlene Crüsemann / Carsten Jochum-Bortfeld (Hg.), Christus und seine Geschwister. Christologie im Umfeld der Bibel in gerechter Sprache, Gütersloh 2009, 23–44.

Am Lagerfeuer

Kirche als Erzählgemeinschaft

Hans-Hermann Pompe

In der Evolutionsbiologie gibt es die verbreitete These, die Entwicklung menschlicher Gemeinschaft und Kultur basiere auf der Fähigkeit zum Erzählen. Sprache und Kommunikationsfähigkeit des Menschen haben sich gebildet, um die Gemeinschaft zusammenzuhalten. Der Biologe und Wissenschaftsjournalist Werner Siefer stellt fest:

> »Denn nicht Vernunft oder Analyse, nicht Intuition oder Gefühle, sondern das Erzählen ist die wichtigste Form menschlichen Denkens. Wir organisieren alle unsere Erlebnisse, unser Gedächtnis, unsere Ziele und Wünsche, Begründungen, Rechtfertigungen, Entschuldigen, Ausreden, unser gesamtes Leben auf eine narrative Weise«.[1]

Zu den Basisbegründungen dafür gehört die Ausbildung eines evolutionären Vorteils des homo sapiens, sich in Gruppen und Gemeinschaften zusammenzufinden, um sich bei der Nahrungsbeschaffung und Fortpflanzung zu ergänzen. Dazu braucht es angesichts einer unübersichtlichen Umgebung »einen einigermaßen verlässlichen Kompass in der vagen Welt des Miteinanders, wo sich Koalitionen häufig ändern«.[2] Und jede Gruppe braucht dazu Sprache, Erzählung, Information. Erzählen ist Informationsaustausch, aber viel mehr: Erzählen ist sozialer Kitt, Beziehungsaufbau, Verständigung über Grundlagen, Absichten und Ziele. Ohne diesen Kitt wäre es dem sapiens unmöglich gewesen, »flexibel und in großen Gruppen zusammenzuarbeiten«.[3]

Der Erzählinstinkt ist schon ab dem Kleinkindalter nachweisbar und bindet Menschen bis zum Lebensende zusammen. Der Mensch ist »homo narrans« (Walter Fisher), ein »storytelling animal« (Alasdair McIntyre). So lässt die Hiobgeschichte Elifas sagen: »Ich will dir's zeigen, höre mir zu, und ich will dir's

---

1 Werne Siefer, Der Erzählinstinkt. Warum das Gehirn in Geschichten denkt, München 2015, 15.

2 A.a.O., 16.

3 Yuval N. Harari, Eine kurze Geschichte der Menschheit, München ^{14}2015, 37.

erzählen, was ich gesehen habe« (Hi 15,17). Der erste biblisch berichtete Dialog Gottes mit seinen Menschen besteht aus einer Frage und einer erzählenden Antwort (Gen 3). Das bewusste Erzählen gehört zusammen mit guten Erzählungen zum Kernbestand der Einladung zum Glauben, zu Gemeindeentwicklung und Weltverantwortung: Kirche lebt als Erzählgemeinschaft.

Geistige Lagerfeuer

Der Philosoph Rüder Safransky wird nach seiner Lieblingsliteratur gefragt, er nennt u. a. Nietzsche:

> »›Zarathustra‹ war mein allererstes und zugleich abstoßendes Nietzsche-Erlebnis. Was für ein unerträglicher Predigerton, damit kann ich bis heute nichts anfangen. Aber ›Die Geburt der Tragödie‹ ist ein toller Text, der das Betriebsgeheimnis der Kultur aufdeckt, das für Nietzsche einzig und allein auf zwei Elementen basiert: dem Dionysischen und dem Apollinischen, also dem Triebhaft-Ekstatischen und dem zivilisatorisch Geformten. Bei Nietzsche lernt man: Gesellschaften brauchen Mythen, um die sie sich versammeln, Sinnzusammenhänge, geistige Lagerfeuer.«[4]

Die Menschheit liebt Geschichten, analog oder digital, sammelt sich um Geschichtenerzählerinnen, hört auf gute Redner, liest Romane und Fantasy, strömt ins Theater, Kino oder Internet, um dort zu sehen, zu hören, zu träumen. Safransky weiß sehr genau: Jedes gekonnte Erzählen eröffnet einen geistigen Lagerfeuerplatz, bietet einen Sinnzusammenhang an. Denn Erzählen transportiert Erfahrungen, knüpft an Lebenswelten an und stellt Deutungsbilder zu Verfügung.

Es sind immer wieder alte und neue Erzählungen, große Narrative, die Menschen faszinieren, sammeln und motivieren. Das gilt analog für Gemeinde- und Kirchenentwicklung. Der christliche Blogger Ed Stetzer weist darauf hin, Menschen versammeln sich lieber um Feuerstellen, wollen nicht sortiert werden zwischen Zäunen.

> »Gemeinden bauen oft auf Zäune: ›Du gehörst dazu oder nicht‹ – so wird Teilnahme gesehen. Netzwerke bauen auf Feuer und Energie: ›wir machen dies zusammen und wir sind so zusammen, mitten drin‹.«[5]

---

4 Nach: www.welt.de/kultur/literarischewelt/article172839024/Biografie-in-Buechern-Ruediger-Safranski.html (eingesehen 15. 1. 2021).

5 »*People are attracted to fire not to fences.* Denominations are often built inside fences. »You're in or you're out« is how they view participation. Networks are built on fire and energy: »We're doing this together and we're in this together.« Er fährt fort: »*People*

Das Lagerfeuer gehört in die uralte Tradition des wandernden Gottesvolkes: Dort wird erzählt, von den großen Taten Gottes, von seinem Geschichtshandeln, dort werden seine Verheißungen tradiert, Erlebnisse gedeutet. So hat es sich tief eingeprägt auch in die Traditionen des sesshaft gewordenen Volkes.

Ein Schlüsselsatz des Paulus (Röm 10,17) macht deutlich: Glaube beruht auf Verkündigung, diese aber auf einem Wort (Auftrag) Christi.[6] Deshalb gehört dies in die reformatorische Zentralerfahrung: Das große Narrativ von Schöpfung, Fall und Erlösung, von suchender Liebe in Jesu Menschwerdung, Kreuz und Auferweckung, von der Rechtfertigung des Gottlosen will immer wieder neu erzählt werden, soll ins Leben hinein ausgelegt werden. Es hat die Macht, Glauben entstehen und wachsen zu lassen. Kein anderes Feuer sammelt, erleuchtet und wärmt so wie die Geschichte von der Liebe Gottes in Jesus als dem Christus – und keine andere Geschichte bleibt zugleich so unverfügbar.

> »Weil Gott selbst das Kommunikationsgeschehen ist, das sich in der Selbstkommunikation des Evangeliums erschließt, ist es Gott selbst, der Menschen durch die Kommunikation des Evangeliums dazu bringt, ihr Leben an seiner Gegenwart auszurichten und mit anderen zusammen in seiner Gemeinschaft zu leben. Gott kommt als Evangelium, weil er selbst das Evangelium ist, und das Evangelium wird kommuniziert, wo Menschen die Augen dafür aufgehen, dass und wie Gott in ihrem Leben am Werk ist: als schöpferische Liebe, die alles neu macht.«[7]

Biblische Geschichten als Reflexion von Offenbarung

Die biblische Tradition spiegelt, stützt und bewahrt die Schlüsselrolle von Erfahrungen, Geschichten und Bildern für Glauben und Leben. Das AT verankert

---

respond to near, not distant (...) What people have in networks that they don't have in denomination is a nearness to the mission. Denominations often maintain a distance from the mission. But the best denominations are helping churches better understand the missionary's nearness. With the advent of technology and the internet, it's no longer that difficult. Nearness is the call of the day. If denominations don't address this effectively enough, people will continue to migrate to networks that provide greater nearness.« (Ed Stetzer, Five observations in the new era of Christian networks – and what denominations need to learn. http://www.christianitytoday.com/edstetzer/2016/april/five-helpful-observations-in-new-era-ofchristian-networks.html [eingesehen 20.4.2016] – Übersetzung Hans-Hermann Pompe).

6 So in Anlehnung an Klaus Haacker, Der Brief des Paulus an die Römer, THKNT 6, Leipzig 1999, 215.

7 Ingolf U. Dalferth, Wirkendes Wort. Bibel, Schrift und Evangelium im Leben der Kirche und im Denken der Theologie, Leipzig 2018, 46.

»das Achten auf die das Leben bewahrenden Gebote und Weisungen Gottes«, also das religiöse Lernen, in der »Familie als dem Ort der Erziehung«.[8] Klassisch wird das in Dtn 6 beschrieben: »Dabei führt der Weg von *innen* (Herz V 6) über die Weitergabe an die nächste Generation (wiederholtes Vorsprechen, Auslegung V 7) nach *außen*, wo ›diese Worte‹ zu ›Zeichen der Verbundenheit mit JHWH‹ an Hand und Stirn (V 8 [...]) wie auf Türpfosten und Stadttoren (V 9) werden.«[9] Die biblische Anthropologie bezeichnet mit 'Herz' die Personmitte, das Zentralorgan für die sich ergänzenden kognitiven, emotionalen und voluntativen Funktionen: 'Herz' umfasst also Denken, Fühlen und Wollen.[10] Erreicht und eingebunden werden die Einzelnen in der »Erzählgemeinschaft« des Volkes Gottes, indem »Erzählen und Erinnern« die vergangenen Heilstaten Gottes »*vergegenwärtigen*« durch »Erzählen als Sprechhandlung«. Denn es geht darum, »Gottes Heilstaten dem Vergessen zu entreißen und für die Gegenwart und Zukunft lebendig zu halten.«[11]

Dieses vergegenwärtigende Erzählen nutzt eine Doppelstruktur:

> »Die Erzählkultur Israels wurzelt in den Redeformen der alltäglichen und nichtalltäglichen Kommunikation. Und sie ist [...] zugleich bezogen auf eine Wirklichkeit, die ihren Grund in der schöpferischen und rettenden Zuwendung seines Gottes hat.«[12]

Es geht also dezidiert um »eine identitätsstiftende *Weitergabe des Glaubens durch Erzählen*«.[13] Auch das Danklied des Einzelnen etwa sucht Öffentlichkeit, braucht den Echoraum der Gemeinschaft, es ist darin konstitutiv eingebunden mit drei Aspekten: Der Dank ist Kundgabe der mit Gott gemachten Erfahrungen, der Rückblick deutet Grenzerfahrungen als Lebenswenden, der sie auch für andere zugänglich macht, und der Ausblick auf die Zukunft des Beters ist wichtig, weil so das Glaubenswissen vom Wohlgefallen Gottes seine erfahrungsgestützte Relevanz gewinnt.[14]

Die neutestamentliche *Sprach- und Vorstellungswelt* ist ebenfalls geprägt von hebräischer Tradition und Weisheit: sie strukturiert und tradiert in weiten Teilen narrativ. Jesus nutzt Bilder, Metaphern und Sprichwörter, aber vor allem Gleichnisse, um die Gottesherrschaft anzukündigen – Sprache (Stilmittel) und Person (Erzähler) verbinden sich bei ihm zu einer Einheit.

---

[8] Bernd Janowski, Anthropologie des Alten Testamentes. Grundfragen – Kontexte – Themenfelder, Tübingen 2019, 126.

[9] A. a. O., 127.

[10] Vgl. a. a. O., 148–155.

[11] A. a. O., 276 f.

[12] A. a. O., 279.

[13] A. a. O., 278.

[14] Vgl. a. a. O., 489–491.

> »Die Überzeugungskraft der Gleichnisse hängt an der Person ihres Erzählers. (...) Jesus verantwortet mit seinem Verhalten den Inhalt der Gleichnisse, und umgekehrt interpretieren die Gleichnisse das Verhalten Jesu.«[15]

Die synoptischen Evangelien sind weitgehend als Erzählung und mit Erzählungen gestaltet, besonders bei Lukas. »Wie Markus erzählt Lukas Geschichten, vermeidet aber noch stärker, alles in einem Brennpunkt (z. B. in Kreuz und Auferstehung) zu konzentrieren.« Lukas

> »will die reiche Fülle des Handelns Gottes entfalten, das in Jesus so überraschend, keinem menschlichen Schema entsprechend ausgefallen ist. Gottes Liebe ist ja nicht abstrakt; sie wird konkret in vielen unvorhergesehenen und sehr verschiedenen Handlungen. Darum kann Lukas ihrer nicht habhaft werden; er muß erzählen, um sie immer wieder von einer anderen Seite her aufleuchten zu lassen.«[16]

Auch für die Zeit der Gemeinde gilt bei Lukas:

> »Der verkündete Jesus kommt in unzähligen nicht voraussehbaren und nicht ableitbaren [...] Geschehnissen zum Leben. [...] Darum lässt sich auch vom Wirken des Herrn nach Ostern grundsätzlich nur erzählen.«[17]

Auch Paulus verzichtet in seinen eher argumentativen Briefen nicht auf erzählende Abschnitte wie in Gal 2. Und das letzte Buch der Bibel entfaltet seine apokalyptische Geschichtsschau fast nur noch in Bildern und Erzählungen. Die Autoren des NT schreiben zwar griechisch, denken, argumentieren und kommunizieren aber auf hebräischem Fundament.

Erzählen prägt die Struktur der hebräischen Sprache: als narrative Sprache lebt auch ihre Schriftform aus und in mündlicher Tradition, sie ist vor allem Verbalsprache. »Die hebr[äische] Sprachgestalt ab dem Konsonantentext beruht dann auf einer langen Geschichte Israels mit seinem Gott, die in dieser Sprache eine spezielle Gestalt gefunden hat.« Uns begegnet in ihr »eine Einteilung von Wirklichkeit, die auf die Offenbarung des dreieinigen Gottes zurückgeht«.[18] In biblischer *Traditionswelt* wird Offenbarungserfahrung weitgehend tradiert in Geschichten. Auch Reflexionen oder Argumente sind darin eingeschlossen bzw. bauen darauf auf, Weisheit reflektiert Lebenserfahrungen etc.

---

15 Jürgen Roloff, Jesus, München ^{4}2007, 84 f.

16 Eduard Schweizer, Das Evangelium nach Lukas, NTD 3, Göttingen 1982, 60 f.

17 A. a. O., 62.

18 Thomas Pola / Heinzpeter Hempelmann, Art. Hebräisches Denken, in: ELThG^{2}, Bd. 2, Holzgerlingen 2019, 977.

Die biblische *Glaubenswelt* denkt häufig in Wegen, Entwicklungen und Prozessen, erst davon abgeleitet auch in Argumenten und Metaebenen. Beispielhaft ist der Emmaus-Weg (Lk 24): Miteinander gehen, einander erzählen bedeutet, im Gehen öffnet sich ein neuer Horizont. Der Schriftbeweis stützt ihn, das Erkennen geschieht beim Mahl, der Rückweg drängt auf Weitergabe der Erfahrung durch Erzählen. In diesem Begleiten ist ein Grundmuster der Seelsorge zu erkennen. Es »macht deutlich, dass es um Wege geht, die mitzugehen sind und zwar an der Seite des anderen. Ein Stück des Weges gesellt sich einer zum anderen und teilt den Weg und die Geschichten, die zu erzählen sind, mit ihrer Last und ihrer Hoffnung.«[19] Man könnte sagen: Es geht immer um die Gegenwart, die Menschen in der Liebesgeschichte Gottes verankert, denn »Geschehnisse und Geschichten bilden die Zeit«.[20] Das »Heute«, in dem Gott Wirklichkeit werden will, ist das Neue, von dem Lukas erzählt.

Erzählen deutet Wirklichkeit

In der Literaturwissenschaft wird unterschieden der Akt der Erzählung (im Handlungssinn) als »das Erzählen«, der Ausdruck »Erzählung« als das konkrete Produkt des Erzählens, also als der Erzähltext, und der Inhalt oder Gehalt einer Erzählung als »das Erzählte«.[21] Was für literarische Erzählungen sinnvoll ist, gilt vice versa auch für wirksame mündliche oder mediale Erzählungen, die sich in einer Gesellschaft durchsetzen. Sie haben Relevanz, sprechen etwas in uns an, das nach Deutung sucht. »Dass Erzählungen zum Ausdruck bringen, was jemandem an bestimmten Ereignissen wichtig ist, dass sie ein Informationsdefizit beseitigen und ihre Hörer oder Leser emotional involvieren, resultiert in einer (..) Eigenschaft, die in der Forschung als *narrative point* oder *tellability* bezeichnet wird.« Es bedeutet, sie »haben einen bestimmten Witz (*point*), sie sind dank der genannten Eigenschaften besonders geeignete Einheiten einer kommunikativen Interaktion.«[22]

Warum gelingt es der einen Erzählung gut, Menschen zu involvieren, einer anderen wenig? Warum stürmen manche Geschichten durch die analogen und medialen Kanäle, andere nicht? Zum Geheimnis wirkungsvoller Erzählungen gehört: sie helfen Wirklichkeit befriedigend zu deuten, sie schließen Erlebnisse als Erfahrung auf, sie schaffen Sinn. Eine gehaltvolle Erzählung

[19] Michael Herbst, beziehungsweise. Grundlagen und Praxisfelder evangelischer Seelsorge, Neukirchen-Vluyn ²2013, 30 (in Auslegung von Lukas 24).

[20] Markus Mühling, Passiert noch was? Ansichten und Theorien über das Ende der Zeit in der Ewigkeit, in: zeitzeichen 12/2020, 43.

[21] Tilmann Köppe / Tom Kindt, Erzähltheorie. Eine Einführung, Stuttgart 2014, 41.

[22] A. a. O., 70.

»strukturiert die für uns erfahrbare Wirklichkeit: Als Erzählung betrachtet, gewinnen Ereignisse für uns verstehbare Konturen in dem mehrfachen Sinne, dass wir ihre Signifikanz für uns oder andere erfassen, sie als Anfang, Mitte oder Ende von etwas begreifen und dank sinnhafter Verknüpfung erkennen, wie sie aufeinander folgen bzw. auseinander hervorgehen, Es sind diese Eigenschaften von Erzählungen, die im Hintergrund von Aussagen wie 'Erzählungen stiften Sinn' stehen.«[23]

Das wird von der breiten Wirkung des »linguistic turn« auf die Kulturwissenschaften mit der davon ausgelösten Verschiebung der Forschung und Ausweitung der Wahrnehmung gestützt, in der Geschichtswissenschaft etwa als »narrative turn«. Wirklichkeiten sind, auch wo sie textlich vermittelt vorliegen, ihrerseits schon »Ergebnisse sprachlich vermittelter Gefühls- und Handlungscodes.« (...) »Alle menschliche Erkenntnis, also auch wissenschaftliche Erkenntnis, ist somit durch Sprache strukturiert«.[24] Narrative, Erzählungen und Geschichten sind enorm einflussreich, weil sie die Einsicht stützen, »dass Realität von Menschen gemacht ist, nämlich in Symbolen verarbeitet und durch Symbole hergestellt wird, dass mit der kulturellen Konstruktion von Wirklichkeit immer auch ein potenzieller Kampf um die Durchsetzung von Bedeutungssystemen einhergeht. Repräsentationen können also Realität schaffen.«[25]

Die postmoderne Dekonstruktion der großen neuzeitlichen Narrative hat Geschichten und Erzählungen nicht verschwinden lassen, sondern eher noch zu ihrer Vermehrung geführt. Kein Wunder: Wo die herkömmlichen Geschichten entfernt werden, entstehen Leerstellen, die Menschen hungrig zurück lassen. Der WELT-Journalist Frederic Schwilden etwa begründet seine Zuwendung zu Religion und Kirche so: »Dem 'Spiegel' hat der französische Präsident Emmanuel Macron in einem großen Interview gesagt: 'Aber wir sollten wieder empfänglich dafür sein, große Geschichte schreiben zu wollen. Wenn man so will, war die Postmoderne das Schlimmste, was unseren Demokratien passieren konnte. Diese Idee, man müsse alle großen Erzählungen dekonstruieren, kaputt machen, ist keine gute.'« Der Journalist stellt für sich fest:

»Große Geschichten brauchen große Erzähler. Aber wir haben die großen Erzähler nicht, oder sie vertrauen nicht auf ihre eigene Stimme. Die Geschichten der deutschen Politik werden nicht mehr von den Politikern erzählt.«

Und so schildert Schwilden seine Sehnsucht:

---

23 A.a.O., 71.

24 Doris Bachmann-Medick, Cultural Turns. Neuorientierung in den Kulturwissenschaften, Reinbek bei Hamburg ^{4}2010, 35.

25 A.a.O., 36.

> »Ich will den brennenden Dornbusch. Ich will die Trompeten von Jericho. Ich will die Götterdämmerung. Und deshalb haben wir auch unseren Sohn taufen lassen. Weil wir wollen, dass er glauben kann. Weil wir wollen, dass er mehr sehen kann. Weil wir wollen, dass er träumen kann. Weil wir wollen, dass er den Himmel auf Erden findet oder schafft.«[26]

Es gibt in Deutschland, auch in der Theologie, eine latente Arroganz gegenüber einfachen Geschichten, während im angelsächsischen und amerikanischen Raum selbst Spitzen-Wissenschaftler ihre Ergebnisse gerne und bewusst als gut komponierte Geschichte präsentieren. Der Dichter Siegfried Lenz hat die schlichte Geschichte gegen die Lordsiegelbewahrer der Abstraktion und Farblosigkeit verteidigt:

> »In der letzten Zeit ist die Geschichte ziemlich oft mit Schrot gespickt worden, und in einigen Kreisen gilt sie ästhetisch schon als erlegt. Ein neuer Stil der schmucklosen Verzagtheit und der unerschrockenen Registrierung hat sie auf die Abschußliste gebracht [...]. Hat aber die Geschichte dieses Ende verdient? Ist das Urteil gerechtfertigt? [...] Ich gebe zu, ich fühle mich von keinem bedroht, der mir 'Geschichten erzählt', und wenn ich selbst Geschichten erzähle, so will mir die Strafwürdigkeit nicht unmittelbar einleuchten. Denn was sind Geschichten? Man kann sagen, zierliche Nötigungen der Wirklichkeit, Farbe zu bekennen. Man kann aber auch sagen: Versuche, die Wirklichkeit da zu verstehen, wo sie nichts preisgeben möchte.«[27]

In Gottes Geschichte verwickelt werden

Die Geschichte Gottes mit seiner Schöpfung ist die eine große Geschichte, die der Welt Gottes Liebe und Sehnsucht zugänglich macht: »Gott der Herr, der Mächtige, redet und ruft der Welt zu vom Aufgang der Sonne bis zu ihrem Niedergang« (Ps 50,1). Sie will ein Echo auslösen, sucht Erzählende, Berührte, zielt auf Echos der Liebe. Erzählen ist eine der Offenbarung entsprechende Sprachform: »Kommt her, hört zu, alle die ihr Gott fürchtet; erzählen will ich was er an mir getan hat« (Ps 66,16). Offensichtlich zielen Gottes Geschichten auf Grenzen überschreitende Weitergabe: »Erzählt unter den Heiden von seiner Herrlichkeit, unter allen Völkern von seinen Wundern« (Ps 96,3 u. ö.).

---

[26] FREDERIC SCHWILDEN, Die Politik hat verlernt, das Göttliche zu sehen, WELT-online https://www.welt.de/debatte/article173731164/Ich-will-meinen-Glauben-an-die-Politik-zurueck.html (eingesehen 19.2.2018).

[27] SIEGFRIED LENZ, Gnadengesuch für die Geschichte, in: DERS., Selbstversetzung. Über Schreiben und Leben, Hamburg 2006, 85 f.

Eines unserer spätmodernen missionarischen Probleme im säkularen Europa ist: Die verfestigten Großbegriffe der Tradition wie Sünde, Rechtfertigung, Schöpfung etc. »sind zu abstrakten Begriffen geworden, die in der Regel nicht mehr verstanden werden« – sie müssen »zerbrechen« um neu zur Sprache zu kommen.[28] Sprachfähigkeit des Glaubens entsteht im Erzählen von Gottes Geschichten im Kontext unseres Lebens. Wenn Gottes Geschichte in seinen (biblischen) Geschichten gegenwärtig ist, können »die Hörer dieser Geschichten auch heute in Gottes Geschichte verstrickt werden«.[29] Gunda Schneider-Flume erklärt dies so: »Es ist die Eigentümlichkeit der Geschichte Gottes, dass sie Menschen ermöglicht, die Mehrdimensionalität des Lebens zu entdecken. Menschen können in Gottes Geschichte mit ihren eigenen Erfahrungen neue Erfahrungen machen.«[30] Es gibt Mensch und Welt nicht an sich, »sondern beide sind immer schon in Geschichten und damit auch in Gottes Geschichte verwickelt. [...] Ebenso gilt, Gott ist nicht an sich, sondern der, der mit Welt und Menschen eine Geschichte führt, in der er selbst sich ereignet.«[31]

Das bedeutet eine theologische Aufwertung von guter Kommunikation und verständlicher Sprache gegenüber einer Dominanz abstrakten Denkens. Ulrich Körtner sieht in der sprachlichen Gebundenheit des Menschen als sozialem Wesen die leibhaftige, ja inkarnatorische Erdung der Vernunft in ihrem Angewiesensein auf den Körper begründet. Denken und Kommunikation sind »niemals ohne die Vermittlung durch Medien möglich«, denn hier fungiere »der Leib als Medium und Träger von Bedeutung.«[32] Deshalb verkennt jeder abstrakte Vernunftbegriff »die Leibgebundenheit der menschlichen Vernunft«.[33]

Hartmut Rosa weist in seiner Resonanztheorie den Narrationen eine Schlüsselstelle in der Weltbeziehung zu.

> »Menschen erzeugen starke empathische Resonanz [...] vor allem mittels der Evokation und Gestaltung *narrativer* Zusammenhänge. Im *Erzählen von Geschichten* erst schaffen sie die Voraussetzungen, welche eine komplexe Perspektivenübernahme erlaubt«.[34]

---

28 Gunda Schneider-Flume, Grundkurs Dogmatik, Göttingen ^{2}2008, 25 (in Aufnahme einer Denkfigur von P. Ricœur).

29 A. a. O., 22 – unter Bezug auf Gedanken des Philosophen Wilhelm Schapp.

30 A. a. O., 14.

31 A. a. O., 23.

32 Ulrich Körtner, Dogmatik, LETh 5, Leipzig 2018, 274 f.

33 A. a. O., 276, ebenfalls unter Verweis auf W. Schapp bzw. M. Merleau-Ponty.

34 Hartmut Rosa, Resonanz. Eine Soziologie der Weltbeziehung, Berlin 2016, 266 f.

Rosa verweist darauf, dass auch fiktionale Geschichten emotionale, psychische und sensomotorische Resonanzen, das »Feuern der Spiegelneuronen«, erzeugen können. Wenn

> »soziale Gemeinschaften Resonanzgemeinschaften sind, weil sie die gleichen Resonanzräume bewohnen, so sind sie dies vor allem als *Narrationsgemeinschaften*, die über ein gemeinsames, Resonanzen erzeugendes und steuerndes Geschichtenrepertoire verfügen.«[35]

Der Sehnsucht der Postmoderne dürfen wir mit Geschichten begegnen: Geschichten von dem Gott, dem seine Menschen bedingungslos wichtig sind. Und Geschichten vom Scheitern wie vom Aufbruch derer, die nicht ohne diesen Gott leben wollen. Ein Christ erzählt, was für ihn wirklich zählt, eine Christin von ihrer Sehnsucht nach dem Himmel? Sie werden gehört. Und lasst uns mit biblischen Geschichten beginnen: »Gut erzählte biblische Geschichten sind ein Angebot, die Welt mit Gottes Augen zu sehen«.[36]

Ähnliches gilt für den Raum der Seelsorge, wo es nach Michael Herbst um eine anfängliche, ja 'anmutende' Sprache geht. »Anfänglich muss diese Sprache sein, indem sie verständliche und elementare Ausdrucksweisen des Glaubens sucht. Vorzüglich werden sich hier narrative Ausdrucksweisen anbieten, die dem anderen die Chance bieten, sich probeweise in die erzählten (biblischen) Geschichten hinein zu begeben. Geschichten können Brücken sowohl in die Glaubenswelt als auch in die selbst erlebte Wirklichkeit hinein bauen.«[37] Damit Trost vermittelt wird, »ein Raum eröffnet, in dem das tröstende Wort Resonanz erhoffen darf«, sind zwei sprachliche Grundmuster besonders wichtig: »der unkonditionierte Zuspruch« und »die knappe Erzählung vom Entgegenkommen Gottes in Jesus«.[38]

Geschichten als Platzhalter des Kommenden

Viele Kulturwissenschaftler sagen, dass sich die westlichen Kulturen mehr und mehr von »Schriftkulturen« zu »Bildkulturen« verändern. Durch die Medien Fernsehen und Computer und durchs Internet werde das Wahrnehmungsver-

---

35 A.a.O., 267.

36 MATTHIAS CLAUSEN, Porträt, in: ideaSpektrum 13/2011, 18. Sachlich ähnlich und ausführlicher in: DERS., Evangelistisch predigen im Horizont der Postmoderne, in: M. REPPENHAGEN / M. HERBST (Hg), Kirche in der Postmoderne, BEG 6, Neukirchen-Vluyn 2008, 183–200.

37 MICHAEL HERBST, beziehungsweise (s. Anm. 19), 59 (unter Verweis auf A. Grözinger).

38 A.a.O., 286f. (die Grundmuster im Original hervorgehoben).

halten von Menschen deutlich durch bildhafte Zeichen (Symbole, Piktogramme, Emojis u. ä.) geprägt. Darauf muss sich auch die Sprache der Verkündigung einstellen: Menschen erwarten Bilder. Weniges wirkt so direkt als Teaser, Öffner, Trigger oder Vertiefer wie bildhafte Sprache: Ein gutes Bild ersetzt viele erklärende Worte, eine Metapher bleibt in tieferen Schichten hängen und wirkt – länger wie weiter. Bildhafte Sprache bringt Farbe in die graue Welt der Fakten und Erkenntnisse, sie ist ein höchst wirksamer Schutz gegen die Langeweile, die die Spätmoderne kaum verzeiht.

Das NT redet häufiger in Bildern oder Metaphern, seltener in Definitionen oder Argumentationen, weil die Welt der Zeichen, Symbole, Bilder und Metaphern Menschen sehr direkt anspricht, weil sie Wirklichkeit noch anders zugänglich macht als Informationen oder Argumentationen. Gute Geschichten, elementare Symbole und starke Metaphern verknüpfen in kreativer Weise Vorhandenes, um neue Wirklichkeit zu eröffnen.[39] Gemeinde etwa wird im Neuen Testament eher erzählt, erlebt oder gewünscht als definiert und konstruiert. Christoph Gestrich sagt, dass Symbole und Metaphern »das, was ist, neu qualifizieren und neu sehen lehren. Sie haben zu tun mit sprechenden Bildern und mit bilderreichem Sprechen, womit ein neues Wirklichkeitsverständnis und letztlich eine neue Wirklichkeit inmitten der alten Platz greifen soll.« Sie sind »Platzhalter einer möglicherweise kommenden Wirklichkeit, für die es jetzt noch keine reguläre Sprache gibt«.[40]

Dem Erzählen steht sprachlich eine Fülle von Formaten, Techniken und Erfahrungen zur Verfügung:

- Beispiele oder Parabeln transferieren Erkenntnisse zur Umsetzung ins Leben.
- Metaphern leisten Übertragungen in andere Bereiche und schaffen damit Neues.
- Erfahrungen helfen, Erlebnisse zu deuten und sich anzueignen.
- Aphorismen und Zitate spitzen kreativ zu bzw. weiten die eigene Spracharmut.
- Märchen und Mythen sprechen Archetypen und transempirische Wirklichkeiten an.
- Humor und Witz helfen Sprünge, Scherben und Widersprüche in einer gefallenen Welt besser zu ertragen.
- Zeichen und Symbole kürzen komplexe Zusammenhänge zur Verständlichkeit ab.
- Poesie und Lyrik verfremden oder imaginieren, um der Sprache ihre Kraft zu erhalten.

---

[39] Ein Gedanke, den u. a. Paul Ricœur und Eberhard Jüngel stark gemacht haben.

[40] Christoph Gestrich, Christentum und Stellvertretung, Tübingen 2001, 195 und 203.

Wirksame und resonante Verkündigung findet sich meist bei großen Erzählern und Erzählerinnen. Sie sammeln und verwerten aus vielen Bereichen der Wirklichkeit, was zur Veranschaulichung dient. Wirksamkeit und Vollmacht bleiben ein Geschenk des Geistes, aber Sprachtechnik, Bildhaftigkeit und Kreativität bedeuten sowohl harte Arbeit als auch geistliche Demut. Keine Techniken ersetzen die persönliche Hingabe, den Lebenskontakt zu dem Einen, von dem erzählt werden darf. Papst Franziskus warnte in der Weihnachtsansprache an die Kurie 2014 vor der

> »Krankheit des 'geistlichen Alzheimer', der Vergessenheit der Geschichte des Heils, der persönlichen Geschichte mit dem Herrn, der 'ersten Liebe' (Apk 2,4). Dabei handelt es sich um ein fortschreitendes Absenken der geistlichen Fähigkeiten, die früher oder später zu einer schweren Handicap des Menschen führen und ihn unfähig werden lassen, autonom zu handeln, und ihn so in einem Zustand völliger Abhängigkeit von den von ihm selbst geschaffenen Selbstbildern leben lassen.«[41]

Arroganz und Selbstsicherheit lauern auch im Feld gekonnten Erzählens.

Die säkulare Analogie zu möglichem erzählerischem Eigennutz ist die marktkapitalistische Ausbeutung des story telling durch Firmen. Weil Menschen Geschichten kaum widerstehen können, werden Firma und Produkt als Geschichte modelliert, mal spannend, mal herzergreifend, mal sozial, mal abenteuerlich. Der Journalist Uwe Pütz schreibt, »viele Unternehmen haben erkannt, dass man mit interessanten Inhalten die Menschen besser erreicht als mit platten Werbebotschaften«. Er schildert den Besuch eines PR-Beraters in der Redaktion, der von dem südkoreanischen Unternehmen BlackYa erzählt.

> »Noch ein Outdoor-Ausrüster, dachte ich, und war in Gedanken schon woanders, bis der Promoter erwähnte, was es mit dem Markennamen auf sich hatte. Yak, holte er aus, stehe nicht zufällig im Namen. Der Unternehmensgründer war einst auf einer Himalaya-Exkursion und geriet am Cho Oyu in einen Schneesturm. Und jetzt raten Sie mal, welches Tier ihm dann erschien und den Weg aus dem Unwetter wies? Willkommen in der Welt des Storytelling« kommentiert Pütz.[42]

Den Firmen ist relativ egal, ob die Story überhaupt noch mit dem Produkt zu tun hat, »Hauptsache es bleibt positiv hängen«.[43] Heißt das übertragen auf die Sen-

---

41 Ansprache am 22.12.2014, zitiert nach der deutschen Übersetzung auf der Homepage von Radio Vatican. http://www.vatican.va/content/francesco/de/speeches/2014/december/documents/papa-francesco_20141222_curia-romana.html (eingesehen 13.1.2021).

42 Uwe Pütz, Erzähl mal, in: Wagen eins. Magazin der Deutschen Bahn für Geschäftsreisende, 02/2017, 17.

43 A.a.O., 18.

dung der Kirche: Hauptsache, wir erzielen Effekte, so dass irgendetwas hängen bleibt? Nein. Hauptsache bleibt: Christus und Gottes große Geschichte werden in den Mittelpunkt gestellt, so gekonnt wie möglich, so bildhaft wie nötig, einfach erzählt, weil diese Geschichte die Geschichte hinter allen Geschichten ist. Ihre Wirkung ist unverfügbar. Gottes Geschichten wollen lebendig bleiben, können wirken als eigene Lebenserfahrung, als persönliche Geschichte, in einer immer aktualen Hingabe der Erzähler an die große Geschichte Gottes – mit ihnen selber, mit ihren Zuhörerinnen und mit Gottes Welt.

Erzähl doch mal

Geschichten brauchen Raum, Zeit und Interesse. Der faszinierenden Geschichte Gottes, der anthropologischen Macht des Erzählens und dem Auftrag Jesu zum Erzählen steht in unserer Kirche nicht immer Entsprechendes gegenüber. Es fehlen an vielen Stellen die Feuerplätze der Begeisterung und Motivation, es gibt wenig Räume zum Zuhören und Erzählen, selten sind bewusste Einübung und Reflexion notwendiger Formate für Erzählungen oder Ermutigungen zum Erzählen. Während ganze Generationen und Milieus im Netz, in Theater, Literatur oder Poetry Slams Erfahrungen teilen, spannende Geschichten suchen, sich mit Games in Abenteuer stürzen, während in Filmen, Fernseh- und Internet-Serien, Büchern und Spielen immer neue Erzählungen Menschen anziehen und faszinieren, herrscht in Kirche und Gemeinden – aus Furcht vor Erfahrung oder Abwehr von allzu großer Subjektivität? – an zu vielen Stellen eher korrekte Langeweile, um nicht zu sagen gepflegte Banalität.

Dazu kommt als Dilemma der Kirche: Ihre Selbstsäkularisierung (Wolfgang Huber) und Selbstbanalisierung (Ingolf Dalferth) äußern sich auch in sprachlichem wie gedanklichem Gegenwartsverlust, sargen die Rede vom Glauben ein im Modus der Kanzel-Kultur, was häufig zur cancel culture für ehrenamtliches Erzählen führt, zum »Schweigen der Lämmer« (Michael Herbst). Wo wird denn Erlebnis als Erfahrung Gottes aufgeschlossen und gedeutet?

Menschen hungern nach Erzählungen. Was erleben sie in evangelischen Kirchen und Gemeinden? Die Phase, wo die scheinbar obsoleten, aber lebenswichtigen biblischen Inhalte durch Märchen oder indianische Weisheiten ersetzt wurden, ist glücklicherweise abgeklungen. Aber unausrottbar wirksam ist eine intellektualistische Unterströmung, die jede Art von Mythos, Erfahrung, Bericht und Beispiel gründlich diskreditiert oder austreiben will. An ihrer Stelle dominieren Argumente, Komplexität und Herrschaftswissen. Ethisierte Handlungsanweisung, öffentlich längst als Moral oder typisch protestantische Askese verschrien, ersetzt schnell »das unsterbliche Gerücht« (Robert Spaemann) von Gottes Wahrheit, verdrängt häufig den rechtfertigungstheologischen Zuspruch für Angefochtene, verhindert die heilsame Beunruhigung der allzu Selbstgewissen, zeigt sich gern als Gesellschaft der Rechthabenden statt als Gemeinschaft der begnadigten Sünder.

Ein neuer Aufbruch zu einer sich riskierenden Kirche braucht mehr – den »theologische[n] Mut, auf gesellschaftliche Trends eigensinnig zu reagieren, von der heilsamen Andersartigkeit, Weltfremdheit und Weltzugewandheit Gottes zu reden und im Raum des Diesseits Räume der Weltunterbrechung und der Einbruchsmöglichkeit einer anderen Realität zu eröffnen.«[44] Die Berufung der Kirche ist die Kommunikation des Evangeliums: »Das Evangelium verkündigen heißt Zeugnis ablegen. Das geschieht so, daß ein Bettler dem anderen erzählt, wo man etwas zu essen bekommt.«[45]

Michael Herbst sieht hier einen klassischen Topos jeder Form von christlicher Gemeinschaft und eine zentrale Aufgabe für die Kirche.

> »Sie müsste die Gemeinden genau in diesen Hinsichten stärken: dass die sancti im Verhältnis zu den sancta zunehmen. Das geschieht ja nicht von selbst. Das intensive Wachstum bedarf gezielter Pflege. In den meisten Gemeinden geschieht aber in dieser Hinsicht zu wenig. Wir brauchen nicht nur evangelistische Kurse zum Glauben, wir brauchen ebenso vertiefende Kurse, in denen Christen Wesentliches erfassen«

für Glauben und Weltverantwortung, wie z. B.: »Sie lernen, ihre Kultur und die Kulturen ihrer Mitwelt zu lesen, besser zu verstehen und vom Evangelium her zu deuten.« Oder: »Sie werden fähig, anderen Menschen ihre Geschichte mit Jesus Christus auf eine Weise zu erzählen, die verständlich ist und neugierig macht.«[46]

Damit Kirche als Erzählgemeinschaft das Andere Gottes erzählen kann, braucht es viele sich ergänzende Bausteine, wie etwa:

- Das Ein-Üben von Erzählen. Hier werden Freiräume zum Üben wichtig, ebenso ermutigende Vorbilder und die Entdeckung persönlicher Kreativität. ‘Das Schweigen der Lämmer‘ kann überwunden werden durch Ermutigung, Anleitung und Aufweis von Alltagsrelevanz.
- Die Wertschätzung von Gemeinschaft als Ort wechselseitigen Austausches. Das Gegenüber der Gemeinschaft ist beides, Auslöser wie Empfänger des Erzählens. Denn »die Kirche ist die Gemeinschaft derjenigen, die einander helfen, mit Christus und miteinander eine Gemeinschaft aufzubauen.«[47]

---

44 Ralf Frisch, Eine kurze Geschichte der Gottvergessenheit, in: ThBeitr 51 (2020), 424–439, 436.

45 So die schöne Formel des asiatischen Christen Daniel T. Niles, Brief an einen Buddhisten, München 1960, 5.

46 Michael Herbst, Aufbruch im Umbruch. Beiträge zu aktuellen Fragen der Kirchentheorie, BEG 24, Göttingen 2018, 64 f.

47 So die durchdacht reflektierte Formel von Ralph Kunz, Soziallehren für eine gemeinschaftsfähige Kirche. Theologische Relecture der soziologischen Klassiker, in: Hans-

- Freiräume für geteilte Erlebnisse und ihre Deutungen. Klassische Orte dafür sind etwa Kleingruppen, egal ob als Initiativen, Hauskreise, Aktionsgruppen etc., oder auch Erzählcafes oder -werkstätten. Sie bieten sichere Lernorte (safe places) durch Ermutigung und Unterstützung.
- Biblische Erzählungen als unerschöpfliche Deutungsmuster, -rahmen und -ermutigung. Sie verbinden die eigene Geschichte mit der Geschichte Gottes. Deshalb dürfen biblische Themen, Geschichten, Narrationen und Bilder immer wieder neu ins Gespräch gebracht werden. Unter den Bedingungen der Spätmoderne gibt es eine neue Offenheit für weitgehend unbekannt Gewordenes.

Eine stillschweigende Voraussetzung zum Erzählen, sozusagen dessen Möglichkeitsraum, bleibt das eigene Zuhören. Wer sich für andere Interessiert, findet auch Interesse für die eigene Geschichte. Nur wer zuhören kann, kann auch erzählen.

In Hamburg haben kreative Menschen einen verwaisten Kiosk an der U-Bahn-Station Emilienstraße in einen Zuhörkiosk verwandelt. »Wir hören zu« steht an der Tür. Der Initiator Christoph Busch wollte eigentlich nur Material für Drehbücher sammeln. »Aber es kamen so viele Menschen, die etwas erzählen wollten, dass ich meinen Laptop bald zu Hause gelassen habe und nur noch zuhöre.« Die Resonanz war überwältigend – die Leute fanden es toll, dass jemand für sie Zeit hatte. »Ich wollte hier nichts Gutes tun, das hat sich so ergeben. Und das ist gut so ...«. Inzwischen hören 12 Menschen regelmäßig allen zu, die hineinkommen. Gefragt, warum sie dort sitzen, sagt eine der Beteiligten: »Ich würde sagen, ich bin neugierig auf das Leben anderer und wie sie es meistern. Es ist ein großer Respekt vor gelebtem Leben. Das treibt mich an.«[48]

Offensichtlich ist: Die unsterbliche Sehnsucht nach Erzähltem und die Faszination von Erzählungen suchen sich allemal ihre Räume. Kirchen, Gemeinden, Diakonie, neue Aufbrüche – sie könnten Erzählgemeinschaften bilden, noch besser: sie könnten an den Lagerfeuern der Gesellschaft mit Gottes Erzählung präsent sein. Denn diese ist die Geschichte aller Geschichten.

Hermann Pompe / Christian Oelke (Hg.), Gemeinschaft der Glaubenden gestalten. Nähe und Distanz in neuen Sozialformen, KiA 27, Leipzig 2019, 57 u.ö.

48 »Weder Bier noch Süßes. In diesem Hamburger Kiosk gibt es nur Geschichten.« Stern online. https://www.stern.de/panorama/zuhoerkiosk-hamburg-ein-offenes-ohr-fuer-jedes-problem-9431754.html (eingesehen am 14.1.2021).

»O Taste and See That the Lord Is Good«[1]

The Church as a Restaurant in a Consumer Culture

Stefan Paas

1. From Obligation to Consumption

In several publications the British sociologist Grace Davie has described »an observable, possibly American-style change« in churchgoing in Europe, namely »a shift from a culture of obligation or duty to a culture of consumption or choice«. In short:

> »What was once simply imposed (with all the negative connotations of this word), or inherited (a rather more positive spin), becomes instead a matter of personal choice: ›I go to church (or to another religious organization) because I want to, maybe for a short period or maybe for longer, to fulfill a particular rather than a general need in my life and where I will continue my attachment so long as it provides what I want, but I have no *obligation* either to attend in the first place or to continue if I don't want to‹.«[2]

Obviously, this shift predicates on long-term developments in Western societies, like individualization and post-materialism. The first denotes that citizens are gradually distancing themselves vertically from external authorities and horizontally from traditional communities, while the second refers to the increasing emphasis on self-exploration and self-development in the West, now that most material needs have been satisfied.[3] In so far as postmodernism is a coherent concept, a postmodern ethos may be affecting this trend as well. Late modern (or postmodern) people are deeply aware of the deconstructibility of authorities (traditions, institutions, science), and they are generally suspicious of the degree to which their »selves« are influenced (or even constructed) by the external forces of

---

1 Psalm 34,8 (NRSV). Cf. 1 Peter 2,3.

2 GRACE DAVIE, Religion in Europe in the 21st Century. The Factors to Take into Account, in: European Journal of Sociology 47 (2007), 271–296, 281.

3 Cf. RONALD INGLEHART, Modernization and Postmodernization. Cultural, Economic, and Political Change in 43 Societies, Princeton 1997.

commerce and politics.[4] Together, these developments feed into an impulse towards autonomy and authenticity, even if modern people know that these goods are vulnerable and hard to get.[5]

Building on Charles Taylor's work on authenticity and the modern self,[6] Paul Heelas and Linda Woodhead have conceptualized this »subjective turn« in the religious domain as an opposition between »›life-as‹ (life lived as a dutiful wife, father, husband, strong leader, self-made man, etc.) to ›subjective life‹ (life lived in deep connection with the unique experiences of my self-in-relation«[7]. Life no longer turns around subjecting ourselves to an authoritative world of social and moral hierarchies, such as tribe, family, tradition, and the nation; it is all about taking yourself seriously, listening to your own desires and emotions (your »heart« or »self«), and to find fitting ways to express those in an authentic way without damaging others.

This massive cultural shift has great consequences for the church in Europe. Traditionally, the church represented a world of »higher order« that was more or less perceived as objective and independent of ourselves. It was the place where one received salvation through Word and Sacraments, and via the mediation of priests, bishops, and pastors. Of course, this required participation and reflection on the part of churchgoers, but their contribution was specified within the bounds of clear roles and expectations. In the end, to belong to the church meant to let yourself be shaped by this higher order, so as to be »discipled« into the body of the Church. In a late-modern culture of choice and authenticity, however, the church becomes a place where people go to satisfy their needs. Our religious lives consist of – often precarious and volatile – choices. This does not sit well with an emphasis on duty, role-fulfilment and external authority. Even more, this shift might jeopardize the entire nature of the church as a place where people are initiated into the kingdom of God, where they are introduced to a gospel that »no eye has seen, nor ear heard, nor the human heart conceived« (1. Cor 2,9). Will this shift mean that churches will only survive if they give people what they want rather than what they need?

Some might respond that this is indeed what the church should do: morph into an outlet for rituals and spirituality, more or less reflecting the general mood of society. Above all, the church should be »relevant« to the changing needs of late-modern citizens. This approach might be most attractive in nations where the

---

4 Cf. ANTHONY C. THISELTON, Interpreting God and the Postmodern Self. On Meaning, Manipulation and Promise, Edinburgh 1995.

5 Cf. RUTH H. PERRIN, Changing Shape. The Faith Lives of Millennials, London 2020.

6 Cf. CHARLES TAYLOR, Sources of the Self. The Making of the Modern Identity, Cambridge 1989.

7 PAUL HEELAS, LINDA WOODHEAD, The Spiritual Revolution. Why Religion is Giving Way to Spirituality, Oxford 2005, 3.

church still retains somewhat of the central position that it had in Christendom. Others might claim that the church should resist this cultural trend towards subjectivity, even if this means that it will be marginalized. The church should be countercultural, and in this context that means insisting that people obey the authority of religious officials, and that they subject themselves to certain role-bound expectations (especially in the sphere of the family, and in sexuality or gender issues). This approach might be more attractive in contexts where churches are marginalized anyway, such as (very) conservative denominations in Protestant nations or evangelical churches in Roman Catholic nations. Such churches often find their very profile in *not* being like other churches, and in a theology of concern about »modern« trends.[8]

But is there a middle road? Is it possible for the church to accommodate to this new culture of consumption, at least to some extent, without giving up on its claim that Jesus is Lord? In what follows I want to explore a metaphor that may be helpful for the church in Europe to respond to this cultural shift: the church as a restaurant.[9] Looking at the church as a restaurant may offer us a path between complete rejection of the late-modern shift towards consumption and complete surrender to it. After all, restaurants are places where consumption encounters tradition in interesting and surprising ways. In working out this metaphor I pay tribute to Michael Herbst, who has not just continually pressed the cause of the church's missional task in a post-Christendom society, but also used the image of a *Wirtshaus* to describe phenomena in church development.[10]

2. Restaurants and Churches

2.1. An Ecclesial Metaphor in a Culture of Consumption

In a culture increasingly characterized by consumption we need new metaphors that help us to understand what is at stake here. Especially in the cities, churches have become restaurants in the sense that people go to church out of felt needs

---

8 Cf. Philipp Bartholomä, Freikirche mit Mission, Perspektive für den freikirchlichen Gemeindeaufbau im nachchristlichen Kontext, Leipzig 2019 and Stefan Paas, Pilgrims and Priests, Christian Mission in a Post-Christian Society, London 2019, 55–68.

9 Vgl. Stefan Paas, Mission among Individual Consumers, in: Ryan K. Bolger (ed.), The Gospel After Christendom. New Voices, New Cultures, New Expressions, Grand Rapids 2012, 150–163; Stefan Paas, Missionary Ecclesiology in an Age of Individualization, in: Calvin Theological Journal 48 (2013), 91–106 and Paas, Pilgrims and Priests (s. Anm. 8), 25–26.

10 E.g. Michael Herbst, Kirche mit Mission. Beiträge zu Fragen des Gemeindeaufbaus, Neukirchen-Vluyn 2013, 46.

(but not out of obligation); they may enjoy the experience and love »their« restaurant, but this does not mean that they feel an exclusive bond; they may (and often do) bring friends, but they will not become members; they may be loyal but they do not feel bound by any obligation.

From a missiological perspective we can see this as a result of post-Christendom: when all extrinsic motivators of obligation and habit have been removed, there is freedom of choice. People only come to church if they *want* to. This includes a profound shift of the power balance between the institution and the individual. In contemporary Western (or, at least European) societies there are no consequences for those who refuse to call themselves »Christians« or even »religious«. The push-and-pull-factors of the past have crumbled away: no fines, imprisonment or worse; no social shunning; no hunger or poverty for those without a connection with the church. Basically, in post-Christendom societies all the goods of civilization (including the goods that were produced by Christianity) are fully accessible for everyone, regardless of his/her religion (or lack thereof). This presents us with a formidable missional challenge: perhaps for the very first time in European history Christianity must do mission without any power supporting it from the outside. Thinking of creative, productive metaphors may help us to find ways into the future. Comparing the church with a restaurant may point toward such a way.

While professional cooks have always been present at royal courts and in the homes of the very rich, the rise of restaurants is closely linked to the bourgeois culture of the late 1700 s and early 1800 s. Originally, the French word *restaurant* denoted a thing to eat, a restorative broth or soup. *Restaurateurs*, that is, professionals who cooked such food, advertised it as particularly wholesome and health-inducing, especially meant for those who needed a requickening of their strength. Out of this vague association of the restaurateur's room with health and reinvigoration, the first modern restaurants came into being in Paris in the early nineteenth century.[11] Even today, the restaurant is a place where people renew their friendships, close business deals, propose marriage, celebrate anniversaries, connect with different cultures, teach their children to acquire new appetites, and add sparkle to their lives.

From an ecclesiological perspective, one might be tempted to find resonances between this revitalizing dimension of the restaurant and classic definitions of the church as the »garden of Eden« where the sacrament is administered as a the »tree of life« (Irenaeus), or the association of the Eucharist with 'the medicine of immortality' (Ignatius of Antioch). However, that may be pushing it too far. In his classic study of church models, Avery Dulles reminds us that metaphors must be used with caution (to compare the church with a flock of sheep does not imply that

---

11 Cf. Rebecca Spang, The Invention of the Restaurant. Paris and Modern Gastronomic Culture, Cambridge 2020.

Christians grow wool) and that we always need a variety of different metaphors to express the abundance of meaning bound up with the church.[12] Yet, the Bible surely invites us to think about the church in metaphors (flock, body, building, household, plantation, temple, etc.),[13] and theological literature brims with post-biblical metaphors taken from today's rich institutional world (fortress, ship, harbour, bureaucracy, public utility, company, adhocracy, enterprise, etc.).[14] Good metaphors highlight dimensions we didn't see before. They help us to think creatively. Thus, comparing the church with a restaurant does not mean that the church *is* a restaurant, but it invites us to look at the church in new, unprecedented ways.

2.2. Churches and Restaurants

In a culture that is increasingly driven by consumption, restaurants and churches have much in common. On a micro-level (persons), both provide for needs that are deeply rooted in human nature. All human beings must eat, and the large majority of humans have »religious« or »spiritual« needs. Most people have developed skills to satisfy these needs. They know how to cook, they pray or meditate, they have developed a taste for the foods they like or dislike, and they have become familiar with their own spiritual inclinations. Sometimes they will go no further; all their needs are provided for in the private sphere of home, friends and family. But many people will visit a restaurant or attend a religious institution, for reasons that are surprisingly similar. Restaurants mediate between human needs and culinary traditions; they offer much more than food. Of course, good food is crucial for a restaurant, but in order to be a truly *good* restaurant it must offer an experience: a bundling of culture, service, and products.[15] Similarly, churches are not merely religious need-providers. They aspire to be much more than that, in the sense that they offer sacred spaces where people's religious needs are brought into the wider dimension of a religious tradition. So, in both places an interaction occurs between individual needs and desires on the one hand and a 'kitchen' on the other. This encounter happens through experiences and rituals structuring and limiting the freedom of consumption. For example, while one is completely free to take three desserts and no main course in a restaurant, the vast majority of people do what is expected. The same logic applies to churches. Even the most

---

12 Cf. Avery Dulles, Models of the Church (Expanded Edition), New York 2002, 14–15.

13 Cf. Johannes Reimer, Die Welt umarmen. Theologie des gesellschaftsrelevanten Gemeindeaufbaus, Marburg an der Lahn ^{2}2013, 42–61.

14 Cf. Joseph F. McCann, Church and Organization. A Sociological and Theological Enquiry, Scranton 1993.

15 Cf. Elena Shohamy et al. (eds.), Linguistic Landscape in the City, Bristol 2010, 185.

avant-garde churches offer scripted (liturgical) experiences of some sort, building on habitual patterns. Clearly, 'consumption' does not mean »chaos« or »anarchy«. It would be a mistake to think that accommodating to the rhythm of consumption implies giving up on ritual, tradition or even some sort of discipline.

On a meso-level (organizations), churches in a late modern society will increasingly have to behave like enterprises.[16] There is no stable constituency they can build on; they will have to present themselves and draw attention in what has become a »liberalized religious market«.[17] Successful late-modern churches like Hillsong do not even have members. That is, only leaders are members; the rest of those who attend are more like (often very loyal) customers.[18] This requires new skill-sets and attitudes on the part of church leaders.[19] Decades of erosion of self-evident religious authority have led to a new kind of ecclesial leadership that is characterized by coaching, guidance, and advice rather than instruction and discipline. In other words, the modern pastor is much more like a chef de or waiter at the table than like a »*dominus*«. A position like this is not without authority, but it is an authority less rooted in position and office (*Amt*) than in expertise and personal charisma. Also, especially in countries with strong traditions of establishment (like Germany, Denmark, the United Kingdom, etc.), the mainline churches and the so-called »free churches« will assume similar features. There is a strong trend toward »congregationalism« all over the West.[20] At the same time, classic free churches will face the same problems as the mainline churches, now that their traditional revivalist approach of mission has by and large lost its effectiveness.[21]

---

16 Cf. Stephen R. Warner, Work in Progress. Toward a New Paradigm for the Sociological Study of Religion in the United States, in: American Journal of Sociology 98 (1993), 1044–1093; Annemarie Foppen / Stefan Paas / Joke van Saane, Personality Traits of Church Planters in Europe, in: Journal of Empirical Theology 30 (2017), 25–40; Michael Moynagh, Church in Life. Innovation, Mission and Ecclesiology, London 2017; Annemarie Foppen / Stefan Paas / Joke van Saane, Personality Traits of Church Planters and Other Church Leaders in Europe (II), Journal of Empirical Theology 31 (2018), 288–308.

17 Cf. Stefan Paas, Church Planting in the Secular West. Learning from the European Experience, Grand Rapids 2016, 131–139.

18 Cf. Karl Inge Tangen, Ecclesial Identification beyond Late Modern Individualism? A Case Study of Life Strategies in Growing Late Modern Churches, Leiden 2012.

19 Cf. Michael Volland, The Minister as Entrepreneur. Leading and growing the Church in an Age of Rapid change, London 2015.

20 Cf. Miroslav Volf, After Our Likeness. The Church as the Image of the Trinity, Grand Rapids 1998, 11–18.

21 Cf. Bartholomä, Freikirche mit Mission (s. Anm. 8); Philipp Bartholomä / Stefan Paas, The Missional Future of Free Churches in a Secular Context. A German Case Study, in: Journal of Empirical Theology 33 (2020), 1–21.

On a macro-scale (society at large), restaurants and churches »behave« similarly in our post-Christendom, market-oriented societies. In his book *Kitchens*, Gary Alan Fine points out that restaurants have relatively low start-up costs, while they differentiate themselves in competition with other restaurants based on cultural meaning. This »creates a highly competitive market with numerous niches«.[22] At the same time, it is not true that all restaurants compete with each other on an equal basis. »A restaurant differs from others in the distances that its customers will travel to eat there«.[23] In other words, restaurants where food is offered that is not particularly distinctive (say, a pizzeria or a lunch café) will usually draw their customers from a smaller geographical area than haute cuisine restaurants or restaurants with a very specialized offer. The success of restaurants, therefore, depends on either the availability of a sufficient number of people interested in their particular offer (in the case of local restaurants with an exchangeable offer), or on their willingness to drive great distances to enjoy a specialized menu.[24] Also, the relative ease of their market entry combined with strong competition (an average inner-city street brims with restaurants) create a high turnover rate. In Amsterdam, four new restaurants opened their doors in 2015 every week, while two closed. Most likely, this latter number will have increased during the covid-19 pandemic. Altogether, restaurants have a short life-expectancy anyway, »with some claiming that 20 percent close within a year and that half close within five years«.[25]

In our late-modern societies, churches show similar features. For starters, constant new church formation (church planting, fresh expressions) has become part of the repertoire of most self-respecting denominations in the West.[26] In the Netherlands, for example, hundreds of new churches have been planted since the turn of the millennium. This new wave of church planting also changes perceptions about the life-expectations of new churches. Increasingly, it is claimed that »fruitfulness« rather than »sustainability« should be the main standard by which to assess new churches.[27] This likely reflects a missional practice in which many new churches have a considerably shorter lifespan than what we are used to with older churches. Also, the pattern of local vs. regional is recognizable in modern church-life. Most churches offer a fairly similar experience, both in terms of content (menu) and cultural experience, and they draw their worshipers from the neighbourhood. For their survival, they depend mainly on the demographics of their direct surroundings. Some churches, however, develop into regional hubs,

22 Gary Alan Fine, Kitchens. The Culture of Restaurant Work, Berkeley 1996, 7.

23 Ebd.

24 A. a. O., 8.

25 Ebd.

26 Cf. Paas, Church Planting (s. Anm. 16).

27 Cf. Moynagh, Church in Life (s. Anm. 15).

often with a more extensive offer in terms of styles of worship, variety of missions, an extremely beautiful building (cathedrals), and such. They usually succeed to draw people from much larger distances, including even international tourists and expats. Sometimes, such »haute cuisine« churches apply themselves to »franchising« and »resourcing« other churches, much like large restaurant chains are doing. Holy Trinity Brompton in London (the birth-place of the Alpha Course) would be an obvious example.

2.3. Conclusion

While every metaphor should be used with care, paying attention to its limitations, it makes sense to compare the church (in some ways) to a restaurant in our late-modern, consumption-driven societies. Both in terms of their ecology (local vs. regional) and their catering between individual needs and more or less authoritative traditions by means of ritual and experience, churches and restaurants follow similar patterns.

3. Theology and Consumption

The structural parallels between restaurants and churches in a culture of consumption open them up to criticisms that sound surprisingly similar. Often, such criticism raises deeper questions about the level of contextualization that is still responsible for the church facing the missionary challenge of the West. For example, are churches like Hillsong successful contextualizations of church in a culture of late capitalism, including much of the less palatable aspects of this culture? Or is late capitalism *as such* a culture that should be resisted by Christians? And what does this mean for younger generations who are growing up in this culture?

Such questions are extremely difficult, and it is unlikely that Christians will ever agree on the answers. Also, it is interesting to see how similar critiques have been levelled against contemporary restaurant culture. While the nineteenth-century founders of restaurant life still hoped that they would contribute to a healthy democratic citizenship, contemporary observers lament the abandonment of this dream.[28] The rise of the celebrity chef, the influence of television shows like the *Great British Bake Off* or *Hell's Kitchen*, have created a new restaurant culture where people gaze at spectacularly looking food created by far-away stars of the culinary kingdom through completely scripted media experiences, without sharing a physical space where real encounters can take place and people may be

28 Cf. SPANG, Invention (s.fn. 10).

shaped into citizens of the *polis.* Clearly, the emergence of late capitalism and its pervasive culture of consumption is ample reason for concern. On the other hand, it should be said that *every* culture has its darker sides, and that only very rarely cultures should be condemned altogether. So it might be good to give a closer look to this contested concept of 'consumption'. What do we mean by it?

Consumption is Not Necessarily Selfish

Overall, »consumption« is not a popular word among theologians. It is encountered mostly in negative contexts, like the »McDonaldization of church«.[29] An example of what I consider a typical assessment of consumption by theologians is found in a blog »Your Church Is Not a Restaurant« by Trevin Wax.[30] What Wax sees happening is »that church members migrate from one congregation to another, enjoying for a season the preaching and music here, sometimes coming back to their go-to congregation when they're in the mood for something more familiar, or heading over to a third church for a mission trip. The result is sporadic attendance at any particular congregation«. Clearly, the author fears the consequences of this »recycling of the saints«: a lack of commitment and a »consumerist mindset«.

This assessment is fairly common. Consumption is generally associated with a shallow and self-centred lifestyle, often identified as »consumerism«. Sometimes this is influenced by sociological writing, as for example the aforementioned Heelas and Woodhead, with their typology of traditional »life as« and »subjective life«, and their prediction that the latter form will become predominant in the field of religion. Criticisms of the more extreme versions of »subjective life« will easily resonate with a traditional Christian anthropology of »man« as depraved and utterly selfish, when left to him/herself. Such people will just follow their lustful desires, at the expense of duty and loyalty. The collapse of external authority and strong institutions will therefore have a disastrous effect on human behaviour. But, like I said, even in restaurants, while they are completely free to eat whatever they want, most people will not choose three deserts and no vegetables. Davie warns us to understand that choices are »not necessarily shallow or self-indulgent. More often than not they indicate firmly held convictions with public as well as private implications – they must be taken seriously«.[31] Consumption changes the reasons *why* people do things and the way in which they

---

29 Cf. John Drane, The McDonaldization of the Church. Consumer Culture and the Church's Future, Macon 2001.

30 Cf. The Gospel Coalition, Oct. 24, 2018 (https://www.thegospelcoalition.org/blogs/trevin-wax/church-not-restaurant/).

31 Davie, Religion (see Ft. 2), 281; cf. Hans Joas, Glaube als Option. Zukunftsmöglichkeiten des Christentums, Freiburg 2012, 129–148.

do things, but not necessarily the things they do. Late-modern people can go on a pilgrimage, they may attend church every Sunday, they are able to choose a very traditional Christianity, they can become fundamentalists or liberals, and they might join a monastery. They can also decide to subject their own needs to those of others, to become vegetarians, or choose a life of voluntary poverty. But people will no longer do these things because that was the habit in their families, because they are the third son of their parents (who is supposed to become a priest), or because they are afraid of being bad citizens. In one way or another all these lifestyles are carried by *choice*, often a vulnerable and contested choice that needs constant stimulation and affirmation. Consumerism is certainly a phenomenon of late-modern societies, but it is not the inevitable result of a shift from obligation to consumption, just like authoritarianism and servitude are not the inevitable results of a traditional culture. So, in order to give a fair appraisal of the current culture shift we should be careful to differentiate between consumption and consumerism. The first is simply another word for choice; the second is an economically driven lifestyle that seeks to build a personal identity by buying material goods and experiences.

Consumption is Not Necessarily Superficial

Another concern of theologians with regard to consumption is that the nature of serious religion will change if choice reigns supreme. It is somehow felt that consumption trivializes the church and everything it stands for. Similarly, to compare the church with a restaurant is not a *serious* metaphor. After all, restaurants are 'commercial'; they are all about making money.

I believe that is a misunderstanding. Restaurants are serious places: they often go from one generation to another; they invite cooks to toil »in an environment less pastoral than infernal«.[32] They are connected to professional pride, honour, tradition, passion, love, and culture. Restaurants are important for late modern cities. This is where people meet, love, make friends, and propose. Often, famous chefs and restaurants open social services, like providing breakfast or lunch for school children. Like churches, restaurants provide for deep-felt, biological and psychological needs, and they either »compete with« or »build on« the things people do in their personal/private sphere (eating, praying, loving). Modern restaurants are much more than just »food«. As I explained above, restaurants offer experiences; they embody »cultures«. Often, restaurants are »themed«, i. e. they are organized around a certain (cultural or ethnic) theme, such as Hardrock Café or Italian restaurants. Here is another interesting parallel with church, in the offer-

[32] Gary Alan Fine, Kitchens. The Culture of Restaurant Work, Updated with a New Preface, Berkeley 2008, 19.

ing of »quasified experiences«. Themed settings are engineered in order to involve visitors in a specific experience which requires the suspension of disbelief. »Late modernity, it is argued, has an unprecedented capacity for creating quasified experiences as antidotes to the tedium of its mundane everyday settings«.[33] Thus, these restaurants invite their visitors to work with them, as it were, in a quasi-ritual atmosphere, like »worship«. To participate means to cooperate, to let go of your cynicism and doubt, and to let yourself be included in the experience. The restaurant experience will not »work« if customers don't cooperate.

Consumption Does Not Necessarily Destroy Community

A final theological criticism of consumption as the driving force of our culture, is that accepting a culture of consumption will lead to damaging changes in religion itself. It will turn religion into a number of commodities, that can be stripped off traditions and subsequently used or »sold« in the interest of economics.[34] We may think here of the popularity of zen meditation, or the presence of statues of Buddha or Mary in many living rooms of good secular people. By commodifying religion in this way, it will lose its transforming power; it will be subjected to a different authority. The Lord Jesus will become the nice, spiritual servant of Lord Euro. Religious traditions, and Christianity in particular, will lose their prophetic edge and their capacity of forming countercultural communities.

This may or may not happen, but it would be mistaken to assume that consumption is the sole driving force in our societies or that it does not create new quests for community. This is clearly not true, as appears from many studies. In a study from the Netherlands, for example, two sociologists have argued that individualization does not lead to a wide diversity of choices and unique life projects, but rather to more uniformity. Apparently, people are prepared to choose in very »unique« and »authentic« ways for the same things. The title of their study, *Kiezen voor de kudde* (*Choosing the herd*) captures this observation adequately.[35]

Moreover, recent research in the so-called »spiritual scene« by Stef Aupers has shown that all these yoga-classes, horoscope courses, mindfulness, zen, and so forth use a rhetoric of individual development within a very strong social con-

---

33 Alan Beardsworth / Alan Bryman, Late Modernity and the Dynamics of Quasification. The Case of the Themed Restaurant, in: The Sociological Review 47.2 (1999), 228–257, 228.

34 Cf. John Walker, Testing Fresh Expressions. Identity and Transformation, Farnham 2014, 13–24.

35 Cf. Jan Willem Duyvendak / Menno Hurenkamp, Kiezen voor de kudde. Lichte gemeenschappen en de nieuwe meerderheid, Amsterdam 2004.

text of uniformity.[36] Individual choice is expected to *lead* somewhere, and within this implicit normative framework not every choice is considered equally valid. More or less the same has been demonstrated by Johan Roeland in his research among Dutch evangelical youth:[37] a rhetoric of individual style, personal fulfilment, and unique gifts functions in a rather authoritative horizon of expectations, thus allowing more »group think« than one would expect. I am well aware that group conformity is a far cry from authentic discipleship, but I am simply pointing out here that consumption in itself is not necessarily opposed to formative communal experiences.

Conclusion

It would be easy to list a series of examples of the extremities and trivialities associated with a culture of consumption, both within and outside the church. The same is true, by the way, of most cultures – including those we have emerged from. Here, I have simply tried to give some push-back to common and often somewhat unreflective criticisms against consumption (choice) as if this would automatically lead to egoism, triviality, and isolation. Consumption is here to stay, and I think that theologians would do good in giving it a fair assessment. Exploring the metaphor of the restaurant may help us to do so. With a view to this, I'll present three brief examples of such exploration in the next and concluding section.

4. Fields of Exploration for the Restaurant Church

In this final section I briefly sketch three possible directions in which an exploration of the restaurant metaphor might go. If the church in our culture can indeed be compared to a restaurant, what could this mean for tradition, discipleship, and leadership?

It is clear that in a culture of consumption the role of *tradition* changes. No longer is it an authoritative horizon confronting us and asking for our submission, but it becomes a storehouse of experience and wisdom helping us to find our way through life and developing ourselves into richer and better human beings. One could say that tradition develops into a »kitchen« offering »menus«, both for those who like a standard meal and for those who eat *à la carte.* Generally, this seems to

---

36 Cf. Stef Aupers, In de ban van de moderniteit. De sacralisering van het zelf en computertechnologie, Apeldoorn 2008.

37 Cf. Johan Roeland, Selfation. Dutch Evangelical Youth between Subjectivization and Subjection, Amsterdam 2009.

lead to more emphasis on the comforting and affirmative sides of tradition rather than on the threatening sides. For example, as Tanya Luhrmann has shown,[38] the topic of »hell« has all but disappeared in the theological discourse of Vineyard churches in America – and, for that matter, in most contemporary churches. »Sin« is predominantly conceived as separation from God, and the »fault« in this is us: we do not trust God's love sufficiently. The answer to my deepest needs is to really believe and accept that God loves me unconditionally, that the Bible is written as a love letter to me, and that God continually watches me as a loving Father, sending me signs and messages of encouragement all the time. This may or may not be a distortion of tradition, at least of the Evangelical tradition: the message no longer revolves around salvation vs. damnation, but it seems that everybody is 'saved' and needs 'awakening' to this gift of love. Only this will liberate us to our full human capacity. Also, Luhrmann makes it clear that the emphasis moves from the afterlife to life here and now. Salvation is not something that is only found 'at the other side of the grave' (John Wesley). This is, in fact, an almost universal dimension of contemporary theologies of salvation, even among evangelical Protestants.[39]

As for *discipleship*, different from what people may think, »restaurant-churches« (i. e., churches that operate with a discourse of consumption) are purposefully trying to »shape« people, to »change« them into Christians. Luhrmann points out how Vineyard churches introduce people to all sorts of practices and discourses that help them to experience God (an invisible being, after all), to differentiate between messages and images that »pop up« through God's working in us on the one hand and our own thoughts on the other, and to experience God as someone who loves us rather than judges us.[40] Karl Inge Tangen, in his study of Hillsong London and Pinsekirken Copenhagen, makes it clear how these churches combine a »first language« of self-development with a »second language« of self-transcendence, introducing people to the »adventure« of serving others and transforming the world in a place of God.[41] Thus, these late modern churches are able to offer people a »locus of selfing«, resources for personal growth, and (indeed) an arena for self-transcendent contributions. To quote from Hillsong liturgies: we can be »history makers« and »planet shakers«, and this seems to attract many (young) people, especially men.

---

38 Cf. Tanya M. Luhrmann, When God Talks Back. Understanding the American Evangelical Relationship with God, New York 2012.

39 E. g. Roland Hardmeier, Kirche ist Mission. Auf dem Weg zu einem ganzheitlichen Missionsverständnis, Cuxhaven 2009; Andreas Loos / Stefan Schweyer (Hg.), Alles Heil? Mit missionaler Theologie übers Heil sprechen, Gießen 2017; Cf. Wayne Morris, Salvation as Praxis. A Practical Theology of Salvation for a Multi-Faith World, Edinburgh 2014.

40 Cf. Luhrmann, When God Talks Back (s.Ft. 37).

41 Cf. Tangen, Ecclesial Identification (s.Ft. 17).

Finally, with regard to *leadership*, it has been pointed out more than once that late modern religious pastors, as a consequence of the shift in power balance, have less authority (executive power), but can be more intimate with their parishioners. Traditional relationships between church leaders and laity looked a lot like parent-child relationships: the leader as a substitute parent. This may include adoration and respect to some extent, but also deep anger and destructive behaviour when the leader fails »his/her« people. Now there is more room for a sense of being a »fellow traveller«. In a »world come of age« (Bonhoeffer), leaders may kindly refuse to function as a substitute parent and let themselves be manipulated by people's adoration or anger. In terms of restaurant, a leader may consider him/herself as a chef de cuisine. By lack of a better word, I think of the concept of (professional, cultural) *pride* as a source of boldness (*parrhesia*). You cannot force or manipulate people into anything, and you don't want to, but this does not mean that you will do everything that people want. The customer is not always king. The restaurant church requires leaders who know who they are and where they want to go. Sometimes they will draw the line, just like a French *chef* will not cook you a hamburger. They will not do this out of a position of authority, but as a fellow traveller, as someone who has his own soul to look after.

Conclusion

The metaphor of the church as a »restaurant« may indicate a middle road between complete acceptance of consumption and its total rejection. Looking at the church as (in some respects) a »restaurant« may (together with a range of other images) help us to think about such a middle road, avoiding extremes on both sides. On the one hand, the metaphor fully accepts the deep and dramatic revolution toward (individualized) choice as the main motivator behind human behaviour in Western societies. People want to feel respected; they have come of age; they do not want to be talked down to; and they want to participate in something that is bigger than themselves. On the other hand, restaurants are not simply based on the motto »the customer is always right«. Restaurants represent traditions. Restaurants try to »initiate« and »educate« their customers into flavours and dishes that they did not know or even like before. This creates a fascinating interaction or even »play« between different interests and expectations, which may lead to deep and lasting changes in people.

Die Suche nach ekklesiologischen Leitbegriffen im Bund der Evangelischen Kirchen in der DDR

Eberhard Winkler

Was ist ein Leitbegriff?

Die Theologische Studienabteilung beim Bund der Evangelischen Kirchen in der DDR (künftig = BEK) legte 1975 eine Studie zum Gebrauch des Begriffes »Diaspora« vor, in dem sie diesen als neuen Leitbegriff bezeichnete.[1] Sie nahm damit eine Formulierung der Synode der Kirchenprovinz Sachsen von 1973 auf, deren Bischof Werner Krusche den wegweisenden Vortrag über »Die Gemeinde Jesu Christi auf dem Wege in die Diaspora« gehalten hatte.[2] Krusche ging es darum, »die Diaspora-Situation, in die wir immer stärker hineinkommen, möglichst genau in den Blick zu bekommen« um daraus die notwendigen Konsequenzen zu ziehen. Der Diasporabegriff diente also der Situationsklärung und war keine Zielangabe.[3] Der Vortrag des sprachlich sehr sorgfältig arbeitenden Theologen Werner Krusche kann in mehrfacher Hinsicht als repräsentativ für das ekklesiologische Selbstverständnis im damaligen Bund der Evangelischen Kirchen in der DDR (=BEK) gelten. Schon die Formulierung des Themas ist aufschlussreich: »Die *Gemeinde* Jesu Christi« ist das primäre Thema, nicht die Kirche, obwohl im Vortrag oft von der Kirche gesprochen wird, besonders von der »Kirche für andere«. Gleich am Anfang des Vortrags bezieht Krusche sich auf die »Zielvision der ›missionarischen Gemeinde‹«. Er war intensiv an der ökumenischen Diskussion

---

1 Kirche als Lerngemeinschaft. Dokumente aus der Arbeit des Bundes der Evangelischen Kirchen in der DDR, Berlin 1981, 186–205.

2 Publiziert in: Werner Krusche, Verheißung und Verantwortung. Orientierungen auf dem Weg der Kirche, Berlin 1990, 94–113.

3 In gleicher Weise wird auch gegenwärtig vom »Leitbegriff« gesprochen. Vgl. Michael Domsgen, Konfessionslosigkeit. Annäherungen über einen Leitbegriff in Ermangelung eines besseren, in: Ders. / Dirk Evers, Herausforderung Konfessionslosigkeit. Theologie im säkularen Kontext, Leipzig 2014, 9–25.

über die Strukturen missionarischer Gemeinden beteiligt und bemühte sich, deren Ertrag in seinem Wirkungsbereich zur Geltung zu bringen.[4]

Krusche wollte der Gemeinde *auf dem Wege* in die Diaspora Orientierung geben. Es war klar, dass die Situation der Kirche sich auf dramatische Weise verändert. Als sich am 10. Juni 1969 die acht ostdeutschen Gliedkirchen der EKD zum BEK verbanden, lagen hinter ihnen zwei Jahrzehnte eines Schrumpfungsprozesses, der in der Geschichte des deutschen Protestantismus einmalig ist. 1952/53 hatte die SED massive Unterdrückungsmaßnahmen gegen die Junge Gemeinde und die Studentengemeinden gerichtet, die der kirchlichen Jugendarbeit nachhaltigen Schaden zufügten. Ab 1954 wurde unter zunehmendem staatlichen Druck die Jugendweihe eingeführt, die als Konkurrenz zur Konfirmation eine der Säulen der Volkskirche schwer beschädigte. Die Kasualpraxis, das wichtigste Kriterium für die Existenz einer Volkskirche, ging drastisch zurück. In den sechziger Jahren sank die Zahl der Taufen auf ungefähr ein Viertel der Beerdigungen. Der Cottbuser Generalsuperintendent Günter Jacob zog schon 1957 das Fazit: »die Rede von der Volkskirche ist heute nichts als ein frommer Selbstbetrug«.[5] Weniger rigoros äußerte sich 1958 mit Fritz Führ ein anderer Generalsuperintendent, der aus der konfessionellen Diaspora des Eichsfeldes nach Berlin gegangen war und dort einen neuen, durch die Säkularisierung entstandenen Typ der Diaspora diagnostizierte.[6] Beide stimmten darin überein, dass die veränderte kirchliche Situation nicht nur als Problem zu sehen ist, sondern noch mehr als Chance für eine geistliche Erneuerung der Kirche und ihren Aufbau aus mündigen, missionarisch und diakonisch lebendigen Ge-

---

4 Vgl. Werner Krusche, Das Missionarische als Strukturprinzip, in: Ders., Schritte und Markierungen. Aufsätze und Vorträge zum Weg der Kirche, Berlin 1972, 109–124 (Erstveröffentlichung 1964); Ders., Die Kirche für andere. Der Ertrag der ökumenischen Diskussion über die Frage nach Strukturen missionarischer Gemeinden, a. a. O., 133–175. Michael Herbst beschreibt und kritisiert dieses Konzept in seiner Dissertation: Missionarischer Gemeindeaufbau in der Volkskirche, Stuttgart 1987, 176–198 (von mir besprochen in ThLZ 113, 1988, 298–301). Er würdigt Krusches kritische Rezeption des Konzeptes der »Kirche für andere«.

5 Günter Jacob, Wohin führt der Weg der Kirche? In: Ders., Gericht und Gnade. Zum Weg der christlichen Gemeinden in unserem Jahrhundert, Berlin 1986, 22. Viel Beachtung fand Jacobs Aufsatz (Die Zukunft der Kirche in der Welt des Jahres 1985, in: ZdZ 21 [1967], 441–451), in dem er für 1985 eine extreme Minderheitssituation der Kirche prognostizierte und radikale Konsequenzen zog. Vgl. Detlef Pollack, Kirche in der Organisationsgesellschaft. Zum Wandel der gesellschaftlichen Lage der evangelischen Kirchen in der DDR, Stuttgart Berlin Köln 1994, 160–166, wo außer Jacob auch Johannes Hamel gewürdigt wird.

6 Vgl. Hermann-Josef Röhrig, Diaspora – Kirche in der Minderheit. Eine Untersuchung zum Wandel des Diasporaproblems in der evangelischen Theologie unter besonderer Berücksichtigung der Zeitschrift »Die evangelische Diaspora«, Leipzig 1991, 213–219.

meinden. Die Notwendigkeit eines missionarisch-diakonischen Gemeindeaufbaus, die Michael Herbst mit seinem wissenschaftlichen Lebenswerk im Blick auf den gesamten landeskirchlichen Protestantismus in Deutschland zur Geltung brachte, erwies sich in den ostdeutschen Gliedkirchen als Existenzfrage. Der missionarische Impetus, wie er bei Herbst in zahlreichen Publikationen sowie in der Gründung und Leitung des Instituts zur Erforschung von Evangelisation und Gemeindeentwicklung an der Universität Greifswald zum Ausdruck kommt,[7] ergibt sich allerdings nicht von allein aus der Minderheitssituation und wurde auch nicht von allen geteilt, die an der Gründung und Leitung des BEK beteiligt waren.

Es bestand aber das Bedürfnis nach einem Leitbegriff, der zur Orientierung hilft und zugleich der Gemeinschaft dient. Die oft kritisierte und missverstandene Formel »Kirche im Sozialismus« war kein Leitbegriff, sondern eine Ortsangabe. »Eine Zeugnis- und Dienstgemeinschaft von Kirchen in der Deutschen Demokratischen Republik wird ihren Ort genau zu bedenken haben: *In* dieser so geprägten Gesellschaft, nicht *neben* ihr, nicht *gegen* sie. Sie wird die Freiheit ihres Zeugnisses und Dienstes bewahren müssen«.[8] »Zeugnis- und Dienstgemeinschaft« ist ein anspruchsvoller Leitbegriff, den bereits die Ordnung des BEK enthält.[9] Diese Formel bezieht sich vorrangig auf die Zusammenarbeit der acht Gliedkirchen und deren gemeinsames Verhältnis zum Staat und zur Gesellschaft. Auf der Synode des Bundes im Juli 1971 in Eisenach interpretierte der mecklenburgische Landesbischof Dr. Heinrich Rathke die Formel »Zeugnis und Dienst« mit Rückgriff auf Bonhoeffers Leitmotiv »Kirche für andere«.[10] Diese ekklesiologische Kurzformel erwies sich nicht zuletzt wegen ihrer Offenheit für eine vielfältige Interpretation als besonders konsensfähig. Zugleich ist sie interpretations- und konkretionsbedürftig. Dabei können weitere Kurzformeln wie »Kirche als Lerngemeinschaft«, »mündige Gemeinde«, »Zeugnis- und Dienstgemeinschaft« helfen. Sie schließen einander nicht aus, sondern ergänzen sich

---

7 Vgl. die Bibliographie in diesem Band.

8 Kirche als Lerngemeinschaft. Dokumente aus der Arbeit des Bundes der Evangelischen Kirchen in der DDR, Berlin 1981, 172 f.

9 Ordnung des Bundes Art. 1

10 Vgl. Heinrich Rathke, Kirche für andere – Zeugnis und Dienst der Gemeinde, in: Kirche als Lerngemeinschaft (wie Anm. 8), 173–184. Ein Zeichen für die nachhaltige Wirkung dieses Vortrags ist die Festschrift für Dr. Heinrich Rathke zum 85. Geburtstag: »Kirche für andere – Kirche mit anderen«, hrsg. von Gerhard Altenburg und Karl-Matthias Siegert, Wismar 2014. Heino Falcke würdigt darin S. 39–47 diesen Vortrag: »Kirche bleibt nur darin Kirche, dass sie ganz für andere da ist«. Der Vortrag Heinrich Rathkes vor der Bundessynode von 1971 – seine Bedeutung für die Kirche damals und heute.

gegenseitig, können aber jeweils eine kybernetische Intention besonders hervorheben.[11]

Kirche für andere und mit anderen

Im Rahmen des Ökumenischen Rates der Kirchen fanden in den sechziger Jahren intensive Studien über die missionarische Struktur der Gemeinden statt, bei denen Theologen aus der DDR wie Werner Krusche und Dietrich Mendt mitarbeiteten, die im BEK bedeutenden Einfluss gewannen.[12] Michael Herbst kritisierte mit Recht die dem Konzept »Kirche für andere« zu Grunde liegende Soteriologie: »Entgegen der Orientierung des Neuen Testaments wird die Dringlichkeit, Menschen zum persönlichen Glauben zu führen und in die Gemeinde einzugliedern, pragmatisch vernachlässigt«.[13] Er weist darauf hin, dass Krusche diesen verkürzten Missionsbegriff nicht übernahm. Gleiches gilt für Rathke. In seinem erwähnten Vortrag vor der Bundessynode 1971 bezeichnet er »Kirche für andere« als einen schillernden Begriff.[14] Man könne darunter Mitmenschlichkeit oder die »gemeinsame humanistische Verantwortung« verstehen, erklärte Rathke, indem er eine von Ulbricht angebotene Formel aufnahm. Er ließ bewusst offen, wer »die anderen« sind. Primär geht es nicht um eine Differenzierung, sondern das Wörtchen »für« weist darauf hin, dass es zu einer positiven Beziehung kommen soll. Aus heutiger Sicht ist zu bedenken, dass positive Beziehungen zum Staat und zur Gesellschaft um der Menschen willen wünschenswert waren, die unter Benachteiligung wegen ihres Glaubens litten. Positive Beziehungen brauchten aber auch die Gliedkirchen des Bundes untereinander sowie die Kirchenleitungen zu den Gemeinden.

Rathke ging es darum, nicht Kirche *gegen* die anderen oder *ohne* sie, aber auch nicht *wie* die anderen zu sein. Will die Kirche für die Menschen da sein, muss sie zu ihnen gehen, und: »Nur im Hingehen zu den andern (Mission) erhält die Gemeinde sich selbst das Evangelium«.[15] Rathke wusste, wovon er sprach. Im Neubaustadtteil Rostock-Südstadt war er von Block zu Block gegangen, um die Gemeinde zu sammeln, und er erlebte schon 1965, dass für die meisten Men-

---

11 Die Leitbegriffe sind von den *notae* oder *signa ecclesiae* zu unterscheiden, mit denen empirische Merkmale der rechten Kirche gemeint sind. Vgl. Eberhard Winkler, Gemeinde zwischen Volkskirche und Diaspora, Neukirchen-Vluyn 1998, 5–9.

12 Vgl. Wolfgang Ratzmann, Missionarische Gemeinde. Ökumenische Impulse für Strukturreformen, Berlin 1980.

13 Herbst, a.a.O. (Anm. 4), 195. Vgl. a.a.O., 176–198 die Darstellung und Kritik des Konzeptes.

14 Kirche als Lerngemeinschaft (wie Anm. 8), 174.

15 A.a.O., 179.

schen wir Christen »die anderen« sind. Diesen Menschen, denen die Kirche fremd ist, schuldet sie das Evangelium durch ihr Zeugnis und ihren Dienst. So verbindet Rathke die Leitbegriffe »Kirche für andere« und »Zeugnis- und Dienstgemeinschaft«. Mission und Diakonie bedingen sich gegenseitig. In einer Schrift von 1979 führt Rathke aus, was »Kirche für andere« im Blick auf die konkrete »Gemeinde heute und morgen«[16] bedeutet. Er verankert diesen Leitbegriff theologisch in der Rechtfertigung *sola gratia* und soteriologisch im Dienst Jesu für die Menschen.[17] Bonhoeffer konkretisierte in der Extremsituation der Gestapohaft das Dasein der Kirche für andere mit einem radikalen Programm:

> »Um einen Anfang zu machen, muss sie alles Eigentum den Notleidenden schenken. Die Pfarrer müssen ausschließlich von den freiwilligen Gaben der Gemeinde leben, evtl. einen weltlichen Beruf ausüben. Sie muss an den weltlichen Aufgaben des menschlichen Gemeinschaftslebens teilnehmen, nicht herrschend, sondern helfend und dienend«.[18]

Rathke wusste, dass so einschneidende Forderungen in einer völlig anderen Situation unrealistisch sind. Er sah die Schwächen unserer Kirche, aber ihm lag daran, ihre Stärken zu entdecken und zu fördern, die er vor allem in den Gemeinden fand.

> »Mein Leben, meine Gaben und Fähigkeiten, meine Zeit und mein Geld habe ich nicht für mich allein. In der Gemeinde gehört es allen. Keiner soll zu kurz kommen, während andere reichlich haben. So sollte christliche Gemeinde auch immer Beispiel für soziales Miteinander sein.«[19]

Das biblische Motiv der Haushalterschaft wurde damit aufgenommen. Die von Gott anvertrauten Gaben sind nach Mt 25,14–30 zugleich Aufgaben, für die wir Rechenschaft schulden.[20] Der Ansatz bei den Gaben verstärkte ebenso wie das

---

16 Heinrich Rathke, Im Blickpunkt: Gemeinde heute und morgen. Theologische Informationen für Nichttheologen, Berlin 1979.

17 Vgl. a.a.O., 29: »Indem die Kirche ganz von sich absieht, macht sie Ernst mit der Rechtfertigung, mit dem *sola gratia* (allein aus Gnaden), dem zentralen Glaubenssatz lutherischer Lehre. Sie lässt Gott durch ihren Dienst für die Menschen hindurch zum Zuge kommen, indem sie als Kirche für andere den Dienst Jesu für die Menschen vergegenwärtigt«.

18 Rathke, a.a.O. 55 f. Vgl. »Christus für uns heute. Eine Bonhoeffer-Auswahl«, Berlin 1970, 359.

19 Rathke, a.a.O. 71.

20 Zum Programm der Haushalterschaft vgl. Eberhard Winkler, Gemeinde zwischen Volkskirche und Diaspora, Neukirchen-Vluyn 1998, 66–69; Erich Friedel, Handlanger

Konzept »Kirche für andere« den Fokus auf die Gemeinde und ihre mündigen Glieder. Zugleich zeigte sich, dass die Mündigkeit unter biblischen Kriterien mehr eine Zielvorstellung als eine Realität war. Ein Konzept, das unter den freikirchlichen Bedingungen in Nordamerika entstanden war, ließ sich nicht auf Gemeinden übertragen, die von der volkskirchlichen Mentalität geprägt waren. Bereits 1957 kritisierte Günter Jacob im Blick auf die finanzielle (Un-)Mündigkeit der Gemeinden:

> »Es ist in der Tat etwas nicht in Ordnung, wenn die Glieder der Kirche nicht mit ihren Gaben und Opfern die Arbeit der Kirche selbst finanzieren wollen oder können, wenn die Kirche ständig an fremden Krücken herumhinken muss und von außerkirchlichen Geldzuwendungen abhängig ist.«[21]

Jacob beschrieb die Situation zutreffend als »Übergang von der Volkskirche zur Freiwilligkeitskirche«.[22] Weder er noch jemand anders ahnte damals wohl, wie langwierig und widerspruchsvoll sich dieser Übergang gestalten sollte.

Ein Motiv im Konzept »Kirche für andere« bestand darin, kirchliche Selbstzufriedenheit und Überlegenheitsgefühle zu korrigieren, also bescheiden zu sein. Trotzdem sahen manche Theologen die Gefahr, dass die Kirche unter dieser Losung zu anspruchsvoll auftritt. Mein Rostocker Kommilitone Martin Kuske, ein leidenschaftlicher Anhänger Bonhoeffers, plädierte gemeinsam mit Jens Langer dafür, die Formel weiterzuentwickeln zu »Kirche *mit* anderen«.[23] Gemeint ist die Offenheit dafür, von den Menschen zu lernen, denen wir unseren Glauben bezeugen wollen. Dietrich Mendt folgte Kuske, indem er erklärte, wir könnten von den »anderen« lernen, »wie das Evangelium heute aussieht, wenn man es umsetzt in das tägliche Leben, das gesellschaftliche und das private«.[24] Mendt beruft sich

---

auf Gottes Bauplatz. Ein Handbuch für die Mitarbeiter der Kirche zur Gestaltung des Gemeindelebens, Berlin 1965, 227–242.

21 Jacob, a.a.O. (wie Anm.5), 25. Seit 1956 erfolgte keine Einziehung der Kirchensteuern durch die Finanzämter. De facto wurde aus der Steuer ein freiwilliger Gemeindebeitrag, wenn auch die Fiktion der Kirchensteuer blieb. Zur Verweigerung der Kirchensteuer meinte Jacob, dadurch käme es zu notwendigen Scheidungsprozessen (23) und: »Es ist nur gut, daß diesen unwürdigen und unmöglichen Zuständen durch die jetzt in Gang gebrachten Kirchenzuchtmaßnahmen ein Ende gemacht wird!« (24). »Kirche für andere« solange sie zahlen!

22 A.a.O., 26.

23 Vgl. Ralf Schlenker, »Ganz bescheiden Kirche *mit* anderen sein«. Martin Kuskes Weiterentwicklung der Bonhoeffer-Formel »Kirche für andere«, in: FS für Heinrich Rathke (wie Anm. 10), 79–90.

24 Zit. bei Schlenker, a.a.O., 88. Dort weist Schlenker auch auf entsprechende Äußerungen von Jens Langer hin.

auf Erfahrungen aus der Praxis, und es wäre interessant, Beispiele zu vernehmen, wie solche Umsetzung des Evangeliums erfolgen kann, ohne dass das im Wort vom Kreuz liegende Fremde übergangen wird. Kuske und Langer führten die Intention der »Kirche mit anderen« weiter aus, indem sie das »Weltliche Christsein« als Vision für die Kirche in der DDR in Betracht zogen.[25] Entsprechende Äußerungen stammen aus der Spätzeit der DDR, in der politisch aktive Gruppen unter dem Dach der Kirchen erhebliche Bedeutung gewannen.[26] In ihnen sammelten sich Frauen und Männer mit gesellschaftlich äußerst wichtigen Zielen. Sie setzten sich für den katastrophal vernachlässigten Umweltschutz ein, warben für Alternativen zur Militarisierung der Gesellschaft und boten denen eine Zuflucht, die aus der DDR ausreisen wollten. Manche Theologen sahen in diesen Gruppen ein neues, in die Zukunft weisendes Modell der »Kirche für andere«. Viele Mitglieder der Gruppen standen aber der Kirche distanziert gegenüber und verstanden sich nicht als Gemeinde, zumal auch die Gemeinde- und Kirchenleitungen sich unter staatlichem Druck gezwungen sahen, mäßigend auf die Gruppen einzuwirken. Mit der Wiedervereinigung Deutschlands erübrigten sich diese Gruppen. Die Hoffnung, von den Gruppen werde eine belebende, innovatorische Kraft in die Kirche ausstrahlen, erfüllte sich nicht, weil die Wirkung der Gruppen in der politischen Opposition begründet war, nicht aber in einer theologisch fundierten Position.

Die Anregung, das Motiv »Kirche für andere« durch den Zusatz »und mit anderen« zu ergänzen und zu erläutern, ergab sich aus der Schwierigkeit, zu Menschen ohne kirchliche Sozialisation von Gott zu reden. In der DDR lernten schon die Schulkinder, dass ein denkender Mensch nicht an Gott glauben kann. In der Bundesrepublik bescheinigte Ernst Lange, der am ökumenischen Programm »Kirche für andere« beteiligt war und auch bei ostdeutschen Theologen viel Beachtung fand, den meisten Menschen: »Sie scheinen das Christentum hinter sich zu haben. Das Wort der Kirche regt sie nicht auf, betrifft sie nicht, bewegt sie nicht, sie kennen das schon, Antwort ist nicht mehr nötig: von der Kanzel nichts Neues«.[27] Wer diese Menschen erreichen will, muss mit ihnen reden, denken, fühlen, leben. Das ist eine Aufgabe des Allgemeinen Priestertums. Mit Recht betonten die Autoren des Konzeptes »Kirche für andere« die Bedeutung der »Laien«, die mit Wort und Tat ihren Glauben bezeugen. Kommunikation des

---

25 Vgl. Schlenker, a.a.O., 85.

26 Vgl. Pollack, a.a.O. (wie Anm. 5) 313–318.

27 Heinrich Benckert / Ernst Lange, Der Dienst am Wort in der Gemeinde heute, Witten 1967; darin Ernst Lange, Der Pfarrer in der Gemeinde heute, 29–61; Zitat S. 50. Eine umfassende Würdigung des Lebenswerkes Langes bietet Gerhard Altenburg, Kirche – Institution im Übergang. Eine Spurensuche nach dem Kirchenverständnis Ernst Langes, Berlin 2013. Zu Langes Beteiligung am Konzept »Kirche für andere« vgl. a.a.O., 358–395.

Evangeliums geschieht in der säkularisierten Welt vor allem durch positive persönliche Begegnungen.

Vor der letzten Synode des BEK, die vom 22.–24. Februar 1991 in Berlin tagte, gab Werner Krusche einen »Rückblick auf 21 Jahre Weg- und Arbeitsgemeinschaft im Bund der Evangelischen Kirchen«[28] unter dem Leitwort »Denke daran, dass im Herrn eure Mühe nicht vergeblich ist« (1Kor 15, 59). Krusche räumt ein, dass der Bund zu sehr mit sich selbst beschäftigt war und viele Kräfte in Fragen investierte, die für die Gemeinden belanglos waren, etwa das Problem, ob der Bund schon oder noch nicht »Kirche« im theologischen Sinn war. Eine grundlegende Änderung der Organisations- und Dienststrukturen, die der Situation einer missionarischen Kirche in einer ideologischen Diaspora entspräche, blieb aus. Trotzdem zieht Krusche vorsichtig eine positive Bilanz; »Eine 'Kirche für andere' sind wir in einem bestimmten Maße vielleicht doch gewesen«.[29] Es fällt auf, wie stark der Rückblick von politisch relevanten Themen und von der Abwehr unsachlicher Vorwürfe bestimmt wird. Als »Grundwort für alles« gilt aber der Umkehrruf Jesu an den einzelnen und an das Volk Gottes.[30] Umkehr ist kein einmaliges Ereignis, obwohl Krusche die mit dem Wort »Bekehrung« gemeinte grundlegende Umkehr positiv würdigt.[31] Er verwendet immer wieder die Metaphern des Weges und der Schritte, die einen Lernprozesss erfordern.

Kirche als Lerngemeinschaft

In seinem Vortrag von 1973 erklärt Krusche, die Kirche auf dem Wege in die Diaspora müsse auf drei Lernfeldern lernbereit sein: bei der Weitergabe des Evangeliums, der Lebensgestaltung der Gemeinde und der Mitarbeit in der Gesellschaft. In der Diasporasituation hängt die Weitergabe mehr als in der Volkskirche davon ab, dass »Laien«[32] in der Lage sind, von ihrem Glauben Rechenschaft zu geben. Möglichst viele Menschen sollen »mit Jesus bekannt werden und in Kontakt mit ihm kommen, der zu einem Leben befreit, das sich lohnt und

---

[28] Unter diesem Titel herausgegeben vom Sekretariat des BEK, Berlin 1991.

[29] A. a. O., 42. Krusche freut sich, dass der Staatssekretär für Kirchenfragen Klaus Gysi das ausdrücklich bestätigt hat.

[30] A. a. O., 27. Krusche bezieht sich auf Texte der Ökumenischen Versammlung in der DDR vom 30.4.1989.

[31] Vgl. Ders., Missio – Präsenz oder Bekehrung?, in: Schritte und Markierungen (wie Anm. 4), 176–200.

[32] Die Anführungszeichen sollen die semantische Unsachgemäßheit ausdrücken. Ein angemessenes Wort wurde m. W. bisher nicht gefunden. Für sprachlich falsch halte ich das Femininum »Laiin«. »Laie« ist *masculinum tantum* wie Mensch.

das uns bleibt (Joh 10,11)«.[33] Dazu sind nach 1 Petr 1,9 alle Glieder der Gemeinde beauftragt, wenn auch in unterschiedlicher Weise und in vielfältigen Vollzugsformen. Krusche hat dann allerdings vorrangig die Pfarrer im Blick und sorgt sich als Bischof angesichts innerkirchlicher Pluralität um die Einheit des Glaubens. Zu lernen ist, wie bei differenten Auffassungen Gemeinschaft bewahrt werden kann.

Das zweite Lernfeld betrifft die Lebensgestaltung der Gemeinde. Bei diesem weiten Problemfeld konzentriert Krusche sich auf das Verhältnis von Kirchenkreis und Gemeinde. Der Kirchenkreis soll die Planungs-, Arbeits- und Wirtschaftseinheit in der Kirchenprovinz werden. Auf den verschiedenen Arbeitsebenen der Ortsgemeinde, der Region und des Kirchenkreises stehen unterschiedliche Aufgaben an. »Der für die kirchliche Arbeit *unaufgebbare persönliche Kontakt* wird am ehesten auf der *Ortsebene* zu halten sein, besonders zu den stark ortsgebundenen Gemeindegliedern, den Alten und den Kindern«.[34] Gemeinde bilden aber auch die vereinzelt in vielen Ortschaften wohnenden Christen, die über viele Kilometer zu Gottesdiensten und Gemeindeversammlungen kommen. Hier denkt Krusche an die klassische Diasporasituation. In unserer aus der Volkskirche hervorgegangenen Minderheitskirche muss diese Lebensform erst eingeübt werden. Weithin leben die Gemeindeglieder vereinzelt in den Dörfern und fühlen sich weder einer Region noch einer größeren Organisationseinheit verbunden.[35] Die Region ist bei Krusche der Raum für übergemeindliche Gruppen wie Gemeindeseminare, Jugendgruppen, Ältestenrüsten u. dgl., nicht aber eine vergrößerte Parochie. Infolge des starken Mitgliederschwundes und der dadurch bedingten Reduzierung von Pfarrstellen entstanden jedoch Parochien von etwa dem räumlichen Umfang, der Krusche für die Region vorschwebte.

Die Herbstsynode des BEK 1974 widmete sich dem Thema »Kirche und Lernen«. Horst Kasner, der Vater von Angela Merkel, damals Studienleiter am Pastoralkolleg in Templin, referierte über »Kirche als Gemeinschaft von Lernenden«.[36] Der Themenausschuss der Synode hatte ihm zwei Fragen gestellt: »Wie sollen wir die Erfahrungen und Erkenntnisse des Glaubens und die Einsichten der vielfältigen Wissenschaften vom Menschen (vor allem der Pädagogik, Psychologie und Soziologie) fruchtbar aufeinander beziehen? Wie gewinnen die Ergebnisse unseres Lernens Einfluss auf kirchliche Ordnungen und Einrichtungen, die effektive Gruppenbeziehungen noch hemmen?« Kasner ging davon aus, »dass das gemeinsame Merkmal aller Lernvorgänge die *Änderung von Ver-*

---

[33] Krusche in: Verheißung und Verantwortung (wie Anm. 2), 101.

[34] A. a. O., 108.

[35] Schon 1987 habe ich darauf hingewiesen: Die neue ländliche Diaspora als Frage an die Praktische Theologie, ThLZ 112, 161–170.

[36] In: Kirche als Lerngemeinschaft (wie Anm. 1) 99–113.

halten ist«.[37] In der Kirche laufen wir Gefahr, mit anspruchsvollen theologischen Aussagen die Realität zu verschleiern und so die notwendigen Änderungen zu unterlaufen. Mit Worten von Manfred Josuttis kritisiert er die »Diskrepanz zwischen der Richtigkeit dogmatischer Sätze und ihrer gesellschaftlichen Sinnlosigkeit«.[38] Mit dem Beispiel des Gottesdienstes beklagt er, wie wenig es gelingt, das Lernen als befreiende Horizonterweiterung erfahrbar zu machen. Positiv verweist er auf lernpsychologische Erkenntnisse, nicht zuletzt die Bedeutung überschaubarer Gruppen für effektives Lernen. Kasner schließt mit dem mutigen Satz: »Gott erkennen lernen, ist der letzte Sinn alles menschlichen Lernens«.[39]

Der Leitbegriff »Lerngemeinschaft« stieß auf das Bedenken, die Kirche werde verschult, und die klerikale Dominanz werde verstärkt, wenn die Theologen als Schulungsleiter auftreten. Bis heute gibt es den Vorwurf, der Protestantismus sei »verkopft«, das Gefühl komme zu kurz. Die weltweite Ausbreitung der Pfingstkirchen scheint diese Kritik zu bestätigen. Im Kontext der DDR bedeutete »Kirche als Gemeinschaft von Lernenden«, dass glaubende Menschen mit verschiedenen Berufen, Ausbildungen und unterschiedlichen Beziehungen zur Kirche gemeinsam lernen, was es in ihrer Situation bedeutet, Christ zu sein, und wie sie darüber »mit anderen« reden können. In der Situation der pluralistischen säkularisierten Gesellschaft ist solches gemeinsames Lernen nicht weniger wichtig. Kasners tiefgründiger Schlusssatz verweist auf die Grundlage und das Ziel allen Lernens in der Kirche und im Leben jedes einzelnen glaubenden Menschen.

Werner Krusche fragte in seinem Rückblick 1991 (vgl. Anm. 27), was wir in der »Kirche als Lerngemeinschaft« gelernt zu haben meinen. In seiner Antwort drückte er zugleich aus, was bewahrt werden sollte.

> »1. Wir haben gelernt, dass der Kirche die Distanz zur Macht guttut [...] 2. Wir haben gelernt, dass es einer Kirche guttut, wenn sie in ihrem Lebenszuschnitt in der Nähe der einfachen Menschen bleibt [...] 3. Gott hat uns beigebracht, dass es zum Leben eines Christen gehört, sich als einen solchen zu erkennen zu geben und sich sein Christsein etwas kosten zu lassen [...] 4. Es ist bei uns das Bewusstsein gewachsen, dass es ein Christenleben ohne die Gemeinschaft in der Kirche nicht gibt und dass darum zu ihm auch die Verpflichtung gehört, die dafür nötigen Geldmittel aufzubringen«.[40]

Hier ist einzuwenden, dass dieses Bewusstsein trotz des Mitgliederverlustes keineswegs in der notwendigen Weise gewachsen ist. Krusche wusste, dass der BEK und seine Gliedkirchen dank der starken Unterstützung durch die EKD über

37 A.a.O., 101.
38 A.a.O., 103.
39 A.a.O., 113.
40 A.a.O. (wie Anm. 27), 40f.

ihre Verhältnisse gelebt und notwendige Reformen versäumt haben. Wir haben es nicht gelernt, »auf dem Wege in die Diaspora« die nötigen Schritte von der Versorgungs- zur Beteiligungskirche zu gehen. Wir haben es nicht geschafft, dem reformatorischen kybernetischen Grundsatz, dass die Kirche sich aus den Gemeinden aufbaut, organisatorisch und kirchenrechtlich Geltung zu verschaffen. Es entstand kein alternatives Kirchenmodell, das 1991 in die EKD hätte eingebracht werden können.

Die Zeugnis- und Dienstgemeinschaft

Laut Art. 1,2 seiner Grundordnung verstand der BEK sich als einen Zusammenschluss von bekenntnisbestimmten und rechtlich selbständigen Gliedkirchen, die »in der Einheit und Gemeinsamkeit des christlichen Zeugnisses und Dienstes gemäß dem Auftrag des Herrn Jesus Christus zusammenzuwachsen« streben. Man kann fragen, ob und inwiefern historisch gewachsene Landeskirchen und deren Verbindung etwas mit dem Auftrag des Herrn Jesus Christus zu tun haben. Die Bildung des BEK war in der gegebenen Situation pragmatisch notwendig und theologisch begründbar. Die Einheit und Gemeinsamkeit des christlichen Zeugnisses und Dienstes sollte gegen die SED-Kirchenpolitik des *divide et impera* gewahrt werden. Dabei waren primär die acht Landeskirchen im Blick. Das Selbstverständnis als Zeugnis- und Dienstgemeinschaft galt aber für alle Bereiche des kirchlichen Lebens. Dieses Selbstverständnis verband die Autoren des dreibändigen Handbuchs der Praktischen Theologie, das unter schwierigen, durch die staatliche Zensur verursachten Umständen von 1974–1978 bei der Evangelischen Verlagsanstalt Berlin erschien.[41] Im Vorwort zu Bd. 1 (1975) betonen die Mitarbeiter die große Bedeutung der Bildung des BEK 1969 »im Hinblick auf das Selbstverständnis unserer evangelischen Kirche als Zeugnis- und Dienstgemeinschaft in einer sozialistischen Gesellschaft«. Die Autoren identifizieren sich mit »unserer evangelischen Kirche«, nicht aber mit der sozialistischen Gesellschaft. Sie ist der Raum, in dem die Zeugnis- und Dienstgemeinschaft sich bewähren muss, nicht mehr und nicht weniger. Die zwölf Verfasser, von denen acht an Universitäten und vier in der Kirche angestellt waren, stimmten in der Entfaltung des Leitbegriffs »Zeugnis- und Dienstgemeinschaft« weitgehend überein. Er entsprach der Trias *martyria* oder *kerygma, diakonia* und *koinonia,* die auch durch *leiturgia* ergänzt wurde. Diese Formeln wurden aus der Ökumene übernommen und hatten eine ähnliche Funktion wie die klassischen

[41] Vgl. Hans-Hinrich Jenssen, Kontext und Einheit im Entstehungsprozess des Berliner Handbuches für Praktische Theologie. Ein Beitrag zur Vergangenheitsrekonstruktion, in: Jürgen Henkys / Birgit Weyel (Hg.), Einheit und Kontext, FS für Peter C. Bloth zum 65. Geburtstag, Würzburg 1996, 187–212.

notae ecclesiae. Wichtig ist aber auch die Zusammengehörigkeit dieser verschiedenen Lebensformen auf allen Ebenen der kirchlichen Praxis. Dabei kommt der Gemeinde Priorität zu. Wie wird die Gemeinde zeugnis- und dienstfähig(er)?

Als die Formel »Zeugnis- und Dienstgemeinschaft« geprägt wurde, galt sie zunächst dem Zusammenhalt und der Kooperation der Landeskirchen und ihrer Leitungsorgane. Es waren aber immer auch die anderen Ebenen des kirchlichen Lebens im Blick. Im Berliner Handbuch der Praktischen Theologie liegt das Interesse in starkem Maß bei Koinonia und Diakonia. Die Bedeutung der Diakonie kommt in einem eigenen Kapitel zur Geltung.[42] Diakonie ist eine Gestalt des Glaubenszeugnisses, und die rettende Liebe wird, wie Wichern sagte, für die Kirche »das große Werkzeug, womit sie die Tatsache des Glaubens erweiset«.[43] Das Zeugnis des Wortes und der Tat erwächst nach Wichern aus dem Priestertum aller Gläubigen. In der Praktischen Theologie wird oft unter Berufung auf Luther vom Priestertum aller Getauften gesprochen. Daran ist richtig, dass alle in der Taufe die »Weihe« zum allgemeinen Priestertum empfangen.[44] Sie tritt aber nur in Kraft, wenn die Getauften ihre Berufung zum Priestertum im Glauben bejahen und praktizieren. Alle sind Priesterinnen oder Priester, wenn sie einander vor Gott verantwortlich und beauftragt wissen, die Menschen zu Gott zu führen.[45] Der biblische Gedanke vom allgemeinen Priestertum wird im Protestantismus oft im subjektivistischen Sinn missverstanden: Ich bin mein eigener Papst und brauche die Kirche nicht. Zeugnis- und Dienstgemeinschaft heißt, dass die Kirche mich braucht als Glied der *communio sanctorum,* die von ihrem Herrn in die Welt gesandt ist. Dahinter steht das biblische Bild vom Leib Christi, dessen Glieder unter der Leitung ihres Hauptes Christus einander dienen und voneinander abhängig sind.

Im Rückblick stellt sich die Frage, ob und inwieweit die Gemeinschaft in Zeugnis und Dienst während der zwei Jahrzehnte des BEK gewachsen ist. Der Druck von außen stärkte die Koinonia. Generell stärkte die Mangelwirtschaft der DDR die Solidarität ihrer Menschen, und die Kirche profitierte davon. Die Wohnungstüren standen für Besuche offener als heute. Der soziale Abstand zwischen Pfarrern und Gemeinden wurde so gering wie nie vorher in der deutschen Kirchengeschichte. Trotzdem und trotz der Schrumpfung erfolgte keine Transformation der Gemeinden in Dienstgemeinschaften. Diakonie geschah dank der Unterstützung durch die EKD auf hohem Niveau in Krankenhäusern und Heimen, gewann aber trotz starker Bemühungen der Leitungspersonen nur

42 Heinz Wagner, Die Diakonie, in: Bd. 3, 1978, 263–318.

43 Wichern auf dem Wittenberger Kirchentag 1848, in: Sämtliche Werke, hrsg. von Peter Meinhold, Bd. 1, Berlin/Hamburg 1963, 165.

44 Vgl. Eberhard Winkler, Freiheit und Verantwortung. Warum Luther aktuell ist, Leipzig 2013, 164–170.

45 Vgl. WA 41, 154, 20–22.

schwache Verbindungen zu den Gemeinden. Mit dem Rückzug der Diakonissen verkümmerte die Gemeindediakonie. Wo Programme des Gemeindeaufbaus praktiziert wurden, führte es zur Belebung von Martyria, Diakonia und Koinonia. Missionarischer Gemeindeaufbau ist in einer Minderheitskirche nicht weniger möglich, aber noch dringender notwendig als in einer Kirche, der die Mehrheit der Bevölkerung angehört. Michael Herbst und seinen Mitarbeitern ist dafür zu danken, dass sie die damit gegebenen Chancen und Probleme wissenschaftlich bearbeiten.

Von den Leitbegriffen des BEK zu den Leitsätzen der EKD

Im BEK gewannen die bisher erläuterten Leitbegriffe ihre Bedeutung durch die Einsicht, dass die evangelischen Landeskirchen sich im Umbruch befinden[46] und ihr Selbstverständnis angesichts der veränderten Situation reflektieren und formulieren müssen. Die Evangelische Landeskirche Anhalts zählte im April 1954 rund 400.000 Mitglieder. 1985 war die Zahl auf 140.000 gesunken.[47] Der Schrumpfungsprozess muss theologisch und seelsorglich verarbeitet werden, und er erfordert organisatorische Konsequenzen. Dabei stellt sich die Frage, ob die genannten Leitbegriffe diesen Erfordernissen dienen können. Eine »Kirche für andere und mit anderen« ermahnt sich selber, aus der Selbstbezogenheit immer neu zu den Menschen und mit ihnen zu gehen, denen die »missio Dei« gilt. »Kirche als Lerngemeinschaft« öffnet sich dafür, zu lernen, wohin Gott sie in der veränderten Situation führen will. Beide Leitbegriffe helfen, dass »Kirche als Zeugnis- und Dienstgemeinschaft« offen bleibt für »die anderen«, die sich (noch) nicht als Glieder am Leib Christi verstehen.

»Zeugnis- und Dienstgemeinschaft« ist der am deutlichsten biblisch fundierte Leitbegriff. Er umfasst Martyria, Diakonia und Koinonia. Zugleich hilft dieser Begriff am besten dazu, notwendige Handlungsimpulse zu geben. Dazu bedarf es allerdings weiterer biblisch begründeter Motive. Erinnert sei an die Charismen,[48] die Haushalterschaft, das Allgemeine Priestertum. Das pneumatologische Defizit,

---

46 Vgl. Gottfried Kretzschmar, Volkskirche im Umbruch, Berlin 1967.

47 Nach Matthias Richter, Eberhard Natho. Anhaltischer Pfarrer und Kirchenpräsident, Dessau-Rosslau 2020, 287. Detlef Pollack (wie Anm. 5) verzeichnet für Anhalt 1954 sogar 422.765 Mitglieder. Um 1970 sagte mir OKR Dr. Hans Kars, er rechne mit ca. 250.000 Mitgliedern. Eine genaue Statistik war erst nach der Wiedervereinigung möglich. 2019 ergab sie 30.918 Mitglieder, Tendenz fallend.

48 Vgl. Dirk Kellner, Charisma als Grundbegriff der Praktischen Theologie. Die Bedeutung der Charismenlehre für die Pastoraltheologie und die Lehre vom Gemeindeaufbau, Zürich 2011.

auf das einst Rudolf Bohren hingewiesen hat,[49] nimmt der Kirchentheorie die eschatologische Perspektive. Die Praktische Theologie befindet sich in der Schwierigkeit, dass sie realistische Handlungsmöglichkeiten aufzeigen muss, ohne die dafür notwendigen geistlichen Voraussetzungen operationalisieren zu können. Michael Herbst plädiert für die Integration von Spiritualität, Gemeindeaufbau und Management.[50] Der Heilige Geist lässt sich nicht managen, aber das Management kann ihm dienen. Ein gutes Management hilft, die von Gott gegebenen Möglichkeiten und Ressourcen zu erkennen und sinnvoll zu nutzen.

»Gemeinschaft« lässt eher »Gemeinde« als »Kirche« assoziieren. Innerhalb der Landeskirchen bilden die Landeskirchlichen Gemeinschaften einen Gemeindetyp, deren Mitglieder Zeugnis- und Dienstgemeinschaft praktizieren. Biblische Motive und Kriterien bestimmen das Leben der Gemeinden und ihrer Mitglieder, deren Frömmigkeit vom Neupietismus geprägt ist. Spiritualität wird hier in einer Verbindlichkeit gelebt, die der volkskirchlichen Mentalität zumeist fehlt. Es stellt sich permanent die schwierige Aufgabe, als Zeugnis- und Dienstgemeinschaft offen zu bleiben für »die anderen«, die ihre Zugehörigkeit in weniger regelmäßiger Form ausdrücken. In der freiheitlich-pluralistischen Gesellschaft ist der Glauben für das Individuum nicht mehr im Rahmen einer kulturgestützten, sondern einer personengestützten Christlichkeit plausibel.[51] Die einzelne Person braucht die Gemeinde, und die Gemeinde lebt vom Engagement der verschiedenen Einzelnen, die in aller Unterschiedlichkeit Gemeinschaft erfahren können.

Dass »Gemeinde« nicht nur als Parochie existiert, bedarf eigentlich schon lange keiner Erklärung mehr. Die am 3. Juni 2020 veröffentlichten »Elf Leitsätze« der EKD entfachten jedoch eine erneute heftige Diskussion um das Verhältnis von Parochie, Gemeinde und Kirche.[52] Ein »Z(ukunfts)-Team« aus zwölf prominenten Persönlichkeiten der EKD, darunter sechs im Bischofsamt, stellte »Elf Leitsätze für eine aufgeschlossene Kirche« unter die Motive »Kirche auf gutem Grund« und

---

49 Für die Homiletik vgl. RUDOLF BOHREN, Predigtlehre, München 1971, 65–88.

50 Vgl. MICHAEL HERBST, Spiritualität, Gemeindeaufbau und Marketing. Worum geht es im Spirituellen Gemeindemanagement?, in: DERS. (Hg.), Spirituelle Aufbrüche, FS für Manfred Seitz, Göttingen 2003, 178–198.

51 Vgl. JOHANNES ZIMMERMANN, Gemeinde zwischen Sozialität und Individualität. Herausforderungen für den Gemeindeaufbau im gesellschaftlichen Wandel, Neukirchen-Vluyn 2006, besonders § 7.

52 Jüngst publizierte die EKD eine überarbeitete und um einen zwölften Satz ergänzte Fassung. Dazu vgl. THIES GUNDLACH, Reform der evangelischen Kirche, in: www.zeitzeichen.netnode/8761. Zur Kritik an den Elf Leitsätzen vgl. ISOLDE KARLE / MAREN LEHMANN, Dem Evangelium vertrauen. Wider den Krisenaktionismus der »Elf Leitsätze« und ihre Abwertung der Ortsgemeinde, in: zeitzeichen 21, 2020/9, 18–20. Links zum Text und zu drei kritischen Kommentaren, a.a.O., 19.

»Hinaus ins Weite« (2Sam 22,20). Die Überschrift erinnert an 1Kor 3,11 und Eph 2,20, aber die biblische Begründung und Orientierung fällt sehr dürftig aus. Zum Allgemeinen Priestertum wird nur gesagt: »Die evangelische Kirche lebt von Anregungen durch das Priestertum aller Getauften«. Dabei bleibt unbeachtet, dass nicht das bloße Faktum der Taufe dieses Priestertum in Kraft setzt, sondern die im Glauben angenommene Gabe der Taufe, die zugleich als Aufgabe verstanden wird. Die in der Taufe zum Priestertum berufenen Glaubenden geben nicht nur Anregungen für Kirchenleitungen, sondern sie bilden eine Voraussetzung dafür, dass überhaupt Kirche geleitet werden kann. Sie verkündigen die Wohltaten dessen, der sie aus der Finsternis des Unglaubens in sein wunderbares Licht gerufen hat (1Petr 2,9). Priesterinnen und Priester wissen sich füreinander vor Gott verantwortlich. Die Leitsätze vernachlässigen die in den Gemeinden vorhandenen Gaben und Ressourcen.

Die Heftigkeit der an den Leitsätzen geübten Kritik zeigt die Befürchtung, dass sie sich als kontraproduktiv erweisen, indem sie vorhandene Strukturen zerstören, statt »hinaus ins Weite« neuer Lebensformen der Kirche zu führen. Der frühere Direktor des Sozialwissenschaftlichen Instituts der EKD Gerhard Wegner sieht in den Leitsätzen eine »Verachtung der Gemeinden«,[53] die auf die Zerschlagung der parochialen Strukturen abzielt. Der Bochumer Systematiker Günter Thomas meint, die Leitsätze wollten das Modell der Gemeindekirche selbstzerstörerisch durch das der NGO-Bewegung ersetzen: »Das Leitmodell ist Greenpeace«.[54] Dabei werde übersehen, dass die NGO vom Geld der Anstaltskirche lebt. Die Hauptfrage, woher die Christenmenschen kommen, bleibe unbeachtet. Die Krise der Volkskirche beruhe auf der Verachtung der »Voll-Laien«. Der Herborner Kybernetiker Peter Scherle stellt die rhetorische Frage, ob die Leitsätze »Ins Weite oder ins Leere« führen und urteilt, das Zukunftsteam der EKD verweigere die Verantwortung für die kirchliche Gegenwart.[55]

Isolde Karle und Maren Lehmann finden ein entscheidendes Problem der Thesen in der ungeklärten Kirchenmitgliedschaft. Sie kritisieren, es genüge nicht mehr, Mitglied zu sein, sondern es werde Engagement erwartet, sei es im Ehrenamt oder wenigstens in Form einer Zahlung. Hier geht die Kritik zu weit. Zur Mitgliedschaft gehört, dass die Mitglieder sich im Rahmen ihrer Möglichkeiten an den gemeinsamen Lasten beteiligen. Zuzustimmen ist den genannten Autorinnen darin, dass sie einen Aktionismus kritisieren, der um der Dynamik und

---

53 Vgl. Gerhard Wegner, Attacke auf die Ortsgemeinden, www.zeitzeichen.net/node/8472. I. Karle / M. Lehmann kritisieren eine »Abwertung von Pfarrerschaft und Gemeinden«, die den Ergebnissen der von der EKD selbst finanzierten Kirchenmitgliedschaftsuntersuchungen widerspricht (wie Anm. 52, 19).

54 Vgl. Günter Thomas, Gebrauchsanleitung für das Endspiel? www.zeitzeichen.net/node/8455.

55 Vgl. www. Zeitzeichen.net/node/8477.

Bewegung willen die Verlässlichkeit und Stabilität verliert. Angebracht ist auch die Warnung vor Zentralismus, der die Gemeinden entmündigt. Notwendig ist das Gegenteil, nämlich der Aufbau der Kirche von den Gemeinden her. Dazu ist ein Umbau erforderlich, der den Gemeinden mehr Selbstständigkeit bringt und mehr Eigenverantwortung zumutet. Das bedeutet eine Umverteilung des Finanzsystems. Vielleicht fällt manche Kritik an den Leitsätzen so hart aus, weil es um viel Geld geht. Immerhin sehen die Leitsätze vor, 15 % der Verwaltungskosten mit Hilfe der Digitalisierung einzusparen. 10 % der Haushalte soll für innovative Projekte zur Verfügung stehen. Das ist eine hohe dreistellige Millionensumme. Ob wirklich so viel Geld für Experimente erübrigt werden kann, ist zu bezweifeln. Mit seinem 10 %-Vorschlag weist das Zukunftsteam darauf hin, dass die notwendigen Änderungen Geld kosten. Worin die Änderungen aber bestehen sollen, bleibt unklar.

Die unterschiedlichen, oft gegensätzlichen Erwartungen von liberalen, evangelikalen und charismatischen Christenmenschen lassen sich nicht mit einigen Leitsätzen zu einer Reformstrategie verbinden. Noch weniger können knappe Leitbegriffe das leisten. Ihre Formulierung kann aber die Diskussion darüber anregen, wo wir stehen und wohin wir gehen wollen. Die Corona-Pandemie stellt viele Menschen vor die Frage, was im Leben Vorrang hat. Leitbegriffe und Leitsätze bilden Versuche zu klären, was für die Kirche und ihre Mitglieder wichtig ist. Wenn diese Versuche kontrovers diskutiert werden, ohne dass sich Fronten verhärten, ist das ein Zeichen geistlichen Lebens.

»Jede/r hörte sie in seiner Sprache reden« (Apg 2,6b)

Verheißungen für eine milieusensible, lebensweltorientierte Kirche[1]

Heinzpeter Hempelmann

Der Gesichtspunkt der Milieusensibilität spielt für die katholische Schwesterkirche eine inzwischen etablierte,[2] für die evangelischen Kirchen aber eine noch

---

1 Die folgenden Skizzen knüpfen einerseits an Überlegungen an, die ich während meiner Zeit im württembergischen Projekt »Wachsende Kirche« und auf Bitten der Württembergischen Landeskirche im Sommersemester 2012 an der Evang.-theol. Fakultät Greifswald in einem gemeinsam mit Michael Herbst veranstalteten Seminar über die Bedeutung der Milieuforschung für die Kirche eingebracht habe; andererseits versuchen sie über die im Literaturverzeichnis dokumentierten Reflexionen hinaus konkret für verschiedene Felder aufzuzeigen, was kirchliche Milieuforschung dazu beitragen kann, dass evangelische Kirche Zukunft gewinnen kann. Sie schließen an meinen Beitrag »Warum die Kirche keine Zukunft hat. 11 Provokationen«, in: thbeitr 51 (2020), 440–456, an und sind dort bereits angekündigt.

2 Vgl. *MDG:* Religiöse und kirchliche Orientierungen in den Sinus-Milieus. Forschungsergebnisse von Sinus Sociovision für die Publizistische Kommission der Deutschen Bischofskonferenz und die Koordinierungsstelle Medien. Eine qualitative Studie im Auftrag der Medien-Dienstleistung GmbH, München 2005 [Religiöse Orientierungen]; *MDG*-Trendmonitor »Religiöse Kommunikation«. Kommentarband 1: Erkenntnisse zur Situation von Kirche und Glaube sowie zur Nutzung medialer und personaler Informations- und Kommunikationsangebote der Kirche im Überblick. Ergebnisse repräsentativer Befragungen unter Katholiken, Berlin / Heidelberg 2010; *MDG*-Trendmonitor »Religiöse Kommunikation«. Kommentarband II: Einzeldarstellungen der Mediengattungen. Ergebnisse repräsentativer Befragungen unter Katholiken sowie der Gesamtbevölkerung, Berlin / Heidelberg 2010; Marc Calmbach / Bodo Flaig / Heide Möller-Slawinski, Kirchenmitglied bleiben? Ergebnisse einer repräsentativen Befragung des Sinus-Instituts unter Deutschlands Katholiken, hg. von der MDG Medien-Dienstleistung Gesellschaft, Heidelberg / München 2018, sowie die diversen Jugendstudien von SINUS: Carsten Wippermann / Marc Calmbach, Wie ticken Jugendliche? Hrsg. vom Bund der deutschen katholischen Jugend & Misereor, Düsseldorf 2008; Marc Calmbach / Peter Martin Thomas / Inga Borchard / Bodo Flaig, Wie ticken Jugendliche? Lebenswelten von Jugendlichen im Alter von 14–17 Jahren in Deutschland. Sinus-Jugendstudie im

untergeordnete, in seiner Bedeutung zu wenig beachtete Rolle.[3] Die Milieuperspektive ist allerdings kein Universalhebel für die Kirchenreform;[4] kirchliche

---

Auftrag der Bischöflichen Medienstiftung der Diöse Rottenburg-Stuttgart, dem Bund der Deutschen Katholischen Jugend, der Bundeszentrale für politische Bildung, der Deutschen Kinder- und Jugendstiftung, Misereor und dem Südwestrundfunk, Düsseldorf 2012; Marc Calmbach / Silke Borgstedt / Inga Borchard / Peter Martin Thomas / Berthold Bodo Flaig, Wie ticken Jugendliche? Lebenswelten von Jugendlichen im Alter von 14 bis 17 Jahren in Deutschland, Berlin / Heidelberg 2016; Marc Calmbach / Bodo Flaig / James Edwards / Heide Möller-Slawinski / Inga Borchard / Christoph Schleer, Wie ticken Jugendliche? 2020. Lebenswelten von Jugendlichen im Alter von 14 bis 17 Jahren in Deutschland, Bonn 2020; zur Auswertung vgl. Ders., Anschlüsse gesucht. Ergebnisse einer neuen Milieu-Studie zu den Katholiken in Deutschland, in: herder korrespondenz 60 (2006), 173–177; Ders., Hinaus in alle Milieus? Zentrale Ergebnisse der Sinus-Milieu-Kirchenstudie, in: Ders. / Hans-Georg Hunstig (Hg.), Hinaus ins Weite. Gehversuche einer milieusensiblen Kirche, Würzburg ^{2}2008, 17–35; Ders. / Hans-Georg Hunstig (Hg.), Hinaus ins Weite. Gehversuche einer milieusensiblen Kirche, Würzburg ^{2}2008; Ders. / Bernhard Wunder (Hg.), Milieupraxis. Vom Sehen zum Handeln in der pastoralen Arbeit, Würzburg 2009, und Matthias Sellmann, Lust auf Leute, die anders sind. Zur Rezeption des Milieuhandbuches der Katholischen Sozialethischen Arbeitsstelle Hamm (KSA) und der Medien-Dienstleistung GmbH München (MDG) »Religiöse und kirchliche Orientierungen in den Sinus-Milieus® 2005«, in: Michael N. Ebertz / Hans-Georg Hunstig (Hg.), Hinaus ins Weite. Gehversuche einer milieusensiblen Kirche, Würzburg 2008, 35–44, und Matthias *Sellmann:* Lust auf Leute, die anders sind. Zur Rezeption des Milieuhandbuches der Katholischen Sozialethischen Arbeitsstelle Hamm (KSA) und der Medien-Dienstleistung GmbH München (MDG) »Religiöse und kirchliche Orientierungen in den Sinus-Milieus® 2005«, in: Michael N. Ebertz / Hans-Georg Hunstig (Hg.), Hinaus ins Weite. Gehversuche einer milieusensiblen Kirche, Würzburg 2008, 35–44; Ders., Zuhören, Austauschen, Vorschlagen. Entdeckungen pastoraltheologischer Milieuforschung, Würzburg 2012; Ders. / Gabriele Wolanski (Hrsg.), Milieusensible Pastoral. Praxiserfahrungen aus kirchlichen Organisationen, Würzburg 2013; Ders., Zuhören, Austauschen, Vorschlagen. Entdeckungen pastoraltheologischer Milieuforschung, Würzburg 2012; Ders. / Gabriele Wolanski (Hg.), Milieusensible Pastoral. Praxiserfahrungen aus kirchlichen Organisationen, Würzburg 2013.

3 Die erste Studie *Reformierte Kirche* Kanton Zürich/ Sinus-Institut Heidelberg / Berlin: Lebensweltliche, religiöse und kirchliche Orientierungen im Kanton Zürich, Zürich 2012, dazu: Roland Diethelm / Matthias Krieg / Thomas Schlag (Hg.), Lebenswelten. Modelle kirchlicher Zukunft. Orientierungshilfe, Zürich 2012, dann: Hansjörg Kopp / Stefanie Hügin / Steffen Kaupp / Inga Borchard / Marc Calmbach (Hg.), Brücken und Barrieren in die Evangelische Jugendarbeit. Eine qualitative Studie des Sinus-Instituts für das Evangelische Jugendwerk Württemberg sowie die Evangelischen Kirchen Baden und Württemberg, (Heidelberg/Berlin, September 2012), Stuttgart 2013, Heinzpeter Hempelmann / Karen Hinrichs / Ulrich Heckel / Dan Peter (Hg.), Auf dem Weg zu

Milieuforschung ist überfordert, wenn sie als Evangelium erwartet wird. Die Milieuperspektive bietet zudem nur eine bestimmte Gegenstandskonstitution, die nicht die Kirche als solche abbildet, sondern nur ein sozialwissenschaftliches Modell bietet. Schon gar nicht kann sie sagen, wie Kirche sein soll, also Kirche normieren. Die kirchliche Milieuforschung kann aber sehr wohl als »Wahrnehmungshilfe« dienen, die sehen lehrt, was sonst nicht sichtbar wird. Sie deckt (a) analytisch Sachverhalte auf, die mit beobachtbaren Defizitanzeigen korrelieren. Indem sie kirchliches Leben und kirchliche Verfassung (im doppelten Sinne) in einen größeren, nicht nur kirchen- sondern religionssoziologischen Horizont stellt, regt sie (b) zu Interpretationen an. Sie kann schließlich (c) Impulse für ein Kommunikationsmodell[5] liefern, die helfen können, geschlossene kirchliche Echokammern zu überschreiten. Dass der andere Horizont, in den sich die Kirche gesetzt sieht, zu auch provozierenden Einsichten führt, hat viel Anstoß erregt. Aber dieser kann sich, je nachdem wie wir mit ihm umgehen, auch produktiv und kreativ auswirken.

---

einer milieusensiblen Kirche. Die SINUS-Studie »Evangelisch in Baden und Württemberg« und ihre Konsequenzen für kirchliche Handlungsfelder, Neukirchen 2015 (Kirche und Milieu Bd. 2) [Auf dem Weg]. Eine Ausnahme findet sich in der 4. Kirchenmitgliedschaftsuntersuchung: Wolfgang Huber / Johannes Friedrich / Peter Steinacker (Hrsg.), Kirche in der Vielfalt der Lebensbezüge. Die vierte EKD-Erhebung über Kirchenmitgliedschaft, Gütersloh 2006; dazu: Friederike Benthaus-Apel, Lebensstile und Kirchenmitgliedschaft. Zur Differenzierung der »treuen Kirchenfernen«, in: Kirchenamt der EKD (Hg.), Kirche – Horizont und Lebensrahmen. Weltsichten, Lebensstile, Kirchenbindung. Vierte EKD-Erhebung über Kirchenmitgliedschaft. Hannover 2003, 55–70; Dies., Lebensstilspezifische Zugänge zur Kirchenmitgliedschaft, in: Wolfgang Huber u. a. (Hg.), Kirche in der Vielfalt der Lebensbezüge. Die vierte EKD-Erhebung über Kirchenmitgliedschaft. Gütersloh 2006, 205–235. Anwendung fanden dieser Ansatz in: Claudia Schulz / Eberhard Hauschildt / Eike Kohler, Milieus praktisch. Analyse- und Planungshilfen für Kirche und Gemeinde, Göttingen 2008; Dies., Milieus praktisch II. Konkretionen für helfendes Handeln in Kirche und Diakonie, Göttingen [3]2010. Schon die 5. KMU verlässt diesen Ansatz; vgl. Heinrich Bedford-Strohm / Volker Jung (Hg.), Vernetzte Vielfalt. Kirche angesichts von Individualisierung und Säkularisierung. Die fünfte EKD-Erhebung über Kirchenmitgliedschaft, Gütersloh 2015.

4 Vgl. Heinzpeter Hempelmann, Gott im Milieu. Wie Sinusstudien der Kirche helfen können, Menschen zu erreichen, Gießen [2]2013, Teil VII, v. a. 119 ff [Gott im Milieu].

5 Vgl. Heinzpeter Hempelmann / Benjamin Schließer / Corinna Schubert / Patrick Todjeras / Markus Weimer (Hg.), Handbuch Milieusensible Kommunikation des Evangeliums. Reflexionen, Dimensionen, praktische Umsetzungen, Göttingen 2020.

a) Ausgangspunkt: Milieusegmentierte Kirche in einer milieufragmentierten Gesellschaft

1. Zahlen:[6] der statistische Befund

Das in der Lebensweltanalyse führende Sozial- und Marktforschungsinstitut SINUS unterscheidet aktuell 10 Milieus (plus drei sinnvoll zu ergänzende Submilieus) für die bundesrepublikanische Gesellschaft.

Milieu	KET	LIB	PER	EPE	BÜM	SÖK	ADA	TRA	PRE	HED
Anteil des Milieus an der Gesamtbevölkerung	10 %	7 %	8 %	9 %	13 %	7 %	11 %	11 %	9 %	15 %

Es gelten folgende Abkürzungen: KET = Konversativ-Etabliertes Milieu; LIB = Liberal-Intellektuelles Milieu; PER = Performer-Milieu; EPE = Expeditives Milieu; BÜM = Bürgerliche Mitte; SÖK = Sozial-Ökologisches Milieu; ADA = Adaptiv-Pragmatisches Milieu; TRA = Traditionelles Milieu; PRE = Prekäres Milieu; HED = Hedonistiches Milieu.

Die Milieufragmentierung setzt sich in den beiden großen Kirchen fort. Anteil des jeweiligen Milieus an der Gesamtheit der Kirchenmitglieder:

Milieu	KET	LIB	PER	EPE	BÜM	SÖK	ADA	TRA	PRE	HED
Anteil eines Milieus an den Kirchenmitgliedern	11 %	7 %	8 %	8 %	13 %	7 %	11 %	14 %	8 %	13 %

Vier von 10 Milieus (TRA, BÜM, KET und SÖK) liegen deutschlandweit bei zusammen 45 %. Für die Evangelische Landeskirchen in Baden und Württemberg (EKiBa und ELKWü) gibt es laut der einzigen bisher für deutsche Landeskirchen durchgeführten Studie einen stark abweichenden Befund. Hier stellen diese vier Milieus einen mentalen Block dar, der 70 % der Kirchenmitglieder umfasst. Sechs von 10 Milieus teilen sich den Rest von 30 %.[7]

[6] Die Prozentzahlen sind sämtlich gerundet. Genauere Angaben bei Heinzpeter Hempelmann / Bodo Flaig, Aufbruch in die Lebenswelten. Die zehn Sinus-Milieus als Zielgruppen kirchlichen Handelns, Wiesbaden 2019.

[7] Vgl. Heinzpeter Hempelmann, Kirche im Milieu, Gießen 2013; Ders. et al. 2015: Auf dem Weg.

Der Anteil der Evangelischen am jeweiligen Milieu ist für jede Lebenswelt noch beachtlich. Evangelische Kirche ist in jedem der Milieus noch verankert. Anteil der Evangelischen am jeweiligen Milieu:

Milieu	KET	LIB	PER	EPE	BÜM	SÖK	ADA	TRA	PRE	HED
Anteil der Evangelischen am Milieu	38 %	32 %	34 %	35 %	36 %	33 %	37 %	39 %	32 %	31 %

Unsere Gesellschaft ist in ständiger Veränderung begriffen. Manche Milieus wachsen, andere nehmen ab. Die das kirchliche Leben vor allem tragenden Milieus: TRA und BÜM, sind besonders vom Schwund betroffen. Hier der Regiotrend bis 2030[8] (vgl. HEMPELMANN ^{2}2013, Farbtafel X–XI):

Milieu/Jahr	KET	LIB	PER	EPE	BÜM	SÖK	ADA	TRA	PRE	HED
2014	12 %	8 %	8 %	8 %	13 %	7 %	10 %	14 %	7 %	14 %
2025	11 %	9 %	8 %	11 %	11 %	8 %	11 %	6 %	5 %	17 %
2030	10 %	9 %	9 %	14 %	12 %	7 %	12 %	4 %	5 %	17 %

2. Interpretation

(1) »Die Gesellschaft« ist eine Abstraktion. Unsere Gesellschaft ist lebensweltlich fragmentiert und segmentiert. Milieumodelle versuchen, das abzubilden. Die Gesellschaft ist auch nicht einfach »postmodern». In ihr stehen prämoderne, moderne und postmoderne Mindsets/ Grundorientierungen/ Basismentalitäten[9] nebeneinander und konkurrieren miteinander.

(2) Es gibt keine einheitliche Lebenswelt, die »normal« oder gar normativ wäre. Es entstehen soziokulturelle Echokammern, »Milieus«, »Gruppen gleich Gesinnter« (Burzan[10]), in denen sich die zusammenfinden, die ähnlich »ticken«. Die Charakteristik geschlossener Kommunikationsräume bringt es mit sich, dass man

8 Vgl. HEMPELMANN, Gott im Milieu, Farbtafeln X–XI.

9 Zum Konzept der Mindset-Theorie, das eine philosophische Parallele zum SINUS-Konzept der Grundorientierungen darstellt, vgl. HEINZPETER HEMPELMANN, Prämodern, Modern, Postmodern. Warum »ticken« Menschen so unterschiedlich? Basismentalitäten und ihre Bedeutung für Mission, Gemeindearbeit und Kirchenleitung, Neukirchen-Vluyn 2013.

10 NICOLE BURZAN, Lebensstile und Milieus, in: HEINZ ABELS / WERNER FUCHS-HEINRITZ / WIELAND JÄGER / UWE SCHIMANK (Hg.), Soziale Ungleichheit. Eine Einführung in die zentralen Theorien, Wiesbaden 2004, 114–134.

jeweils das, was man lebt, für normal und normativ hält. Die Volkskirchen partizipieren an diesem Befund.
(3) Es gibt zwar in allen Milieus Kirchenmitglieder. Das kirchengemeindliche Leben wird aber weithin durch TRA, BÜM und – weniger – durch KET und SÖK bestimmt. Kirche »erreicht» nur Menschen in 2–3 Milieus im römisch-katholischen Bereich[11] bzw. 3–4[12] Milieus im Einzugsbereich evangelischer Kirchen.[13]

KET, BÜM, TRA und SÖK bilden einen relativ einheitlichen mentalen Schwerpunkt in evangelischen Kirchen. Je (post)moderner Menschen eingestellt sind, umso ferner stehen sie dem gegebenen kirchengemeindlichen Leben.
(4) Der Trend ist eindeutig. Die vier Milieus der sog. C-Säule mit postmodern-pluralistischer Orientierung machen jetzt schon mehr als die Hälfte der Bevölkerung aus, Tendenz steigend. Vor allem das TRA wird weiter dramatisch verlieren; umgekehrt gehören die noch weiter wachsenden sog. »Zukunftsmilieus« wie HED, ADA und EPE zu den Milieus, die mit kirchengemeindlichem Leben fremdeln und ihm fern bleiben. Der Volkskirche bricht die Basis weg.
(5) Milieus gewinnen ihre Identität, indem sie sich voneinander abgrenzen. Milieus sind durch Distinktionsgrenzen (»Ekelschranken»)[14] voneinander getrennt. Dieser beunruhigende anthropologische bzw. sozialpsychologische Befund gilt auch für die Kirche.
(6) Die empirisch vorfindliche Gestalt von Kirche/ einer Kirchengemeinde ist immer durch eine bestimmte Mentalität und ein bestimmtes Milieu geprägt. Gemeinden sind im Regelfall durch ein Milieu dominiert. Sie bilden Milieugemeinden, mit einem milieuspezifischen Angebot: vom Gottesdienst über weitere Veranstaltungen mit ihrem Framing bis hin zu Musik und Einrichtung, Architektur. Ergebnis ist eine »Milieugefangenschaft« von Kirche (W. Huber[15]). Sowohl das kirchliche Personal, wie die Angebote sind mental wie lebensweltlich enggeführt:

---

11 So die MDG-Studie von 2005 Religiöse Orientierungen, entsprechend die späteren Studien von MDG (vgl. Anm. 1).

12 Das Traditionsorientierte, Konservativ-Etablierte Milieu und die bürgerliche Mitte gehören zu den Kernmilieus von Kirche. Das Sozial-Ökologische Milieu fühlt sich modernem Protestantismus ebenso sehr verbunden, wie es ihn kritisiert.

13 Vgl. Hempelmann et al., Auf dem Weg.

14 Zum ethnologischen Konzept und zur Begründung vgl. Pierre Bourdieu, Die feinen Unterschiede. Kritik der gesellschaftlichen Urteilskraft, Frankfurt a. M. 1987; Gerhard Schulze, Die Erlebnisgesellschaft. Kultursoziologie der Gegenwart, Frankfurt / New York 1992, ^{2}2005, 108–112; 364–366; 338–330 [Erlebnisgesellschaft].

15 Wolfgang Huber, »Du stellst unsere Füße auf weiten Raum». Rede zur Eröffnung der Zukunftswerkstatt am 24. September 2009 in Kassel, in: ThBeitr 41 (2010), 68–78.

> »Ich denke, dass viele kirchliche Gemeinden - Ausnahmen bestätigen die Regel - faktisch geschlossene Clubs geworden sind [...] wie ein Männergesangverein, der heute auch vor der Frage steht, wo kriegen wir Nachwuchs her. Man müsste eigentlich zu diesem Männergesangverein sagen: Schau dich doch mal an! Schau, was du singst, was du nicht singst, wie du singst, wie du nicht singst, welche Formen der Geselligkeit du pflegst und welche nicht. Wenn du diese sechs Fragen richtig beantwortest, dann weißt du, weshalb du keinen Nachwuchs kriegst. Und so ähnlich ist es heute mit vielen Kirchengemeinden. Sie sind vereinsähnliche, in sich gekrümmte, in sich geschlossene, wohlige, gemütliche Clubs geworden, die so tun, als seien sie offen, aber faktisch hochgradig geschlossen sind für andere Menschen, für andere Geschmacksgruppen und die davon ausgehen, dass ihre eigene Gemütlichkeit so unmittelbar nach außen attraktiv sein müsste. Was aber gerade das Gegenteil bewirkt. Es herrschen regelrechte Ekelschranken zwischen einigen Kirchengemeinden und den religiös suchenden Menschen. Und da meine ich, kann Kirche, wenn sie zukunftsfähig sein möchte [...] immer weniger auf die ausgetretenen Wege der Vergangenheit zurückgreifen. [...] Was die pastorale Seelsorge heute bräuchte, ist: sie braucht ergänzende Struktur, sie braucht neben den Pfarrgemeinden auch den Vorstoß sozusagen in den gesellschaftlichen Raum, dort[hin], wo die Menschen sind, zu den Themen, die die Menschen heute unbedingt angehen. Und das braucht auch neue Kommunikationsformen, das braucht neue Sozialformen.«

So der Pionier kirchlicher Milieuforschung für katholische Kirchen Michael Ebertz schon im Jahr 2000.[16]

(7) Kirchengemeinden sind lebensweltlich betrachtet Milieugemeinden, im Regelfall durch das TRA und die BÜM bestimmt, in Universitätsstädten hin und zu auch postmateriell, also durch LIB oder SÖK geprägt. Sie schließen ein und ebenso aus. Die Exklusion von Kirchenmitgliedern geschieht weniger durch theologisch-dogmatische Aussagen als vielmehr durch die spezifische Ästhetik von kirchlichem Leben.

3. Die Zumutungen von Anthropologie und Sozialpsychologie

Eine bittere Pille stellen die Einsichten dar, die Anthropologie und Sozialpsychologie, speziell Milieutheorie für eine Kirche bereit halten, die ihrem Selbstverständnis nach offen, inklusiv, integrativ ist. Unter Verheißung steht eine milieusensible Kirche, die sich demütig beugt unter die anthropologischen Einsichten in sozialpsychologische Mechanismen, die ihr Selbstverständnis als Gemeinschaft der Heiligen (CA VIII) entmythologisieren und einen ernüchternden Blick auf die Realität kirchlichen Umgangs miteinander zumuten. Nur eine solche Einkehr eröffnet auch die Möglichkeit der Umkehr. Nur wer sich den

---

16 Michael Ebertz, Radio-Interview im Bayerischen Rundfunk, BR 2, 20.02.2000.

blinden Fleck in der Eigenwahrnehmung zeigen läßt, gewinnt die Chance, sich zu verändern. Auch für die Kirche(n) gilt ja (1) *der Mechanismus von Inklusion und Exklusion:* Je wohler sich die einen fühlen, umso mehr wissen sich die anderen ausgeschlossen. Je mehr die einen empfinden: *Das ist meine (Lebens-)Welt*, umso sicherer spüren die anderen: *Das ist nicht meine Welt.* Es gilt (2) *das ethnologische Gesetz der Abgrenzung durch Distinktion und* Ekelschranken.[17] Milieus definieren sich durch die Gemeinsamkeiten der Gruppe gleich Gesinnter, aber ebenso auch durch die emotional fundierte Abgrenzung von denen, die anders sind und mit denen man nichts zu tun haben möchte (Fundamentalisten, AfD, messianische Juden, Homophobe ... oder – je nach Lager: Bibelkritiker, Liberale). Die instinkthafte Abwehr unterläuft reflexive Gesichtspunkte und steht evangelisch beanspruchter Inklusion und unbedingter Annahme dessen, was wirklich anders ist, entgegen; wir stehen (3) vor dem gruppensoziologischen Gesetz der *Eigengruppenbevorzugung:* Wer zu mir/zu uns gehört, ist richtig und verdient Unterstützung – im Gegensatz zu denen, die anders sind und nicht richtig ticken. Diese Favorisierung des Eigenen gegenüber dem Fremden funktioniert als Selbstschutz so intuitiv, dass sie nur mit Mühe eingesehen und zugegeben werden kann; wir müssen gewärtig sein (4) dem für alle Gruppen geltenden *Selbstrekrutierungs-Mechanismus.* Er garantiert eine möglichst gleichbleibende kontinuierliche Zusammensetzung von Gruppen und minimiert Reibungsverluste durch Elemente, die nicht ins System passen. Wer neu dazukommt, spürt einen erheblichen Anpassungsdruck. Entweder er gibt diesem nach und assimiliert sich, oder er verlässt über kurz oder lang die Gruppe, weil er nicht bereit ist, diese Anpassungsleistung zu erbringen. Im Ergebnis ergänzen sich geschlossene Gruppen immer nur durch solche, die zu ihnen passen. Als Resultat weisen Gruppen gleich Gesinnter (wie überhaupt auf Funktionieren abgestellte Systeme) ein erhebliches Beharrungsvermögen auf, kritisch gesprochen: Sie sind veränderungsresistent und veränderungsunwillig. Das Selbstverständnis als »offene Kirche« oder »einladende Gemeinde« mag anders sein. Die von »außen« wahrgenommene Diskrepranz wirkt für Dritte umso krasser; wir müssen rechnen (5) mit dem *Gesetz der Täuschung über die eigene Normalität durch Echokammern und geschlossene Kommunikationsräume:* Da ein Gruppenmitglied in seiner Lebenswelt vor allem oder nahezu ausschließlich auf Personen trifft, die seinen Lebensstil, seine Anschauungen und Werte und seine Verhaltens- wie Redensweisen teilen, entstehen weitgehend geschlossene Kommunikationsräume. Diese werden umso attraktiver, als eine multikulturelle und plurale Umwelt verunsichert und nach eindeutigen und sicheren Orientierungen fragen und suchen lässt. Die Kommunikation mit denen, die sind wie ich, und die Konzentration auf die, die so sind wie ich, lässt eine Blase entstehen, die suggeriert: *Eigentlich sind alle so wie ich; und das, wie ich/wie wir sind, ist das Normale, das eigentlich Normale, sprich*

---

[17] Vgl. hier v. a. SCHULZE, Erlebnisgesellschaft.

Normative, auch: *So wie wir sind, so geht »christlich«.* Das gilt gleichermaßen für ein konservatives Christentum, eine traditionelle Volksfrömmigkeit, einen postmateriellen (Links-)Protestantismus, einen bürgerlich geprägten Neupietismus wie für charismatisch geprägte, pragmatische Gemeindebewegungen. Die eigene soziokulturelle, mich immer weiter verstärkende Echokammer läßt nicht mehr verstehen, wie andere anders sein können und macht die eigene Welt zum Maßstab. Das wird besonders problematisch dort, wo das eigene Selbstverständnis diametral anders ist: *Wir sind weltoffen, flexibel, mental mobil, tolerant.*

b) Milieusensible Kirche unter der Verheißung: vom Segen der Umkehr

Eine milieusensibel gewordene Kirche ist eine schwache, ihre eigene Schwäche einsehende Kirche. Sie wird gerade, weil sie sich anders versteht, auf diese Einsprüche aus der Sozialwissenschaft hören; sich ihnen selbstkritisch stellen und ihre Praxis daraufhin überprüfen. Sie nimmt bescheiden und demütig wahr, wie gering ihre Reichweite ist und wie wenig sie – entgegen Anspruch und Selbstverständnis – die Menschen in und außerhalb der Kirche erreicht. Sie nimmt wahr, wie sehr kirchliches Leben selber in bestimmten Mindsets verwurzelt ist, wie sehr ihre Fokussierung auf den traditionell-konservativen und bürgerlichen Habitus einen exkludierenden Charakter besitzt. Sie erkennt, dass viele Konflikte – etwa zwischen den mehrheitlich postmateriellen Leitungspersonen und dem eher traditionell-bürgerlich eingestellten »Kirchenvolk« – sich auf soziokulturelle Unterschiede zurückführen lassen, die womöglich sekundär theologisch aufgeladen werden. Eine solche einsichtige Kirche wird aufbrechen zu den Lebenswelten, die sie sich bisher noch nicht erschlossen hat. Sie wird sich missionstheologisch um eine Kontextualisierung des christlichen Glaubens bemühen, die auch Adaptiv-Pragmatische und Expeditive erreicht. Sie wird das historische Gewordensein und die kulturelle Bedingtheit ihrer eigenen Formate erkennen und aufhören, das, was ihr kulturell fremd zu sein scheint, zu dissen. Sie wird die jüngeren Generationen entdecken und mental auf sie zugehen. Sie wird nicht mehr eine doppelte Bekehrung erwarten: die zu einer bestimmten Christentumskultur, ganz gleich ob grün oder konservativ, als Bedingung dafür, dann einen Zugang zur Kirche und zu Christus zu finden. Sie wird entdecken, dass Christus in den so a-christlich erscheinenden Lebenswelten schon da ist. Sie wird im gegenüber zu dem Fremden und Neuen das Eigene ganz neu entdecken können. Sie wird sich freuen am Reichtum, den sie durch andersartige soziokulturelle Erschließungen des Evangeliums wahrnimmt. Sie wird ganz neu die *golden nuggets* schätzen lernen: Als seltene, aber doch vorhandene Grenzgänger stehen sie zwischen ihrer Lebenswelt und der Kirche im kirchengemeindlichen Leben oft am Rande, werden aber nun zu Brücken- und Drehtürpersonen, die beide Welten miteinander verbinden und vermitteln können. Sie wird, weil und wenn sie in diesen Lebenswelten dann angekommen ist, nicht mehr missverstanden werden, sondern einen Weg finden, das Evangelium auch kritisch, counterkulturell[18] in die einzelnen postmodernen Lebenswelten hineinzusagen. Weil endlich begriffen werden kann, dass Christentum nicht mit einer althergebrachten (und auch das Moderne ist für Postmoderne schon sehr alt!) Kulturform identifiziert werden muss, wird christlicher Glaube in einem anderen, auch alternativen, auch antikonventionellen, auch pragmatischen Gewand mit einem Mal zu einer Option. Viele, ganz viele werden entdecken können, was für einen Schatz gelebter und relevanter christlicher Glaube für sie bedeuten kann.

Eine milieusensible Kirche steht unter der Verheißung, weil sie so demütig ist, von der Sozialwissenschaft zu lernen und die Segmentierung, ja Fragmentierung unserer Gesellschaft als einen der wesentlichen Sachverhalte wahr- und ernstzunehmen, den es zu beachten gilt, wenn die Kirche ihre zentrale Aufgabe wahrnehmen will, das Evangelium »auszurichten an alles Volk« (Barmen VI). Ihr wird in der Rezeption der Lebensweltforschung schmerzlich klar, dass sich die beschriebene lebensweltliche Fragmentierung in der Volkskirche fortsetzt.

Milieusensible Kirche steht deshalb unter der Verheißung, weil sie die Bewegung Gottes in die Tiefe nachvollzieht;[19] weil sie die Gesinnung hat, die auch in Jesus Christus war, der aus Liebe zu den Menschen die Herrlichkeit beim Vater verläßt und sich »entleert«, seiner Identität begibt, um sich auf uns einzulassen und bei uns zu sein (vgl. Phil 2,5 ff.); der Mensch wird wie wir (Joh 1,14); der uns Teil gibt am Heil, indem er teilnimmt an unserer Not; dessen Weg wegweisend ist für eine Kirche, die umswitcht und eine Kopernikanische Wende vollzieht von der Komm-Erwartung zu einer Geh-Bereitschaft; die nicht mehr erwartet, dass die Menschen zu ihr kommen, die sich vielmehr selber aufmacht und zu den Menschen geht; die sich dabei wie ein wirksam werdendes Salz diffundiert und den einzelnen Menschen-Gruppen nachgeht, mit ihnen ihr Leben teilt und sie so am eigenen Leben teilhaben lässt.

Einer selbstkritisch reflektierenden und dann aufbrechenden Kirche kommt entgegen, dass sie noch in jedem Milieu millionenfach verankert ist. In keinem gehören ihr unter 30 % der Personen an, die dem Milieu zugeordnet werden. Die adaptiv-pragmatische neue junge dynamische Mitte, der eine ganz besondere Bedeutung für den Weg unserer Gesellschaft zukommt, zählt mit 36 % sogar

---

18 Vgl. dazu die Kategorie »evangelische Provokationen« in den Handbüchern Taufe und Bestattung: Heinzpeter Hempelmann / Benjamin Schließer / Corinna Schubert / Markus Weimer, Handbuch Taufe. Impulse für eine milieusensible Taufpraxis, Neukirchen-Vluyn 2013 [Handbuch Taufe]; Dies. (Hg.), Handbuch Bestattung. Impulse für eine milieusensible kirchliche Praxis, Neukirchen (2015) ²2019 [Handbuch Bestattung].

19 Zur christologischen Begründung einer milieusensiblen als kulturell inkarnatorischen Kirche vgl. Heinzpeter Hempelmann, Der Spur des heruntergekommenen Gottes folgen, in: Heinzpeter Hempelmann / Michael Herbst / Markus Weimer (Hg.), Gemeinde 2.0. Frische Formen für die Kirche von heute, Neukirchen-Vluyn 2011, 35–61.

überdurchschnittlich viele Evangelische. Darin dokumentiert sich selbst in dieser Lebenswelt nicht nur Respekt, sondern auch eine Erwartung an die Kirche.

c) 21 Impulse für eine Kirche, die bei den Menschen ist

1. Ekklesiologie: Kirche neu und anders denken und bauen

(1) Eine milieusensible Kirche wird bewusst Milieukirche sein, sich aber nicht mehr auf die dominierende Form vorwiegend traditionell und bürgerlich geprägter Milieugemeinden beschränken. Sie weitet dieses Erfolgsmodell auf andere Milieus aus und baut in einer wesentlich durch die Fragmentierung der Lebenswelten geprägten Gesellschaft bewusst und gezielt Milieukirchen für jedes Milieu.

(2) Sie baut Gemeinden, die aus den entsprechenden Lebenswelten herauswachsen; die *für* sie oder *in ihnen* entstehen: Sie baut Kirche und kommuniziert das Evangelium durch LoGs (lebensweltorientierte Gemeinden) und LoKs (lebensweltorientierte Kirchen[20]), fresh X (»frische Formen« von Kirche),[21] und Kirchen am anderen Ort:[22] auf der Messe oder an der Autobahn, in der Krankenhaus-Kapelle oder auf dem Skaterpark, im Café oder an der Schule, im

---

[20] Vgl. MICHAEL EBERTZ, Neue Orte braucht die Volkskirche. Lebenszusammenhänge wahrnehmen - Kirche differenziert gestalten, in: UTA POHL-PATALONG, Kirchliche Strukturen im Plural Analysen, Visionen und Modelle aus der Praxis, Schenefeld 2004, 101-112.

[21] Vgl. v.a. MICHAEL HERBST (Hg.), Mission bringt Gemeinde in Form. Gemeindepflanzungen und neue Ausdrucksformen gemeindlichen Lebens in einem sich wandelnden Kontext, Deutsche Übersetzung von: »Mission-shaped Church. Church Planting and Fresh Expressions of Church in a Changing Context« (2004), Neukirchen-Vluyn ^{3}2008 [Mission bringt Gemeinde in Form]; MICHAEL MOYNAGH, Fresh X. Das Praxisbuch, Gießen 2016; DERS. / PHILIP HARROLD, Fresh Expressions of Church. Eine Einführung in Theologie und Praxis, hg. von Jochen Cornelius-Bundschuh, Michael Herbst, Ralph Kunz und Markus Weimer, Gießen 2016; SEBASTIAN BAER-HENNEY, Fresh X - live erlebt. Wie Kirche auch sein kann, Gießen 2015; HEINZPETER HEMPELMANN / MICHAEL HERBST / MARKUS WEIMER (Hrsg.), Gemeinde 2.0. Frische Formen für die Kirche von heute, Neukirchen-Vluyn 2011 und die jüngste Debatte, die inzwischen auch die universitäre Theologie erreicht hat, in: Pastoraltheologie 109 (2020) Heft 1: Mixed Economy. Chancen und Grenzen einer Strategie der Kirchenentwicklung.

[22] Innovativ hier UTA POHL-PATALONG, Ortsgemeinden und übergemeindliche Arbeit im Konflikt. Eine Analyse der Argumentationen und ein alternatives Modell, Göttingen 2003; DIES. (Hg.), Kirchliche Strukturen im Plural. Analysen, Visionen und Modelle aus der Praxis, Schenefeld 2004; DIES., Von der Ortskirche zu den kirchlichen Orten. Ein Zukunftsmodell, Göttingen ^{2}2005; DIES., Von der Ortskirche zu kirchlichen Orten. Ein Zukunftsmodell, Göttingen ^{2}2006; Mehr Leute erreichen. Die Kirche des 21. Jahrhunderts braucht viele unterschiedliche Gemeindeformen, in: Zeitzeichen 10/2013, 24-26.

Winterspielplatz Kirche oder durch die Beherbung der Musikschule vor Ort. Sie entsendet Gründer, die Tochtergemeinden pflanzen; alternativ schließen sich Menschen in einer Lebenswelt zusammen.

(3) Sie vollzieht eine Kopernikanische Wende und erwartet nicht mehr, dass die Menschen zu ihr kommen (»Komm-Struktur«), sie geht vielmehr selber zu den Menschen hin (»Geh-Struktur«), und sie bleibt bei ihnen (»Bleibe-Struktur«[23]). Das beinhaltet, dass sie die Menschen, die sie in einer kirchengemeindefernen Lebenswelt erreicht hat, ebenda in einer LoG oder LoK zu beheimaten sucht, und dass sie eben nicht bestrebt ist, sie in die zuvor bestehende Gemeinde zu integrieren und dabei womöglich – wie unzählige Vorgänge zeigen – zu verlieren. Sie setzt nicht mehr – wie über Jahrzehnte in Gemeindeaufbauprogrammen – attraktional auf die Anziehung *ihrer*, immer milieugeprägten Angebote, sondern auf *Konvivenz* und eine aus dem Zusammenleben mit den Menschen in einem bestimmten Milieu erwachsende und geschenkte *Kontextualisierung* des Evangeliums. Sie »missioniert« nicht durch Worte, sondern durch neu entstandene Gestalten von Kirche und Gemeinde. In einer Zeit inflationärer Botschaften predigt sie immer weniger; sie ist Predigt. Sie kommt nicht, um wieder zu gehen. Sie kommt, um zu bleiben.

(4) Sie respektiert, anerkennt und fördert sogar Gemeindeformate und Sitze im Leben, die jenseits der Ordnungen und angestammten Formen kirchlichen Lebens liegen; milieusensible Kirche freut sich über das, was neu, innovativ, kreativ neben ihr wächst.[24] Sie unterstützt es, ohne zu erwarten, dass sie daraus einen direkten Benefit zieht. Resultat ist eine aus England bekannte *mixed economy*[25], die mehrere Gestalten von Gemeinde nebeneinander kennt und miteinander

---

[23] Vgl. Martin Brändl, »SONDERLICH AUCH AN UNSEREM LEBEN« (1. Thess 2,8). Kontextualisierung des Evangeliums in neutestamentlicher und heutiger Zeit, in: Norbert Schmidt/ Thorsten Dietz (Hg.), Wort, Wahrheit, Wirklichkeit. Beiträge zum Gespräch mit Heinzpeter Hempelmann, Gießen 2016, 181–213; Ders., Gehen um zu bleiben. Von der inkarnatorischen Gestalt der Mission nach Lukas 10,1–12, in: thbeitr 47 (2016), 162–173.

[24] Vgl. z.B. Hanna Dallmeier / Heike Obermark / Christoph Römhild / Sebastian Scharffe (Hg.), Kirche im Aufbruch praktisch. 250 Beispiele guter Praxis von der Plattform »geistreich», KiA 6, Leipzig 2012; Stephen Croft, Jesus People/ Format Jesus. Unterwegs zu einer neuen Kirche, Neukirchen-Vluyn 2012; Philipp Ehlhaus / Christian Hennecke, Gottes Sehnsucht in der Stadt. Auf der Suche nach Gemeinden von Morgen, Würzburg 2011; Dies. / Dirk Stelter/ Dagmar Stoltmann-Lukas (Hg.), Kirche^2. Eine ökumenische Vision, Würzburg 2013.

[25] Vgl. John Finney, Wie Gemeinde über sich hinauswächst. Zukunftsfähig evangelisieren im 21. Jahrhundert, BEG Praxis, Neukirchen-Vluyn 2007, 107 ff.; Herbst, Mission bringt Gemeinde in Form. Zur Diskussion vgl. die Beiträge in: Pastoraltheologie 109/2020.

verbindet. Ergebnis ist eine fluide[26] und vielgestaltige Kirche, angepasst an die jeweiligen lebensweltlichen Notwendigkeiten und Rahmenbedingungen.[27] Sie realisiert: Kirche ist da, »wo zwei oder drei versammelt sind in meinem Namen« (Mt 18,20); sie folgt der befreienden reformatorischen Einsicht:

> »Und es ist *nicht* zur wahren Einheit der christlichen Kirche nötig, daß überall die gleichen, von den Menschen eingesetzten Zeremonien eingehalten werden, wie Paulus sagt: ›Ein Leib und ein Geist, wie ihr berufen seid zu einer Hoffnung eurer Berufung; ein Herr, ein Glaube, eine Taufe‹.« (CA 7)

Traditionen, Regeln, Gewohnheiten haben keine Ewigkeitsbedeutung und dürfen uns nicht binden, wo Veränderung um unserer Aufgabe willen notwendig ist.

(5) Sie erschließt den Reichtum des Evangeliums ganz neu, indem sie es in anderen Lebenswelten kontextualisiert. Sie entwickelt etwa neben der bewährten bürgerlichen Formatierung durch Pflichtwerte eine Gestalt christlichen Glaubens, die sich durch Akzeptanz- und Selbstverwirklichungswerte auszeichnet; sie begreift, dass eine sicherlich bewährte und gesegnete spezielle Gestalt von Kirche und Glaube selber historisch geworden und in ihrer Bedingtheit nicht mit dem Wesen von Kirche und Glaube identifiziert und als die allein christliche verabsolutiert werden darf.

(6) Milieusensible Kirche verzichtet darauf, ihre hergebrachte kirchliche Leitkultur (entweder traditionell-bürgerlich oder auch modern-postmateriell) mit *dem* Evangelischen und Christlichen ineinszusetzen und sie so zur Zugangsvoraussetzung und Bedingung zu machen, glauben zu können. Sie begreift es vielmehr als missionstheologische Aufgabe, das Evangelium auch für postmoderne Lebenswelten zu kontextualisieren: in Anknüpfung und Widerspruch, durch Inkulturation und Counterkulturation[28]. Ihr hilft die messianische Perspektive, das notwendige Leiden, das mit dem Verlust von liebgewordenen Ge-

---

[26] Vgl. PETE WARD, Liquid Church. A bold vision of how to be God's people in worship and mission – a flexible, fluid way of being church, Massachusetts (USA) 2002.

[27] Sehr früh schon hat Anregungen gegeben: DAN KIMBALL, Emerging Church. Die postmoderne Kirche. Spiritualität und Gemeinde für die neue Generation, Asslar 2005 (amerikan.: The Emerging Church. Vintage Christianity for New Generations, Grand Rapids, Michigan, 2003).

[28] Zur neueren Diskussion vgl. JÜRGEN SCHUSTER, Kontextualisierung des Evangeliums. Grundzüge eines an der Inkarnation Jesu Christo orientierten Verständnisses, in: HEINZPETER HEMPELMANN / BENJAMIN SCHLIEẞER/ CORINNA SCHUBERT / PATRICK TODJERAS / MARKUS WEIMER (Hg.), Handbuch Milieusensible Kommunikation des Evangeliums. Reflexionen, Dimensionen, praktische Umsetzungen, Göttingen 2020, 41–57; HEMPELMANN, Fazit, in: a. a. O., 348–371 [Handbuch Milieusensible Kommunikation].

stalten verbunden ist, zu ertragen: »Wenn das Weizenkorn nicht in die Erde fällt und stirbt, bleibt es allein; wenn es aber stirbt, bringt es viel Frucht.« (Joh 12,24)

(7) Milieusensible Kirche weiß zu unterscheiden zwischen kirchen*gemeinde*nah und *kirchennah.* Viele Menschen können mit der (klein-)bürgerlichen Inszenierung kirchlichen Lebens vor Ort wenig anfangen und halten aus ästhetischen Gründen Abstand. Das bedeutet aber nicht, dass sie Distanz zur Kirche als solcher hätten und dass es nicht jenseits von Gottesdienst und anderen Regelveranstaltungen für sie Räume, Treffen, Gruppen und Gelegenheiten gibt, die für sie »Kirche« sind und wichtig sind. Milieusensible Kirche fragt ganz neu: Was ist Kirche? Dürfen wir den Begriff von »Kirche« monopolisieren? Handelt Gott evtl. vielfältiger und disparater, als es unsere ekklesiologische Theorie zulässt? Was ist mit dem CVJM, was mit dem Hauskreis, was mit der Gruppe, die das politische Nachtgebet vorbereitet – mit Gebet –, was mit dem Strickkreis am Samstag-Morgen, in dem Anliegen besprochen und zwanglos und gemeinsam bedacht und vor Gott gebrachtwerden können; was mit der Nachbarschaftshilfe, die Diakonie und Fürbitte verbindet? Sie realisiert, dass weder Schrift noch reformatorische Bekenntnisse definieren, welche administrative oder organisatorische Gestalt Kirche hat. Sie wird anerkennen, was Gott als Kirche schenkt, ggf. auch auf Zeit und bei Gelegenheit. Sie schafft Situationen, in denen man Kirche »schnuppern« kann, unverbindlich und ohne Angst, sich verpflichten zu müssen. Sie stärkt, was aus der Reihe tanzt und aus der Reihe fällt. Sie schafft Optionen und Andockpunkte, tief gestaffelt in die diversen Lebenswelten und Subwelten hinein. Kirche wächst! Aber oft nicht (mehr) unter dem eigenen Kirchturm.

(8) Milieusensible Kirche realisiert die sehr unterschiedlichen Erwartungen, die Menschen an Kirche haben, und Formen, in denen Menschen in den verschiedenen Milieus Kirche (er-)leben; was sie jeweils an Kirche lieben und gestärkt sehen möchten und was sie als abstoßend erleben. Sie versucht, aus ihren Wahrnehmungen zu lernen, ohne sich anzupassen. Sie prüft alles und hält das Gute fest. Maßstab dafür ist aber kein vorgefasster traditioneller Begriff von Kirche, der zum theologischen Fallbeil für das wird, was nicht sein darf: *Das gab es doch noch nie ...; wir haben doch schon immer...* Sie »macht« nicht mehr/bloß »Angebote«, die die Teilnehmer in eine passive Rolle drängen; sie stellt Rahmen zur Verfügung, in der selbstbewusste und aktive Menschen sich selbst organisieren.

(9) Milieusensible Kirche erwartet nicht mehr selbstbewusst und als Selbstverständlichkeit, dass die Menschen zu ihr kommen und sich dem gegebenen Gemeinschaftsformat und dem gegebenen Format von Veranstaltungen und »Angeboten« anpassen. Sie realisiert: Allen Menschen ist zwar gemeinsam, dass sie Gemeinschaft haben wollen. Das ist in der Tat die übergreifende anthropologische Konstante. Aber wie diese aussieht und konkret gestaltet wird, darin unterscheiden Menschen sich fundamental, und das entscheidet auch darüber, ob jemand Anschluss findet und Zugang gewinnt. Milieusensible Kirche

realisiert, dass die einen gerne passiv bleiben wollen, die Vorgabe und Regeln suchen, auf die man sich einlassen kann; dass andere umgekehrt selber mittun, selber mitgestalten und nicht als passive Objekte kirchlichen Handelns fungieren möchten. Sie nimmt wahr, dass die einen Dauer, Kontinuität und Unveränderbarkeit suchen, dass für andere aber Veränderung, Wandel, Vielfalt essentiell für ihr Lebensgefühl ist. Milieusensible Kirche will dienen und nicht andere ihren gegebenen, historisch gewordenen und bedingten Formaten unterwerfen.

Sie versucht nicht mehr, Menschen »zu integrieren«, wenn damit gemeint ist, sie kompatibel zu machen mit dem Bestehenden. Sie gibt ihnen und ihren Verschiedenheiten Raum. Sie fragt nicht mehr: Wo ist Kirche?, sondern: Wo lebt Kirche? Wo vernetzen sich Menschen auch unabhängig von den bestehenden organisatorisch-administrativen Vorgaben? Für sie ist nicht mehr das Bestehende Selbstzweck, das es unbedingt zu erhalten gilt, auch dadurch, dass Menschen, die das gar nicht wollen, in die bestehende Gestalt hinein transformiert werden.

2. Leitung

(10) Milieusensible Kirche stellt durch Gemeindeleitung sicher, dass die verschiedenen kirchlichen Arbeitsfelder und Lebensbereiche milieubezogen sind; dass das gemeinsame kirchliche Leben milieusensibel gestaltet wird; dass eine Dominanz eines Milieus vermieden wird, das dann die einen zuverlässig beheimatet, andere aber ebenso zuverlässig mental ausschließt (*worship-wars!*); dass die Milieutoleranz der Einzelnen nicht überfordert wird, sondern langsam wachsen darf, durch behutsame Begegnungen und Annäherungen, durch anhaltende Bemühungen um das Verstehen der so ganz anderen Glaubensäußerungen derer, die mit mir dem gemeinsamen HErrn verbunden sind; dass Milieuüberschreitung fokussiert und reflektiert mit einer definierten Zielsetzung geschieht und nicht als pauschales Postulat, »alle« erreichen zu müssen, das schnell zu Frust und Resignation führt; dass die seltenen und wertvollen *golden nuggets* als Brückenpersonen fungieren können zwischen dem dominanten Milieu einer Gemeinde und einer Lebenswelt, die man zusätzlich erreichen will; die man als Milieumissionare ansprechen kann, wenn man »Angebote *für …*« nicht frei imaginieren, sondern sachkundig konzipieren will.

(11) Milieusensible Kirche weiß, dass sie mit der gegebenen Gestalt ihres Erst- und Zweitgottesdienstes nur wenige Milieus erreicht. Sie freut sich darüber, dass ihr diese Gottesdienste gelingen und Menschen sich heimisch fühlen. Sie bleibt aber dabei nicht stehen. Es ist ihr Anliegen, Gottesdienste auch für andere und in anderen Lebenswelten zu performen. Die sehr unterschiedlichen Erwartungen an Gottesdienst[29] sind für sie nicht Norm, aber Ausgangspunkt. Sie wird nicht dem in einer deutschen Großstadt durchgeführten Modell folgen, an der

[29] Vgl. HEMPELMANN et al., Auf dem Weg, 119–130; zur Auswertung: HEMPELMANN, Kirche im Milieu, 95–123.

Kirchentür einen Anschlag anzubringen, der angibt, an welchem Sonntag jeweils der Gottesdienst für welches Milieu stattfindet, sondern Gottesdienst aus der jeweiligen Lebenswelt heraus entwickeln und wachsen lassen.

(12) Milieusensible Kirche wird spezielle Wünsche an die Gestaltung von Kasualien nicht in erster Linie als Störung des gewohnten Ablaufes, als zusätzliche Belastung begreifen, sondern als Chance: zum Kontakt, zum Kennenlernen, zum Schätzenlernen. Ihrem Herrn folgend ist sie sich nicht zu schade, buchstäblich und übertragen *entgegen zu kommen*, zu dienen und buchstäblich »Dienstleister« zu werden, einen Dienst zu leisten, wenn Christus durch sie zu den Menschen kommt (welche Gesichtspunkte für die Performanz und das Framing zu beachten sind, versuchen die Herausgeber der Reihe Kirche und Milieu exemplarisch und milieudifferenziert durchzudenken[30]).

(13) Sie sieht die Dominanz von Theologen in leitenden Gremien kritisch und berücksichtigt auch andere Berufsgruppen mit ihrem anders gelagerten Sachverstand. Andere Berufe bringen andere Perspektiven und führen zu einem womöglich differenzierteren und weniger einseitigen Bild. Sie praktiziert Gabenvielfalt auch darin, dass sie neben und nach den geschätzten und notwendigen Analysen wie Reflexionen ihrer postmateriellen Akademiker auch die Expertise und Dynamik der Performer ins Boot holt, die Prozesse – risikobewusst wie risikobereit – ins Laufen bringen.

(14) Sie überwindet die mentale Trennung von Theologen und Laien, Haupt- und Nebenamtlichen. Eine neu aufbrechende Kirche braucht verschiedene Gaben, Funktionen, Beauftragungen. Sie wird aber die Beziehungen zwischen den Spezialisten (und wer ist heute in seinem Bereich nicht Spezialist und in allen anderen Laie?) anders regeln. Sie wird sensibel sein für alle Dominanzattitüden. Normgebendes und Verhalten prägendes Vorbild ist der dienende Menschensohn, der zu den nach Ämtern, Macht und Rang strebenden Jüngern sagt: »Ihr wisst, die als Herrscher gelten, halten ihre Völker nieder, und ihre Mächtigen tun ihnen Gewalt an. Aber so ist es unter euch nicht; sondern wer groß sein will unter euch, der soll euer Diener sein; und wer unter euch der Erste sein will, der soll aller Knecht sein. Denn auch der Menschensohn ist nicht gekommen, dass er sich dienen lasse, sondern dass er diene und sein Leben gebe als Lösegeld für viele.« (Mk 10,42–45) Eine aufbrechende, mental hellhörige Kirche wird darauf acht haben, dass die Beziehungen, primär die zwischen Theologen und Nicht-Theologen, nicht belehrend, ausgrenzend, dominierend sind. Sie wird keinerlei Amtsattitüde mehr gelten lassen. Sie wird sensibel für die immer noch hörbaren und wirksamen preussischen Konnotationen von »Amt« und »beamtet«. Sie wird sensibel für eine, Theologen und Hauptamtlichen oft nicht nicht auffallende Dauerdiskriminierung, weil Abwertung, die die verfasste Kirche natürlich »nicht

---

[30] Vgl. HEMPELMANN et al., Auf dem Weg; DERS. et al., Handbuch Taufe; DERS. et al., Handbuch Bestattung; DERS. et al, Handbuch Milieusensible Kommunikation.

so meint«, wenn sie zwischen »Laien« und »Theologen«/Hauptamtlichen unterscheidet. Milieusensible Kirche setzt nicht auf die Künste von Haupt- und Nebenamt; denkt nicht mehr in den klassischen Hierarchien, die auch Grenzen und Begrenzungen markieren. Sie setzt für die Zukunft der Kirche auf die *Ganochris:* die ganz normalen Christen. Sie nehmen ihren Glauben in ihre Lebenswelt und ihr Lebensumfeld mithinein. Sie vollbringen da entscheidende Kontextualisierungsleistungen ebenso, wie sie in ihren Gemeinden und Gruppen – nicht im Nebenamt, sondern als ganz normale Christen – ihren Aufgaben nach Vermögen wahrnehmen. Eine milieusensible Kirche nimmt Schwächen, Unbeholfenheiten bewusst in Kauf. Sie will weg von der immer weiter gehenden Professionalisierung, wenn es um Fragen des Glaubens und Lebens geht. Hier darf es kein Schema F geben. Sie weiss freilich auch, dass sie Performer und Adaptiv-Pragmatische nur erreicht, wenn sie technisch professionell auftritt, und dass Konservativ-Etablierte nur Respekt haben, wenn ihre Repräsentanten kompetent auftreten und wissen, was ihr Auftrag ist.

Sie nutzt die Einsichten der Lebensweltforschung, um Menschen für die Mitarbeit zu gewinnen. Sie weiss, dass Identifikation über Mit-Tun geschieht und berücksichtigt, dass die Motivationen je nach Lebenswelt sehr unterschiedlich sind. Sie wertet diese nicht, weil sie weiß, dass jeder Mensch nur das tut, was für ihn Sinn macht. Sie freut sich nur, wenn Menschen – aus welchen Gründen auch immer – einen Zugang zur Kirche und über sie zum Evangelium finden.

(15) Sie geht denen nach, die verloren zu gehen drohen. Teil ihrer Umkehr und glaubwürdiges Zeichen von Aufbruch und Erneuerung ist ihre Nachsorge und ihr Nachgehen. Sie nimmt nicht einfach nur wahr, dass anhaltend Menschen vor allem mit säkular-distanzierter Haltung auf dem Sprung sind, sie zu verlassen und eigentlich keine Gründe mehr sehen, an ihrer Kirchenmitgliedschaft festzuhalten[31]. Sie entwickelt vielmehr Programme und Initiativen, um sie anzusprechen, zu gewinnen, zu interessieren und ihre Mitwirkung zu erreichen; sie unterstützt Christen, die diesen Menschen auf dem Sprung nachgehen. Sie unterscheidet Formen von Kirchendistanz und reagiert differenziert. Sie unterscheidet etwa *Säkular-Distanzierte* mit bloß noch konventionellen Mitgliedschaftsgründen, *Enttäuschte Kritiker,* die nicht weniger, sondern mehr Kirche wollen, und *Wohlwollend Gleichgültige,* die Kirche respektieren, denen sie aber nichts bedeutet, weil sie keine Bedeutung für ihren Alltag hat. Sie stellt sich auf die unterschiedlichen Typen von Distanz ein.[32] Sie diversifiziert – etwa in

---

[31] Belege bei HEMPELMANN et al, Auf dem Weg, 131–140.

[32] Vgl. die Dokumentation der Einstellungstypologie in HEMPELMANN et al, Auf dem Weg, Anhang; zur Auswertung und zur Relevanz für die Kirchensoziologie s. HEINZPETER HEMPELMANN, Kirchendistanz oder Indifferenz? Wie die Kirche von der Typologie der Lebensweltforschung profitieren kann. Ein kritischer Abgleich der Sinus-Studie für

Großstädten – pfarramtliche Aufgabenzuweisungen so, dass ein Schwerpunkt auf pastoraler Versorgung liegt, ein anderer auf der Bemühung um Kirchenferne, ein dritter auf der Kommunikation mit den kirchengemeindefernen Noch-Mitgliedern der Kirche. Milieusensible Kirche bekümmert es, dass Menschen mit dem Evangelium, für das sie steht und dem Menschen durch sie begegnen sollen, nicht oder nicht mehr viel anfangen können. Sie geht aber nicht nur auf die Kirchendistanzierten zu, sie geht auch den Ausgetretenen nach, nicht um sie als Kirchensteuerzahler zurückzugewinnen, sondern einfach deshalb, um ihnen zu zeigen, dass sie ihr – endlich – wichtig sind und dass es sie schmerzt, diese Glieder verloren zu haben.

3. Einheit

(16) Milieusensible Kirche sucht die Einheit der Kirche nicht in einer dominanten, aber immer nur partikularen, nur wenige repräsentierenden Monokultur. Sie setzt »Einheit« nicht als Argument gegen die Diversifizierung und Pluralisierung kirchlicher Lebensstile. Sie realisiert, dass diese Einheit schon jetzt *empirisch* in ihren Milieugemeinden nicht existiert. Sie sieht die Einheit der Kirche vielmehr gegeben in der gemeinsamen Loyalität der Christen gegenüber dem einen HErrn der Kirche, die ihm alles verdanken und deren Leben in sehr unterschiedlicher Weise auf ihn hingeordnet ist (Gal 3,28).

Steht er im Mittelpunkt, ist er das alles organisierende Zentrum, auf das hin sich Christen von den unterschiedlichsten, auch entgegengesetzten Standpunkten aus hinbewegen, in mehr oder weniger großer Distanz, mit Abstand oder auch in Phasen des Engagements.

(17) Milieusensible Kirche gibt dieser Einheit in Christus dann auch exemplarisch – etwa auf gemeinsamen Glaubensfesten – eine verbindende Gestalt. Die einzelnen Gemeinden verzichten dann auf den eigenen Gottesdienst, um mit anderen Christen aus der Stadt oder Region einen gemeinsamen Gottesdienst zu feiern. Sie essen und trinken zusammen: mit Maultaschen und Kartoffelsalat wie mit Sushi und Cocktails. Mit so diversen Angeboten erreichen sie – nachweisbar – diverse Gruppen. Sie ertragen und lassen sich bieten: klassische Chormusik und E-Gitarren-begleitete Anbetung, mittelalterliche Choräle und frommen hiphop. Auf ihrem gemeinsamen Glaubensevent wird sichtbar: Wir sind eins. Wenn das Evangelium in den verschiedenen Milieuzugängen in völlig unterschiedlicher Weise erschlossen wird, wird so erfahrbar, welchen Reichtum diese Pluralität für die Kirche bedeutet.

(18) Sie spielt nicht Einheit gegen Diversität aus, sondern lässt Vielfalt zu. Sie begreift Einheit nicht als Uniformität und Kon-Formität, sondern als Haltung: als

---

Baden-Württemberg mit der 5. Kirchenmitgliedschaftsuntersuchung, in: ThBeitr 45 (2014), 284–303.

Loyalität der Diversen gegenüber dem Einen, der sie verbindet. Diversität ist dort nicht Problem, sondern Chance, wo dieses Band stark ist.

4. Reichgottesperspektive

(19) Milieusensible Kirche sieht nicht nur ihre eigenen Möglichkeiten und Grenzen, sie schaut regional und ökumenisch über den Tellerrand. Sie nimmt nicht nur wahr, welche evangelischen Gemeinden in unmittelbarer und erweiterter Nachbarschaft existieren (in Distrikt und Bezirk), sondern weitet den Blick auch auf katholische und freikirchliche, auf independente Gemeindebewegungen und geistliche Aufbrüche. Sie realisiert eine Reichgottesperspektive, die die Kommunikation des Evangeliums in einer segmentierten Gesellschaft und Kirche als gemeinsame konfessionsverbindende Aufgabe vor Ort und in der Region begreift.[33] Da die Adressierung unterschiedlicher Lebenswelten eine einzelne Gemeinde überfordert, verabreden die Kirchen und Christen in der Region eine gabenorientierte Delegation von Aufgaben an die einzelnen Gemeinden und Gruppen. Unterschiedliche Gemeinden sprechen unterschiedliche Menschen an. Eine gemeinsame Sozialraumanalyse und Klärung der schon bestehenden jeweiligen Arbeitsschwerpunkte bereiten diese Arbeitsteilung vor. Die Instrumente dafür bestehen bereits (etwa ACK, Evangelische Allianz). Wechselseitiger Traffic und ein gemeinsamer Auftritt in der Öffentlichkeit stärken die Gemeinschaft und machen die Einheit der Unterschiedlichen manifest. Sinnvoll ist der Beginn mit einer gemeinsamen Homepage oder Veranstaltungsseite, auf der eine gemeinsame Gottesdienst- und Veranstaltungslandschaft die Vielfalt und Buntheit der Christen und Kirchen vor Ort und in der Region dokumentiert und manifest werden lässt: Wir sind EINS.

Reichgottesperspektive bedeutet die Anerkennung der anderen Kirchen und Christen vor Ort und in der Region. Sie bedeutet den Verzicht auf theologische Wertungen einerseits und den Verzicht auf den Vorwurf des sheap-stealing andererseits. Sie bedeutet die Hochschätzung dessen, was der Herr der Kirche den Anderen als besondere Gaben, Perspektiven und Anliegen geschenkt und wichtig gemacht hat.

---

[33] Heinzpeter Hempelmann, Die Kraft des Con. Konkurrenz von Kirchen und in der Kirche als Herausforderung. Grundzüge einer alternativen Ekklesiologie, in: thbeitr 50 (2019), 151–168; die Konfliktdimension habe ich unter mentalen Gesichtspunkten zu erörtern versucht in: Ortsgemeinden und Fresh Expressions im Spannungsfeld - Ekklesiologie für frische und bewährte Formen von Kirche, in: Christiane Moldenhauer / Georg Warnecke (Hg.), Gemeinde im Kontext. Neue Ausdrucksformen gemeindlichen Lebens, Neukirchen-Vluyn 2012, 97–111; »Schaue die Zertrennung an!« Regionale und lokale Konflikte zwischen evangelischen Kirchengemeinden und Gemeinden alternativen Typs und die ihnen inhärente Logik, in: thbeitr 42 (2011), 82–99.

Ausgangspunkt für diese Reichgottesperspektive ist die Frage: Können wir zusammen beten? Zweites Kriterium ist die Antwort auf die Frage, die jeder selber beantworten muss: Ist der eine Herr – nicht ein im Einzelnen ausformuliertes Set gemeinsamer theologischer und politischer Überzeugungen wie soziokultureller Prägungen und Gewohnheiten – das Fundament? Da finden und haben dann Pfingstgemeinden, die die »kleinen Leute« ansprechen, und die Vereinigung christlicher Geschäftsleute eine gemeinsame Basis.

5. Ausbildung

(20) Milieusensible Kirche, die um ihre traditionelle Milieuverengung weiß, sucht schon im Hinblick auf ihr hauptamtliches Personal eine Milieuverengung auf die postmaterielle Lebenswelt zu überwinden bzw. zu vermeiden. Sie öffnet nicht nur wieder gezielt alternative Wege zum Pfarramt, sondern sucht auch Menschen aus vor allem Unterschicht- und postmodernen Milieus zu rekrutieren. Nur solche können ihrerseits milieuspezifisch und milieusensibel kommunizieren und damit die vorherrschende Milieuverengung in Kirchengemeinden und auf den verschiedenen Arbeitsfeldern überwinden.

6. Ressourceneinsatz

(21) Die finanziellen Mittel stehen allen gleich zu, werden aber *de facto* sehr ungleich verteilt. Eine Kirche, die orientiert ist an den in ihr gegebenen Lebenswelten, bemüht sich um Ressourcengerechtigkeit. Sie wird sich nicht dem Druck der in ihr dominanten Milieus beugen, vor allem Versorgungskirche zu sein und ihre immer noch umfangreichen Ressourcen schwerpunktmäßig und unverhältnismässig zu verwenden, um die im kirchengemeindlichen Leben dominierenden Erwartungen der kirchengemeindenahen Milieus zu erfüllen. Sie wird vielmehr fragen, welche Glieder und darüber hinaus auch Nichtmitglieder aus welchen Milieus sie nicht erreicht, verloren hat oder zu verlieren droht. Sie wird ihre Ressourcen vor allem dazu verwenden, ihnen nachzugehen (Mt 18,12 f.).

Sie wird den prozentualen Anteil der Mittel für übergeordnete Aufgaben reduzieren und umgekehrt die regionale und lokale Ebene stärken.

Sie wird ihre Mitglieder als ihre entscheidende Ressource entdecken. Sie wird Eigeninitiative und damit die für eine aufbrechende Kirche so wichtige Erfahrung der Eigenwirksamkeit stärken. Sie wird nicht mehr in erster Linie danach fragen, wo sie das vorhandene »Menschenmaterial« für ihre vorgegebenen und festgelegten Dienste einsetzen kann – und dann im Regelfall verfallsoptisch bedauern, wie wenig Menschen heute noch zur Mitarbeit bereit sind. Sie wird vielmehr auch hier von den Menschen und ihren Begabungen her denken und überlegen, wie eine Gemeinschaft und Gemeinde aussieht, die von den – von Gott gegebenen und geschenkten und zur Verfügung stehenden – speziellen Gaben und Begabungen her denkt. Sie entdeckt staunend, wie ihrer Lebensweltlogik entsprechend angesprochene hedonistische Jugendliche womöglich engagierter, mit Sicherheit innovativer und kreativer auf kirchlichen Arbeitsfeldern mitarbeiten als sich traditionell zur Kirchengemeinde haltende Gemeindeglieder.

d) Verheißung auf milieusensibler Kommunikation

Durch milieusensible Kommunikation verändern wir nicht nur andere, wir verändern uns zuerst und vor allem selbst. Auch darauf liegt Verheißung.

Wir verstehen:[34]

1. *Wir* sind auch Milieu

- schon als Reflexionssubjekte, die über Kommunikation nachdenken und solche Aufsätze schreiben wie lesen. Selbstverständlich und normal ist das ja nicht. Viele, die meisten tun es nicht. Schon unser Kommunikationsansatz und unsere Reflexionsbereitschaft versteht sich ja nicht von selbst.

Wir erkennen: Unser Bild von Glaube, Gott, Gemeinde ist selber milieugeprägt und -befangen.

Unsere eigene Milieubefangenheit erkennen wir, wenn wir sehen, wie wir in der Gefahr stehen, unwillkürlich zu werten und unser milieubedingtes Denken zum Maßstab zu machen (ADA als »wenig sozial», HED als »nur lustorientiert», BÜM als bürgerlich-»vermieft«, TRA als rückwärtsgewandt).

Demütig macht uns die Einsicht: Distinktionsschranken als »Ekelschranken« können auch wir nicht einfach überspringen, auch nicht durch das postmaterielle Allheilmittel Reflexion.

Viele Konflikte, die wir inszenieren und sehen, sind nicht geistlich-theologischer Natur. Sie sind oft kulturell-ästhetischer Art. In ihnen treffen beschämenderweise vielfach nur Milieuprägungen aufeinander, unsere und die der anderen, etwa bei Kasualien und unterschiedlichen Vorstellungen, wie diese zu rahmen und zu gestalten sind[35] (Beispiele bei Hempelmann et al. 2013, 2015; Hempelmann 2014). Die Blockaden anderer im Zugang zu Gott, Gemeinde und Glaube sind nicht allein, noch nicht einmal in erster Linie theologischer und geistlicher, sondern primär mentaler und kultureller, emotionaler und ästhetischer Natur. Es ist nicht in erster Linie der Unglaube anderer, ihre der Kirche grundsätzlich abgewandte Einstellung, es ist oft in erster Linie unsere eigene soziokulturelle Prägung, die wir mit dem Christlichen identifizieren und die anderen, die soziokulturell anders geprägt sind, den Zugang zu Gott und Gemeinde versperrt.[36]

---

[34] Vgl. ausführlicher: HEMPELMANN et al, Auf dem Weg, 160–165.

[35] Beispiele bei HEMPELMANN et al, Handbuch Taufe, DIES.: Handbuch Bestattung.

[36] Analysen unter mentalitätstheoretischem Gesichtspunkt bei HEMPELMANN, Faktisch, postfaktisch, postmodern? Kommunikation von Wahrheit(sansprüchen) in pluralisti-

Barrikaden und Barrieren liegen nicht nur im kirchen- und gemeindefernen Milieu vor, nach dem Motto: Die HED sind eben kirchenfern und können mit Kirche nichts anfangen. Es ist umgekehrt: Die Kirche ist HED-fern und kann mit ihnen nichts anfangen, und das merken sie, und daraus ziehen sie die natürlichen Konsequenzen. Alternative Erfahrungen können das aufbrechen.

Es ist beschämend: Wir, ausgerechnet wir mit *unserer* kulturellen Prägung stehen der Kommunikation des Evangeliums entgegen.

Die gegebene lebensweltliche Formatierung von Gemeinde, Glaube und »Gott», Gottesdienst, Gemeinschaft bedeutet eben nicht nur *Inklusion* derer, denen das gefällt, was ist und sich nicht ändern soll, sondern ebenso auch anhaltende *Exklusion* derer, die kulturell und mental anders ticken.

2. Von den Menschen her denken, die wir erreichen wollen

Milieu- und Mentalitätsforschung zeigt uns, dass Menschen sehr unterschiedlich sind und demzufolge, dass die Art und Weise, wie wir denken, nicht »normal« ist, nicht einfach als die richtige Einstellung vorausgesetzt werden darf. Verzichtet man auf die unzulässige Identifikation der eigenen mentalen und soziokulturellen Prägung und Gewohnheit mit dem Christlichen, ist es sinnvoll und nötig, sich damit zu beschäftigen, wie andere »ticken«. Das bedeutet dann in einem ersten Schritt eine mentale *Umkehr* zu den Menschen, die wir erreichen wollen. Wir erwarten dann nicht mehr, dass sie so werden wie wir; wir beginnen, von ihnen her zu denken, weil wir sie erreichen wollen. Deshalb versuchen wir,

ihre Lebensweltlogik *wahr*nehmen: warum sind sie so, wie sie sind[37],

mentale Barrieren und Barrikaden ernstzunehmen (goes und no goes, Orte und Un-Orte; für jede Lebenswelt spezifisch),

eine Kopernikanische Wende zu vollziehen: von der Komm-Erwartung zur Geh-Bereitschaft,

auf eine doppelte Bekehrung zu verzichten: »Komm zu Christus und werde dazu zunächst wie wir!», die unevangelisch ist und soziokulturelle Bedingungen für den Glauben aufrichtet.

Wir verstehen, dass die Zuwendung zu den Mitmenschen nicht nur sozial, sondern auch mental und missional zu geschehen hat.

3. Kirche wird selbst zum Kommunikationsmittel

---

schen Gesellschaften als Problem und Herausforderung, in: thbeitr 48 (2017), 6–23; Ders., Ist das Evangelium konservativ – und die Postmoderne unchristlich? Klärungen aus der Sicht der Mindset-Theorie, in: ThBeitr 49 (2018), 17–35: Ders., Wahrheit in Zeiten der Moderne, Prämoderne und Postmoderne. Versuch eines Brückenschlags, in: ThBeitr 49 (2018), 45–59.

[37] Bei Hempelmann/Flaig für das Milieu dokumentiert.

Wir realisieren, dass die Kirche kein Selbstzweck ist. Sie ist »Brief Christi, geschrieben nicht mit Tinte, sondern mit dem Geist des lebendigen Gottes, nicht auf steinerne Tafeln, sondern auf fleischerne Tafeln der Herzen«. (2. Kor 3,3) Ihre soziale Existenz, ihre Inter-Existenz unter, zwischen den Menschen ist Medium des Evangeliums. Wie man sie anschaut, so schaut man Christus an. Von diesem Fokus her denken wir Kirche und Gemeinde neu,

nicht nur als Kirche *für* die Menschen, sondern Gemeinde *bei* den Menschen: in ihren segmentierten und fragmentierten Lebenswelten,

als Kirche, die dabei, dazwischen ist, sich »inter-essiert»; die da ist, wo die Menschen sind,

als mobile Kirche und flexible Gemeinde; Kirche unterwegs und Gemeinde auf dem Weg, die die dicken Mauern und heimeligen, aber geschlossenen mentalen Räume verläßt; die sich diffundiert und ihre Identität aufgibt, um bei den Menschen zu sein,

als Kirche, die »fetten Benefit« erfährt: Gott noch einmal ganz anders und neu entdecken darf. Im Kontext anderer, bislang evangeliums-fremder Kulturen erschließt sich Glaube neu und bereichert die Kirche. Dem katholischen Weihbischof Klaus Hemmerle verdanken wir das Diktum: »Laß mich dich lernen, dein Denken und Sprechen, dein Fragen und Dasein, damit ich daran die Botschaft neu lernen kann, die ich dir zu überliefern hab« (Klaus Hemmerle[38])

als Kirche, die ihre spezifisch missionstheologische Aufgabe begreift: nicht in Drittweltländern, sondern im Missionsland Deutschland lernt sie es, Konvivenz und Kontextualisierung neu durchzubuchstabieren;

als Kirche, die darum offen ist für lebensweltorientierte, aus den Lebenswelten herauswachsende Gemeinde.

4. Wir lernen zu kommunizieren wie der lebendige, flexible, mobile Gott,
der nicht bei sich bleibt, sondern zu uns kommt;
der die himmlische Herrlichkeit verlässt und Teil unserer sehr irdischen, ganz anderen Lebenswelt wird (Phil 2,5 f.),
der mit uns kommuniziert, indem er wird wie wir: einer von uns (Röm 8,3) und dabei seine Identität aufgibt (Phil 2,7),
der bereit ist, unsere schwierige Lebenslage leidvoll kennenzu*lernen* (Hebr 5,8),
der sich verändert, um bei uns zu sein,
der mit uns unterwegs ist, zum »Camping-Gott« wird und unter uns »zeltet« (so wörtlich Joh 1,14),
der sich zuwendet - aus Liebe und der liebt, indem er sich zuwendet.

5. »... und hätte der Liebe nicht ...»

---

38 KLAUS HEMMERLE, Was fängt die Jugend mit der Kirche an? Was fängt die Kirche mit der Jugend an?, in: Internationale Katholische Zeitschrift Communio 12 (1983), 306–317.

Eine milieusensible Kirche, die sich an der Kommunikationsweise des lebendigen Gottes orientiert, zeichnet sich nicht primär durch bestimmte Analysetools und Methoden aus, sondern vor allem und im Kern durch die Motivation der Liebe zu den Verlorenen. Milieusensibilisierung ist für sie Hilfsmittel, aber nicht todsicherer Hebel zur Kirchenreform. Sie ist nicht Mittel der Selbstbehauptung einer schrumpfenden Kirche, sondern Konsequenz einer bestimmten Haltung, mit der sie Menschen begegnet. Milieusensible Kirche überschätzt und überfordert Methoden nicht. Sie weiß: Zu-Wendung ist durch nichts zu ersetzen. Sie erreicht ihr Ziel, ihre Erneuerung nicht durch die Anwendung einer Methode, sondern die Einübung einer Haltung. Kommunikation gelingt ihr – evtl. – dort, wo Menschen aus Gegenständen (»Kirchenmitglieder«, »Kirchensteuerzahler«, »Missionsobjekte«, pastoral zu »Betreuende«, »um Kasualien Nachsuchende«) zum Gegenüber werden; wo sie nicht mehr Mittel, sondern selber letzte Zwecke sind; wo wir uns ihnen in Liebe zuwenden.

Von Jürgen Habermas lernen, was für die Kirche in der Zeit des nachmetaphysischen Denkens unverzichtbar ist

Hans-Jürgen Abromeit

Wir leben in Deutschland insgesamt – in einigen Regionen stellt es sich noch etwas anders dar – in einer nachchristlichen Zeit. Es ist nicht so, dass es nicht noch ein reiches, sich auch im Gottesdienst manifestierendes christliches Leben in Deutschland gäbe. Mit einer großen Kraftanstrengung halten es die christlichen Kirchen aufrecht. Noch immer ist es jedem möglich, in seinem Dorf oder seiner Stadt ab und an einen Gottesdienst aufzusuchen. Es gibt eine Vielzahl von christlichen Einrichtungen, angefangen von Beratungsstellen, Sozialstationen, Altersheimen und Krankenhäusern über Schulen in kirchlicher oder freier christlicher Trägerschaft bis hin zu freien Vereinigungen, Vereinen und christlichen Gemeinschaften mit den unterschiedlichsten Zielsetzungen. Zunehmend pluralisiert sich auch in Deutschland – in England und Frankreich ist das schon längst geschehen – das christliche Angebot. Neben den Großkirchen, die immer kleiner werden, treten Neugründungen christlicher Gemeinden auf den Plan. Und das Christliche prägt mit seinen Gebäuden, den beeindruckenden, oft riesigen Stadtkirchen und den wunderschönen Dorfkirchen noch das äußere Bild unseres Landes, nicht aber das innere Bild unseres Bewusstseins. Mit dem Christlichen hat in unserem Kulturkreis das Religiöse überhaupt seine die gesamte Kultur und Gesellschaft prägende Kraft verloren, die es einmal hatte.

Jürgen Habermas, der Nestor der philosophischen Forschung in Deutschland, hat den Weg, der in unserer Kultur zu einer Verabschiedung des metaphysischen Denkens geführt hat, in seinem zweibändigen Alterswerk »Auch eine Geschichte der Philosophie«[1] luzid aufgezeigt. Es lohnt sich, den daraus folgenden Konsequenzen für die Praktische Theologie nachzugehen. Welche Aufgabe haben Theologie und Kirche nach der Destruktion des metaphysischen Denkens? Was können sie für eine Gesellschaft leisten, die sich in ihrem Bewusstsein von ihren bisherigen Grundvoraussetzungen verabschiedet hat? Zuerst gilt es, in Habermas

---

1 Vgl. J. HABERMAS, Auch eine Geschichte der Philosophie. Bd. 1: Die okzidentale Konstellation von Glauben und Wissen, Bd. 2: Vernünftige Freiheit. Spuren des Diskurses über Glauben und Wissen, Berlin 2019.

Denkansatz einzuführen (1). Sodann stelle ich die Aussagen von Habermas zusammen, die praktisch-theologisch relevant sind. (2) Interessanterweise entspricht der praktisch-theologische Ansatz des Jubilars einer zentralen Forderung von Habermas an die Kirche in der Phase nachmetaphysischen Denkens. Das soll in einem dritten Teil aufgezeigt werden. (3)

(1) Glauben und Wissen – miteinander unterwegs in 2500 Jahren

Wir leben – mindestens in der westlichen Welt, aber auch wohl weit darüber hinaus – in säkularisierten Gesellschaften. Unter Säkularisierung verstand man zunächst die Überführung ursprünglich kirchlicher Güter in weltlichen Besitz, dann allgemeiner die Verweltlichung der Lebensführung, die Emanzipation von christlichen, religiös ethischen Vorgaben und ihre Leitung durch die Vernunft und den eigenen Willen. Bis heute geht der Streit darüber, ob die Säkularisierung eher einen Rückschritt oder einen Fortschritt der gesellschaftlichen Entwicklung darstellt. In dem zivilisatorischen Prozess der Säkularisierung hat der Mensch Autonomie gewonnen. Umstritten ist, ob er diese auf Kosten seiner Gottesbeziehung oder als Resultat derselben erlangt hat. Ist Autonomie aus der Sicht des Glaubens schlecht oder gut, ist sie lebensabträglich oder lebensförderlich? Entspricht selbstbestimmte Freiheit dem Menschenbild der Bibel oder widerspricht sie diesem?

Schon im Jahr 2001, noch ganz unter dem Eindruck der Attentate vom 11. September 2001, hat Habermas, der sich selbst zu den »religiös Unmusikalischen« rechnet,[2] in unserer Gesellschaft ein brüchiges säkulares Bewusstsein wahrgenommen. Nachdem man sich im nachmetaphysischen Denken eingerichtet hatte, ist mit dem islamischen Fundamentalismus auf einmal eine zerstörerische, moderne Form der Religion in das Bewusstsein getreten. Hat aber die Religion in ihrer ursprünglichen Beschaffenheit vielleicht auch denen etwas zu sagen, die bisher – wie Habermas – das Sensorium dafür nicht hatten? Habermas empfindet die Alternative zwischen wissenschaftlicher Welterklärung auf der einen Seite und verfasster Religion auf der anderen Seite als unbefriedigend. Dazwischen liegt der weite Bereich des gesellschaftlichen Commonsense, der eine Gesellschaft trägt und der aus einem Gemisch vielfältiger vorwissenschaftlicher, weltanschaulich ethischer und religiöser Vorstellungen besteht. Wissenschaftliche Weltdeutungen allein versagen angesichts bestimmter Fragen, etwa wie Menschen Entscheidungen für verantwortliches Handeln herbeiführen oder aber wie sie dazu kommen, mit voll betankten Passagiermaschinen in

2 So in der Dankesrede zum Empfang des Friedenspreises des deutschen Buchhandels, vgl. derselbe, Glaube, Wissen – Öffnung, in: Süddeutsche Zeitung, 15.10.2001.

Hochhäuser zu fliegen. Religion kann das eine wie das andere bewirken. Daran zeigt sich, dass Religion auch nicht gleich Religion ist. Sie bedarf ihrerseits der Reflexion, der Klärung und der Unterscheidung.

Andererseits liegen in den Religionen Ressourcen für Werte und Haltungen, auf die wir nicht verzichten können, wenn wir die Gesellschaft verantwortlich in die Zukunft führen wollen. Habermas erwartet von den Gläubigen, dass sie in der Lage sind, »ihre religiösen Überzeugungen in eine säkulare Sprache« zu übersetzen,[3] damit diese Argumente verstanden und gehört werden können. Anderseits muss sich »auch die säkulare Seite ein Gespür für die Artikulationskraft religiöser Sprachen« bewahren, sonst schneidet sie sich von wichtigen Ressourcen der Sinnstiftung ab.[4] Habermas hält sich selbst für einen säkularen Menschen. Aber er hat eine ungeheure analytische Kraft und ein präzises Sprachvermögen.

So beginnt der »religiös Unmusikalische« eine Erkundung der »okzidentalen Konstellation von Glauben und Wissen«.[5] Den »Spuren des Diskurses über Glauben und Wissen« gibt er den Titel: »Vernünftige Freiheit«.[6] Das Monumentalwerk sollte ursprünglich heißen: »Zur Genealogie nachmetaphysischem Denkens. Auch eine Geschichte der Philosophie, am Leitfaden des Diskurses über Glauben und Wissen«. Und genau darum geht es: Habermas stellt ausführlich, wenn natürlich auch nicht vollständig, die Geschichte der Entstehung unseres gegenwärtigen Denkens dar. Unser heutiges Denken, das meint für Habermas unser westliches, abendländisches Denken. Er strebt große Vollständigkeit an und beschreibt – bei der Themeneinschränkung »okzidental« eigentlich nicht notwendig – auch Entwicklungen im Orient, und zwar nicht nur solche, die den Lauf der Geistesgeschichte im Okzident maßgebend beeinflussten, sondern auch zwar interessante, aber dem westlichen Denken fern liegende Bereiche wie den Buddhismus, Konfuzianismus und Taoismus. Der Grund liegt wohl darin, dass die Märkte global sind und das nachmetaphysische Denken einen »Universalitätsanspruch«[7] hat.

Habermas stellt den Diskurs über Glauben und Wissen von seinen frühesten Anfängen bis zum Ausgang des 19. Jahrhunderts dar. Um Universalität des Denkens zu gewinnen, bedient sich Habermas des von Karl Jaspers eingeführten

---

3 Ebd.

4 Ebd.

5 So der Untertitel des ersten Bandes des mehr als 1700 Seiten umfassenden Monumentalwerkes von 2019, vgl. Anm. 3.

6 So der Untertitel des zweiten Bandes, vgl. Anm. 3.

7 Vgl. den Abschnitt 3 des Einleitungskapitels: »Der okzidentale Entwicklungspfad und der Universalitätsanspruch nachmetaphysischen Denkens«, a. a. O., Bd. 1, 110–135.

Begriffes der »Achsenzeit«.[8] In der Zeit um – grob angegeben – 500 v. Chr.[9] gibt es in sehr vielen Kulturen einen Übergang »vom Mythos zum Logos«, von einer vorrationalen zu einer rationaleren Betrachtung der Welt. Habermas spricht von einem »kognitiven Schub«. Die Weltsicht verwandelt sich »von der Mannigfaltigkeit der narrativ verknüpften Oberflächenphänomene zur Einheit eines theoretisch und theologisch konzipierten Weltganzen«.[10] In der Tat ist es verblüffend, dass in vielen Ländern der Welt in dieser »Achsenzeit« Entwicklungen zu beschreiben sind, die hin zu mehr »Aufklärung« führen, in China, Indien, dem Iran, in Israel und in Griechenland. Habermas sieht in dieser Achsenzeit einen gemeinsamen Ursprung von Metaphysik und Monotheismus und den Durchbruch zu echter Transzendenz.[11] Heilige Schriften gewinnen eine vorher nicht dagewesene Bedeutung.[12] Das verändert den Kult und führt zum Entstehen einer persönlichen Gottesbeziehung:

> »In Gebet und meditativer Versenkung kann der Gläubige im Rahmen seiner Glaubensgemeinschaft eine persönliche, alle innerweltlichen sozialen Kontexte überschreitende Beziehung zu Gott oder dem Göttlichen herstellen.«[13]

In der Achsenzeit entsteht metaphysisches Denken, das man erst verstehen muss, wenn man begreifen will, was fehlt und was man dementsprechend im Voranschreiten zum nachmetaphysischen Denken hinter sich lässt. Religion hat etwas, was die ausschließliche Nutzung der Vernunft als Quelle der Weltbildgestaltung nicht mehr hat.

---

8 K. Jaspers, Vom Ursprung und Ziel der Geschichte, München 1949, 14 f. Vgl. Habermas Bd. 1, 177 ff. Die Rede von der Achsenzeit ist in den letzten Jahren mehrfach wieder aufgenommen und auch modifiziert worden, vgl. H. Joas, Was ist Achsenzeit? Eine wissenschaftliche Debatte als Diskurs über Transzendenz, Basel 2014 und J. Assmann, Achsenzeit. Eine Archäologie der Moderne, München 2018.

9 Andere geben den Zeitraum 800–200 v. Chr. an.

10 A. a. O., 178.

11 In den Weltbildern der Achsenzeit vollzieht sich ein »Durchbruch zu einem transzendenten Standpunkt«, a. a. O., 187.

12 Der Gestaltwandel des Heiligen in der Achsenzeit geht einher mit einer epochemachenden Veränderung der Kommunikationsmedien. Die Lehren der Religionen werden seit der Achsenzeit schriftlich fixiert. Die in dieser Zeit entstehenden Metaphysiken und Weltreligionen gehören sämtlich den Schriftkulturen an und dementsprechend zu den Buchreligionen.

13 A. a. O., 185.

»Die Religion zeichnet sich aus ihrer eigenen Perspektive gegenüber der Vernunft dadurch aus, dass sie in der epistemischen Dimension von Weltbildern und Ethiken eben *nicht aufgeht*, sondern aus der internen Verbindung mit Kultus und Gemeindebildung jene solidarisierende Kraft schöpft, die einer aufs Deontologische zugespitzten praktischen Vernunft [...] fehlt.«[14]

Bereits hier, in dieser frühen Zeit, entdeckt Habermas etwas, was für das Funktionieren von Gesellschaften sehr hilfreich ist und was die kommunikative Vernunft nicht erreicht. Das Besondere der religiösen Praxis ist die Verbindung von Inhalten, wie sie sich in der Vorstellung von der Welt und in ethischen Sätzen ausdrücken, mit religiösen Riten, die im Vollzug Sozialität konstituieren. Durch diese Art der Vergesellschaftung entsteht Solidarität, die Grundbedingung jeder Gemeinschaft ist.

Das nachmetaphysische Denken hat nun diese für die Achsenzeit typische Verbindung von Kognition und Solidarität bildendem Ritus hinter sich gelassen und es ist fraglich, ob diese Ausstattung der kommunikativen Vernunft reicht, den Herausforderungen des Lebens und der Geschichte zu begegnen. Am Ende bleibt die Frage offen, sagt Habermas,

»ob in den pluralistischen und hochindividualisierten Gesellschaften des Westens, die als demokratische Verfassungsstaaten organisiert sind, demokratische Willensbildung und liberale politische Kultur nach der vollständigen Entsakralisierung des Welt- und Selbstverständnisses als säkulares Äquivalent für den einstmals im Rituellen verwurzelten Umgang mit den Krisen der sozialen Integration ausreichen werden.«[15]

Aber nicht nur für die Gesellschaft stehen die Kräfte der Integration auf dem Spiel. Auch die Religion hat viel zu verlieren. Es zeigt sich, dass für das Überleben einer Religionsgemeinschaft feste soziale Formen und liturgische Vollzüge existenznotwendig sind. Habermas hat erkannt:

»Am Schicksal entinstitutionalisierter Formen der allein auf Erleben gegründeten Religiosität scheint sich zu zeigen, dass Religionsgemeinschaften ohne den Kern einer liturgischen Praxis kaum Überlebenschancen haben.«[16]

Also ist weder Gesellschaften ohne religiöse Praxis noch Religionsgemeinschaften reiner Innerlichkeit eine gute Zukunft garantiert.

---

14 A. a. O., 199 f, Hervorhebungen vom Verfasser (= HvV).

15 A. a. O., 271.

16 A. a. O., 200.

(2) Praktisch-theologisch relevante Erkenntnisse eines religiös Unmusikalischen

Habermas beschreibt die achsenzeitlichen Veränderungen des noch mythischen Jahwe-Glaubens zu einem strengen Monotheismus. Der Erlöser wird als Weltenschöpfer begriffen. Das unterstreicht seine transzendente Stellung. Als Schöpfer des Ganzen und Herr der Geschichte ist Gott der universale Herr.[17] Dieser Gott schließt mit seinem Volk einen Vertrag. Im Anschluss an Jan Assmann sieht Habermas die assyrischen Bundesverträge des 7. vorchristlichen Jahrhunderts als Vorbild des Bundesschlusses am Sinai.[18] Aber in zweierlei Hinsicht weicht dieser vom assyrischen Modell ab. Der erste Unterschied ist: Während in Assyrien der König zwischen Gott und dem Volk vermittelt, schließt am Sinai Gott seinen Vertrag direkt mit dem Volk. Moses ist kein Vermittler, sondern lediglich der Überbringer des Vertrages. Das Gottesverhältnis ist in der Sinaitradition gekennzeichnet durch eine egalitäre Struktur. Dementsprechend richten sich die 10 Gebote an alle, sie enthalten keine Privilegien für irgendwen. Sie sind der »Kern einer *universalistischen Moral*«.[19]

Der zweite Unterschied liegt darin, dass der assyrische König den Vertrag verfügt. Das Volk Israel stimmt »*aus freien Stücken* zu«.[20] Diese Freiwilligkeit ist von großer Bedeutung. Mit ihr scheint ein Element auf, das für das Gottesverhältnis sowohl in jüdischer Tradition als auch später – von hier übernommen – für das christliche Verständnis grundlegend ist. Es gibt Glauben nach jüdisch-christlicher Auffassung nur in freiem Einverständnis. Jeglicher Zwang im Glauben zerstört ihn. Dieser Satz ist häufig missachtet worden, aber jede Missachtung war ein Beleg für seine Richtigkeit. »Gottes befreiende Gerechtigkeit kann nur denen zugutekommen, die Gottes Gesetze freiwillig annehmen.« Erst diese freiwillige Zustimmung konstituiert das »trianguläre Netz zwischen den Beziehungen, in denen die Mitglieder des Volkes zueinander stehen, und der Beziehung, die diese, als Volk vereinigt, zum transzendenten Gott eingehen.«[21]

Mit dieser Dreiecksbeziehung zwischen Gott, den einzelnen Individuen und den ebenfalls zu Gott in einer Beziehung stehenden anderen glaubenden Individuen ist ein Netz entstanden, das fortan maßgeblich ist und sich im Laufe der weiteren Entwicklung weiterentfaltet. Sehr schön beschreibt Habermas, dass sich erst eine Beziehung zwischen Gott und dem Volk herausbildet und der einzelne eingebettet in der Gemeinschaft gesehen wird. Erst im Laufe der Zeit indivi-

---

17 Vgl. a.a.O., 335.

18 Vgl. a.a.O., 337.

19 A.a.O., 337 (HvV).

20 Ebd. (HvV).

21 Ebd.

dualisiert sich die Gottesbeziehung. So wird aus der kollektiven Beziehung zu Gott ein

> »für die Gemeinschaft der Gläubigen typische(s) Gewebe der vertikalen, auf den Einheit stiftenden Bezugspunkt konzentrisch zulaufenden Beziehungen der jeweils einzelnen Personen zu Gott ..., das sich über der Basis des mittelpunktlosen und inklusiven Netzes der horizontalen Beziehungen der einzelnen zueinander ausspannt«.[22]

Die Gemeinde der Glaubenden – schon in Israel – ist also nicht konstituiert durch Eins-zu-Eins-Beziehungen (Gott und Mensch, Mensch und Mensch). Die Rede von einer Glaubensgemeinschaft macht nur Sinn, wenn sie die Dichotomie solcher Relationen zugunsten einer komplexeren Betrachtungsweise überwindet.[23] Viele menschliche Beziehungen zu Gott queren viele menschliche Beziehungen unter den Menschen. So wird das Dreieck Gott – Mensch – Mensch, das seine Evidenz der zweidimensionalen Vorstellungsweise verdankt, abgelöst von dreidimensionalen Vorstellungen eines Netzes oder eines Gewebes. Eine Glaubensgemeinschaft oder eine Gemeinde ist eben nicht in schlichten Eins-zu-Eins-Relationen sachgerecht zu beschreiben, sondern nur, in dem die Gottesbeziehung immer schon eingebettet ist in eine Reihe von sozialen Beziehungen. Eine abstrakte Gottesbeziehung ohne Einbettung in soziale Beziehungen gibt es eben so wenig wie Beziehungen unter Menschen unter Ausblendung der Gottesfrage. Dieses dreidimensionale Verständnis des *triangulären Netzes der Beziehungen zwischen Gott und Mensch* ist theologisch und praktisch-theologisch grundlegend. Habermas selbst meint freilich, dass es erst in calvinistischen Kirchengemeinden zu einer »organisationsprägenden Kraft«[24] geworden ist.

Im Rahmen dieses Beziehungsgeflechtes verändert sich schon von der Achsenzeit an die *Rolle des Gebets*. Während vor der Achsenzeit das Gebetverständnis häufig noch magisch geprägt war, gewinnt es nun kommunikativen Charakter. Habermas betont: Das Gebet genießt »den Rang des Königswegs zum

---

22 A. a. O., 337 f.

23 Erst kürzlich hat Michael Welker auf Dietrich Bonhoeffers genialen Denkansatz in seiner Dissertation »Sanctorum Communio. Eine dogmatische Untersuchung zur Soziologie der Kirche« (jetzt in: Dietrich Bonhoeffer Werke, Bd. 1, München 1986) hingewiesen, der ebenfalls solch komplexe Strukturen eines sozialen Geflechtes denkt, um die Realität der Gemeinde zu verstehen: »Alle diese zwischenmenschlichen Verhältnisse werden nicht nur in ihren Auswirkungen aufeinander bedacht, sondern auch im Blick auf ihre differenzierten Gottesbeziehungen« (Ders., Genialität und Vermächtnis. Dietrich Bonhoeffers frühe Dissertation von 1927 und seine letzten Texte aus der Haft; in: Zeitzeichen 12/2020, 54–56, 54.).

24 A. a. O., 338.

Kontakt mit Gott«. Obwohl in der Erwählung das Volk als Ganzes Gottes Gegenüber ist, entwickelt sich eine persönliche Frömmigkeit und »das individuelle Gebet« ist »der bevorzugte Weg für eine Intensivierung der Beziehung des Einzelnen zu Gott«. Die persönliche Beziehung zu Gott ist zu unterscheiden vom öffentlichen Kultus. Sie ist neben den gemeinsamen Ausdrucksformen der Religion etwas Eigenes. Ihre kommunikative Gestalt findet sie im persönlichen Gebet. Nach Habermas ist dieses der »Spielraum für die dialogische Entfaltung einer vertieften subjektiv gefärbten Religiosität«.[25] So kann jeder, der betet, seine Gottesbeziehung existentiell verinnerlichen und persönlich Gottvertrauen lernen.

Auf diesem Hintergrund würdigt Habermas Leben und Lehre Jesu. Jesus wächst aus dem Judentum heraus, ganz im doppelten Sinn des Wortes. Zunächst ist das Wirken Jesu als eine innerjüdische messianische Reformbewegung[26] zu verstehen.[27] Jesusbewegung und Judentum teilen den gleichen dogmatischen Denkrahmen. Aber Jesus radikalisiert die »Heilsbotschaft«, »um die Glaubensbrüder und -schwestern aus den erstarrten Routinen ihres Lebens aufzurütteln und zur Umkehr zu bewegen«.[28] In der Verkündigung Jesu geht es um diese Umkehr, um »*Bekehrung* im Sinne des radikalen *Aufbruchs zu einem neuen Leben*«. Mit dieser Bekehrungsbotschaft, für die es sonst in der Antike keine Analogien gibt, kann Jesus an die Botschaft Johannes des Täufers anknüpfen, in der die Umkehr mit der Taufe verbunden ist. Daraus entwickelt später die christliche Gemeinde eine Tauftheologie, die den Entschluss zur Abkehr vom sündigen Leben mit dem »Ritus des Neuanfangs« und der Vergebung der Sünden verbindet. Die Einführung einer »kollektiven Taufpraxis« ist eine Resonanz »auf

[25] A. a. O., 351.

[26] Vgl. a. a. O., 493.

[27] Leider ist Habermas in seiner Schilderung Jesu zu stark abhängig von Rudolf Bultmanns Urteilen dazu; vgl. R. Bultmann, Das Urchristentum im Rahmen der antiken Religionen [1949], Düsseldorf 1998. Das erklärt manche Schwächen der Darstellung, denn bei allem Respekt vor der forschungsgeschichtlichen Leistung Bultmanns kann sein Ansatz insoweit als überholt gelten, wie er neutestamentliche Theologie in scharfer Antithese zu jüdischem Denken entwickelt. Außerdem ist heute weithin anerkannt, dass die Abendmahlsworte auf Jesus selbst zurückgehen (vgl. Markus 14,12 ff.; Lukas 22,19 ff.; Matthäus 26,26 ff. mit 1. Korinther 11,23–25) und hier von Beginn an ein sühneleidenstheologischer Aspekt (»für euch«) eingeschlossen ist. Gewiss ist dieser noch nicht so entfaltet, wie bei Paulus. Der Gedanke ist da, aber noch nicht eine Theologie des Sühneopfers. Insofern hat Habermas dann auch wieder Recht: »Die Idee des von Gott selbststellvertretend für die sündige Menschheit übernommenen Leidens ließ sich erst posthum an die Ereignisse der Kreuzigung, die Entdeckung des leeren Grabes und die Erscheinung des Auferstandenen, also an das Pfingstereignis anknüpfen.« (A. a. O., 495).

[28] A. a. O., 497.

den Ruf Jesu 'Folget mir nach«.[29] Die Zentralstellung des Umkehrrufes Jesu und seine Verbindung mit der Einführung der Taufe werden zu einem zentralen Ritus der Kirche und bleiben über die Zeiten ein konstitutives Element der Kirche.

In der Verkündigung Jesu sieht Habermas eine »Sublimierung des jüdischen Ethos«. Jesus hält an den Gesetzen fest, stellt diese aber »auf Grundsätze« um und ordnet »die Ritualgesetze diesen Grundsätzen«[30] unter. Besonders wichtig ist Jesu Antwort auf die Frage nach dem wichtigsten Gebot. Jesus nennt mit gleicher Wichtigkeit die Liebe zu Gott und die zum Nächsten.[31] Damit geschieht etwas ausgesprochen Folgenreiches, das in seinen Konsequenzen kaum überschätzt werden kann. Die zentrale Passage lautet:

> »Damit nimmt Jesus gleichzeitig die erwähnte, im Bund Jahwes mit seinem Volk verwirklichte triadische Struktur auf, die sich aus zwei komplementären Beziehungsmustern zusammensetzt. Das mittelpunktlose, aber inklusive Netz der horizontalen Beziehungen aller Gläubigen untereinander wird überwölbt von dem Gewebe der vertikalen, auf den Einheit stiftenden Bezugspunkt konzentrisch zulaufenden Beziehungen der jeweils Einzelnen zu Gott. Der individuelle Bezug zu Gott und das wechselseitige Wissen vom jeweils individuellen Gottesbezug aller anderen sind, zusammengenommen, für das innere Forum des Gewissens gleichermaßen konstitutiv wie die Zugehörigkeit zum 'Volk Gottes'. Aber während im Alten Testament der Gehorsam gegenüber den Gesetzen des rettenden Gottes das Gewissen konstituiert, gewinnen nun die *Liebe zum versöhnenden Gott*, der den Menschen ihre Sünden vergibt, und die reziproken *Liebesbeziehungen der versöhnungsbereiten Menschen untereinander* eine Priorität gegenüber der Gerechtigkeit Gottes gegenüber den Menschen und der Menschen untereinander.«[32]

Diese trianguläre Struktur ist schlechthin grundlegend für das Verhältnis Gott und Mensch. Es gibt dieses Verhältnis nicht ohne die Beziehung zu den anderen Menschen. Habermas erläutert in Auslegung des Doppelgebots der Liebe, wie diese komplexe Struktur näher zu verstehen ist. Auf der Ebene der Menschen entsteht durch die vielen Beziehungen der Menschen zueinander, die ohne vorgegebene Hierarchie sind, ein Netz ohne Zentrum. Es schließt prinzipiell alle Menschen ein, ist aber auf sich gestellt ohne zusammenhaltende Kraft. Erst durch das komplementäre zweite Beziehungsmuster, das sich konstituiert durch die Beziehung der vielen zu Gott, entsteht ein Ganzes, dem eine Einheit ermöglichende Struktur innewohnt. Der Zusammenhalt in der triangulären Struktur wird durch den Gottesbezug möglich. Ohne diesen fehlt der menschlichen Gemeinschaft eine ihre Verbundenheit ermöglichende gemeinsame Beziehung.

---

29 A. a. O., 498 (HvV).

30 A. a. O., 501.

31 Vgl. Mk 12,29–31; Mt 22,37–40.

32 A. a. O., 502 (HvV).

Diese triadische Struktur ist eine allem menschlichen Leben zugrunde liegende Voraussetzung, die erst gelingendes Leben in der Gemeinschaft ermöglicht. Infolgedessen muss sie überall dort, wo Gemeinschaft gestaltet wird, beachtet werden. Sie gilt dann auch nicht nur für die Gestaltung des kirchlichen Lebens (dort darf sie auf keinen Fall missachtet werden), sondern überall, also auch in Gesellschaft und Staat. Durch das Doppelgebot der Liebe ist ein Maßstab gesetzt, der von Glaubenden nicht übergangen werden kann, dessen Logik aber auch weit über den Kreis der Glaubenden einleuchtet.

Das Doppelgebot der Liebe gibt aber nicht nur und nicht in erster Linie eine Struktur vor, sondern durch und mit und in dieser Struktur auch einen konkreten Inhalt, die Liebe, nämlich zu Gott und jedem menschlichem Nächsten, also zu allen Menschen. Auch dem christlichen Glauben zuneigende Menschen fragen sich, ob diese niemanden ausschließende, grundsätzlich menschlich positive und wertschätzende Grundeinstellung zu jeder und jedem nicht das Liebesgebot überdehnt. Jesus weitet es freilich sogar auf die Feinde eines Menschen aus.[33] Zutreffend bringt Habermas zum Ausdruck, dass der triangulären Struktur eines Beziehungsnetzes eine inhaltlich gefüllte Vorstellung von Gott und ihm zu entsprechen versuchenden Menschen zu Grunde liegt. Der Gott, der das Doppelgebot der Liebe gebietet, ist der Gott, der selbst versöhnt, Sünden vergibt und erwartet, dass Menschen ihrerseits versöhnungsbereit sind. Im Doppelgebot der Liebe bedingen sich Struktur und Inhalte gegenseitig.

Der versöhnende Gott ist der Gott, der zu diesem Zweck Mensch wird. Der für den modernen Menschen anstößige Begriff der Gottessohnschaft Jesu hat hier seinen Ursprung und Sinn. Versöhnung kann nur Gott selbst schaffen. Gott lässt nicht einen anderen sich ausprobieren, sondern er selbst wird Mensch und versöhnt durch den Tod, den er anstelle der Menschen auf sich nimmt, die Menschen mit sich, indem er ihnen ihre Verfehlungen vergibt. Der »Gedanke der Gottessohnschaft« »bildet die Brücke zu der unerhörten Idee vom stellvertretenden Sühnetod, durch den Gott selbst – in der inkarnierten Gestalt seines Sohnes – die Sünden der Menschheit auf sich nimmt«.[34] Besonders klar findet sich diese Theologie bei Paulus, der dem Kreuzestod Jesu »einen revolutionären Sinn verleiht«. Paulus ist es, der den grundlegenden Sinn der »Dialektik von Karfreitag und Ostern«[35] erkennt. Er entwickelt eine »ganz und gar originelle Gnadenkonzeption des Glaubens an den Sühnetod Christi«.

---

33 Vgl. Mt 5,44; Lk 6,27 f. Dazu Habermas: »Nur die Feindesliebe und die Bereitschaft, die ungerechte Gewalt ohne gewaltbereite Antwort zu erleiden, können den Kreislauf der Gewalt durchbrechen« (a. a. O., 500).

34 A. a. O., 504.

35 A. a. O., 505.

»Im Mittelpunkt steht der bahnbrechende Gedanke, dass Gott mit dem stellvertretenden Opfer seines Sohnes der tätigen, aber der aus eigener Kraft ohnmächtigen Reue der sündigen Menschheit zuvorkommt«.[36]

Zu tief sind die Menschen in Sünde verstrickt, um in Abwägung ihrer eigenen Leistungen auf Vergebung hoffen zu können. »Daher konnte die Menschheit nur durch die *Selbsthingabe* Gottes gerettet werden«.[37]

Diese Rettung ist bereits geschehen. Für Christen hat sich die Zeitachse verschoben. Was am Ende der Tage auf den Messias wartende Juden erhoffen, ist für Christen bereits eingetreten. »Der menschgewordene Gott (hat) mit dem Akt der Selbstaufopferung am Kreuz die Sünden der Menschen bereits auf sich genommen«.[38] Sündenvergebung ist keine Hoffnung. Sie ist Realität. Sie ist am Kreuz auf Golgatha geschehen. Wer mit der Gewissheit der Vergebung seiner Sünden lebt, kann eine andere Lebenszuversicht entwickeln, als der, der lediglich auf die Vergebung hofft, sich ihrer aber nicht gewiss sein kann. »Nur dem, der an Jesus glaubt, kann die Teilhabe an der Heilswirkung des in Jesus von Gott selbst erbrachten Sühneopfers gewährt werden«.[39]

Habermas wird nicht müde, das Besondere, ja die menschheitsgeschichtliche Bedeutung dieses Heilwirkens Christi zu betonen. Dabei wirkt Jesus in, mit und durch die als triangulär beschriebene, oben erläuterte Struktur, die geprägt und bestimmt ist durch den einmaligen Inhalt seines versöhnenden Sterbens und Auferstehens. Das wird auch deutlich durch die immer wiederkehrende Bezugnahme auf die Sakramente, vor allem auf das Abendmahl. Zu Beginn des Bandes 2 behandelt Habermas u. a. Martin Luther unter der Überschrift: »Die Trennung von Glauben und Wissen: Protestantismus und Subjektphilosophie«.[40] Als Konsequenz der von Luther als Kern des christlichen Glaubens verstandenen Rechtfertigungslehre entkoppelt Luther das Glauben vom Wissen. »Der Glaube ist eine Sache des Vertrauens, nicht der Erkenntnis.«[41] Luther geht aus vom Vorrang der sich selbst vollziehenden Wirkung der religiösen Erfahrung vor ihrer inhaltlichen Bestimmung. Er kritisiert bloße Äußerlichkeit im Glauben und legt Wert auf Authentizität, die aus echter Innerlichkeit wächst. Wahre Innerlichkeit konstituiert sich durch die Auslegung des Wortes Gottes, Gebet und sakramentale Handlungen.[42]

---

36 A.a.O., 506, unter Verweis auf Röm 5,8.

37 A.a.O., 507 (HvV).

38 A.a.O., 511.

39 Ebd. unter Verweis auf Röm 3,25.

40 Band 2, vgl. Anm. 3, a.a.O., 7–188.

41 A.a.O., 35.

42 Vgl. a.a.O., 13.15.

Das sakramentale Geschehen wird in ein Wortgeschehen aufgehoben. Darin liegt »die existentiell erfahrene Anwesenheit des Anderen, des unsichtbar bleibenden göttlichen Dialogpartners.« Luther insistiert auf die »reale(.) Anwesenheit Gottes im Vollzug des Sakraments«.[43] Gott selbst ist in den in den sakramentalen Handlungen wiederholten Worten anwesend. Die interpretationsbedürftige sakrale Handlung, das Zeichen, kommt zusammen mit dem zugesprochenen Wort Gottes und dem Glauben dessen, der das Abendmahl empfängt. So entsteht das Sakrament. Dabei gibt es einen »Vorrang des gesprochenen Wortes«. Dadurch reduziert sich die sakramentale Handlung auf das Wesentliche, »den Vollzug der Rechtfertigung«.[44] Aufs Engste hängen also Struktur und Inhalt zusammen. Der Neuanfang geschieht mit Hilfe des Rechtfertigungsglaubens an Jesus, dessen Werk durch das als Sakrament empfangene Abendmahl vermittelt wird. Der versöhnende Gott wirkt Versöhnung unter Menschen. Luthers Abendmahlsverständnis zielt »auf die Solidarität stiftende Kraft des Opfertodes Christi«.[45] Habermas betont immer wieder die Wichtigkeit der wirklichen Anwesenheit Gottes in den gesprochenen Worten. Darin »ist *Gott selbst gegenwärtig.*« Während für Luther das Abendmahl ein Handeln Gottes selbst darstellt, ist für Zwingli das Abendmahl »eine Inszenierung der Gemeinde«.[46] Das gefällt Habermas gar nicht, denn dadurch beraubt sich die Kirche ihres Alleinstellungsmerkmals, des Anspruchs, den sie nach wie vor vor der Philosophie hat, dass im Handeln der Kirche, soweit sie das Wort Christi sagt, Gott selbst anwesend ist.

Habermas kann denkerisch nicht über seinen Schatten springen. Es gibt für ihn zum nachmetaphysischen Denken keine Alternative. Aber er weiß, was die neuzeitliche Philosophie und Geistesgeschichte verloren hat. Er möchte dem Glauben nicht seinen Raum in unserer Gesellschaft nehmen. Er weiß, was Religion an integrierenden und orientierenden Kräften entfalten kann. Liebe und Solidarität werden der Gesellschaft verloren gehen, wenn sie die Kraft der Religion außen vor lässt. Aber nur eine Religion, die ihr Herz in der Feier des

---

43 A. a. O., 44.

44 A. a. O., 47.

45 A. a. O., 48.

46 A. a. O., 50 (HvV). Habermas fragt, ob zwischen Luther und Zwingli nicht »eine menschheitsgeschichtliche Zäsur« liegt. Er sieht in Zwinglis Verständnis, einem Schritt, der »inzwischen von weiten Teilen des Protestantismus insgesamt nachvollzogen« worden ist, eine »Überführung sakramentaler Handlungen in eine irdische, von der Kirche veranstaltete feierliche Kommunikation unter den Gemeindegliedern«. Das ist dann »die Aufhebung des sakralen Komplexes, das *Versiegen der sakralen Quelle sozialer Integration*« (HvV), a. a. O., 51. Auf diesem Hintergrund erklärt sich, warum Habermas starke Kritik an Karl Barth und seiner Haltung zum Abendmahl übt. Er meint, Barth entziehe sich dem Thema. Er bezeichne allein Christus als das einzige Sakrament. Deswegen seien Sakramente als kirchliche Handlung überflüssig; vgl. a. a. O., 699.

versöhnenden Opfertodes Christi schlagen lässt, wird eine vitale Religion sein. Er hat Sorge, dass in der Gegenwart die Quelle dieser Vitalität versiegt.

> »Dem Soziologen drängt sich demgegenüber heute der Eindruck auf, dass eine religiöse Lehre auch und gerade in der Moderne nur so lange eine Überlebenschance hat, wie sie im gottesdienstlichen Ritus der Gemeinde *praktiziert*, also auch im existentiellen Sinne angeeignet wird. Daher ist es auch ein empirischer Indikator«,

ob die Theologie weiß, dass

> »ihre Lehren auch nach dem Ende der Epoche der Weltbilder – und *insoweit* unter Bedingungen nachmetaphysischen Denkens – in den sakramentalen Handlungen der Gemeinden eine Stütze finden müssen. Mit dem Sakrament des Abendmahls, also der Teilhabe an Brot und Wein, Leib und Blut Christi, wird die Bedeutung des Opfertodes am Kreuz und damit der Menschwerdung Gottes zugleich zelebriert und verkörpert.«[47]

Wenn die christliche Kirche auf dieses Alleinstellungsmerkmal verzichten würde, verzichtet sie auf »eine innerweltliche Vergegenwärtigung des aus der Transzendenz, also von jenseits der Welt hereinbrechenden Heilsgeschehen« und ebenso darauf, »zur Erzeugung und Stabilisierung gesellschaftlicher Solidarität beizutragen«.[48] Habermas wird nicht zu einem christlichen Theologen, aber als Philosoph und Soziologe kann er ziemlich präzise beschreiben, welcher Art eine Theologie sein muss, damit sie aus ihrer eigenen Geschichte und denkerischen Tradition die grundlegenden Bedingungen schöpft, die die Voraussetzungen bilden, damit eine Gemeinde heute leben und ihren Beitrag zu unserer Gesellschaft leisten kann. Die nach Habermas notwendigen Elemente möchte ich noch einmal zusammenfassen und auf Herbsts praktisch-theologischen Ansatz beziehen.

(3) Kirche von vitaler Gemeinde her neu denken (Michael Herbst)

Im Vordergrund steht bei Habermas die Herausbildung einer *persönlichen Gottesbeziehung*, deren zentrale Bedeutung er schon seit der Achsenzeit gegeben sieht. Überhaupt ist der Beziehungscharakter des christlichen Glaubens grundlegend. Dieser geht hervor aus der bereits in der jüdischen Gemeinde entwickelten *Definition von Gemeinde als triangulärem Netz*, als das sich das komplexe

47 Ebd.

48 A. a. O., 702.

Feld der sich kreuzenden Beziehungen einerseits des gesamten Kollektivs, andererseits aber auch jedes einzelnen Individuums zu Gott und gleichzeitig zu vielen anderen Gliedern der Gemeinde darstellt. Aufgrund des vielfältigen Beziehungscharakters ist Gemeinde selbstverständlich immer eine soziale Kategorie, schon im jüdischen Verständnis, aber auch im christlichen Sinn. Es wäre schlicht falsch, sie nur inhaltlich zu bestimmen. Freilich gehören bestimmte Inhalte zum jüdischen wie zum christlichen Verständnis von Gemeinde dazu, verstanden als trianguläre Netzstruktur, ohne die nicht von Gemeinde gesprochen werden kann.

Habermas entfaltet präzise, welche *Inhalte* sich in dieser Struktur mit dem Verständnis von Gemeinde verbinden. Es sind christliche Bilder von Gott, den Menschen und der Welt insgesamt, Vorstellungen, die eine bestimmte Ethik aus sich entlassen und die mit bestimmten Riten verbunden sind. Für das Beziehungsgeflecht Gemeinde ist die Kommunikation die Quelle der Lebendigkeit. Typisch ist die Verbindung von Kognition und Solidarität bildenden Riten. Die Gemeinde braucht feste soziale Formen und liturgische Vollzüge. Es ist in besonderer Weise das Abendmahl, das die Inhalte zusammenfasst, anschaulich macht und zugleich vermittelt. Es zeigt einen Gott, der versöhnt und *Versöhnung* erwartet, einen Gott, der sich selbst für die Menschen hingibt und dessen Selbstlosigkeit sich in Taufe und Abendmahl stetig aktualisiert und damit die Menschen untereinander in Liebe und Solidarität verbindet. Aus diesen Inhalten wächst eine *universalistische Moral*. Das Miteinander im Beziehungsgeflecht Gemeinde basiert auf *Freiwilligkeit*.

Der praktisch-theologische Weg von Michael Herbst begann mit dem Nachdenken über Gemeinde. Was macht eine Gemeinde aus und dient ihrem Aufbau? In den achtziger Jahren des letzten Jahrhunderts, in denen seine Dissertation[49] entstand, war die Frage nach der Gemeinde und dem Gemeindeaufbau eins der meist diskutiertesten Themen der Praktischen Theologie. Dieses Fragen nach der Gemeinde war u. a. ausgelöst durch die Wahrnehmung eines schwindenden positiven Grundkonsenses in der Gesellschaft, der die bisher weitgehende selbstverständliche Zugehörigkeit zur Kirche einschloss.

Traditionell fehlte der protestantischen Theologie ein realistischer Blick auf die Empirie. Man deduzierte – je nach theologischer Richtung unterschiedlich – aus dogmatischen Setzungen Ziele für die kirchliche Arbeit. Eine Einbeziehung der mit sozialwissenschaftlichen Methoden wahrnehmbaren Wirklichkeit in die Theorieentwicklung war noch nicht üblich. Das versuchte die evangelische Kirche nachzuholen, in dem sie 1972 zum ersten Mal (und seitdem alle 10 Jahre wieder) eine Befragung der Kirchenmitglieder zur Mitgliederbindung durchführte.

---

49 Michael Herbst, Missionarischer Gemeindeaufbau in der Volkskirche, Stuttgart 1987; zuletzt: 5. deutlich erweiterte Auflage, BEG 8, Neukirchen-Vluyn 2010.

Aber hier zeigte sich das Problem aller empirischen Forschung. Die Fakten, die erhoben werden, sind ja bereits nach einem bestimmten Setting der Forschung erhoben worden. In den Entwurf eines solchen Forschungsdesigns fließen viele Voreinstellungen und auch implizite dogmatische Überzeugungen mit ein. Die wahrgenommene Empirie ist keineswegs die wirkliche Wirklichkeit, sondern die Wirklichkeit, wie sie aufgrund des Forschungsdesigns wahrgenommen werden kann. Das Forschungsinteresse legt mindestens zu einem Teil schon fest, was am Ende erkannt wird.

Natürlich ergaben die Mitgliederbefragungen viele einzelne und spezielle Einsichten. Interessant ist aber ein durchgehend festzustellender Trend in der Deutung der Befragungen. Man stellte z. B. fest: »Insgesamt zeigt sich, daß [sic!] der empirisch faßbare [sic!] Bestand der Kirche auf einer soliden Basis ruht [...]. Zu einer pessimistischen Prognose für die Volkskirche besteht kein Anlaß [sic].«[50] Dieser beschwichtigende Grundton in der Interpretation der Befragungsergebnisse ist auch bei allen folgenden Befragungen festzustellen.[51] Man beruhigte sich damit, dass die in den Umfragen festgestellte, etwa 60 % der Kirchenmitglieder umfassende »positiv-distanzierte Kirchlichkeit«[52] der Normalfall des evangelischen Bindungsverhaltens und Nicht-Teilnahme an Gottesdiensten und kirchlichen Veranstaltungen praktizierte evangelische Freiheit sei. Jahrzehntelang hat man nicht wahrhaben wollen, was sich dem kritischen Blick längst offenbarte. In sehr vielen Fällen war die distanzierte Kirchlichkeit Ausdruck der Entfremdung von Kirche und der Beginn einer Absetzungsbewegung. Manchmal wurde der Austritt dann nicht mehr in dieser, aber in der folgenden Generation vollzogen wurde. So war Herbsts Analyse schon 1987 messerscharf: Er spricht ungeschminkt von einer seit 1969 begonnenen Welle der Kirchenaustritte, die seitdem auch nicht mehr unter die Zahl von 100.000 gesunken ist und in manchen Jahren sogar das Dreifache dieser Zahl erreicht hat. Aber zu

---

50 Der damalige Kirchenpräsident der Ev. Kirche von Hessen und Nassau, Helmut Hild, in: H. Hild (Hg.), Wie stabil ist die Kirche? Bestand und Erneuerung. Ergebnisse einer Umfrage, Gelnhausen und Berlin 1974, 3.

51 Zwar wurden die praktisch-theologischen Deutungen der kirchenamtlichen Befragungen im Laufe der Zeit differenzierter und das Befragungsinstrumentarium wurde im Zuge der Weiterentwicklung in den Sozialwissenschaften auch fortentwickelt. Aber erst im Jahr 2019 im Anschluss an die Veröffentlichung einer Untersuchung, die der Rat der EKD in Zusammenarbeit mit der (katholischen) Deutschen Bischofskonferenz in Auftrag gegeben hatte, begann sich eine realistische Vorstellung von der Zukunft der Großkirchen in Deutschland Bahn zu brechen; vgl. EKD (Hg.), Kirche im Umbruch. Zwischen demografischem Wandel und nachlassender Kirchenverbundenheit. Eine langfristige Projektion der Kirchenmitglieder und des Kirchensteueraufkommens der Universität Freiburg in Verbindung mit der EKD, Hannover 2019.

52 Vgl. M. Herbst, Gemeindeaufbau, 127 ff.

diesem Verlust an den Rändern kommt eine »Erosion im Zentrum«[53], d. h. auch die Kerngemeinde ist unsicher im Zentralen, weitgehend in den Ausdrucksformen des Glaubens sprachlos und stark auf den Pfarrer, bzw. die Pfarrerin zentriert. Es fehlt weitgehend die mündige Gemeinde, deren Glieder aufgrund einer ausgeprägten persönlichen Beziehung zu Gott urteilsfähig und bereit sind, die Geschicke der Gemeinde und die Gesellschaft aus Glauben mitzugestalten.[54]

Herbst nimmt in seinen Überlegungen zur Definition dessen, was eine Kirche/Gemeinde[55] ist, die üblicherweise aus den lutherischen Bekenntnisschriften, Confessio Augustana VII zitierte Formulierung auf: »Es wird auch gelehrt, dass allezeit eine heilige christliche Kirche sein und bleiben muss, welche die Versammlung aller Gläubigen ist, bei denen das Evangelium rein gepredigt und die heiligen Sakramente gemäß dem Evangelium gereicht werden.«[56] Er legt aber Wert auf die Feststellung, dass dieser Satz seinen Sitz im Leben der Einigungsbemühungen zwischen Altgläubigen und Anhängern der Reformation hat und lediglich beschreibt, was »zu wahrer Einigkeit der christlichen Kirche« »notwendig«[57] ist. Die unverfälschte Predigt des Evangeliums von Jesus Christus und die Feier der Sakramente so, wie Jesus sie eingesetzt hat, genügen, um von der Zugehörigkeit einer Gemeinde, Konfession oder Kirche zu der weltweiten Kirche Jesu Christi sprechen zu können. CA VII allein ist noch keine Definition dessen, was eine Gemeinde ist. Hier hat die Reformation des 16. Jahrhunderts eine Lücke hinterlassen.

Die Predigt des Evangeliums und die Feier der Sakramente sind zwei notwendige, aber noch nicht hinreichende Bedingungen von Gemeinde. Es fehlt ein Hinweis auf die für jede Gemeinde konstitutionell wichtige Sozialität. Deswegen

---

53 Vgl. a. a. O., 138 ff.

54 Vgl. auch Herbsts Kommentar zur letzten Mitgliedschaftsuntersuchung von 2012 und dem wissenschaftlichen Kommentarband: M. Herbst, Wie geht es der Kirche? Wichtige Ergebnisse der fünften EKD-Mitgliedschaftsuntersuchung (KMU V), in: M. Herbst, Aufbruch im Umbruch. Beiträge zu aktuellen Fragen der Kirchentheorie, BEG 24, Göttingen 2018, 89–113.

55 Nach Christian Möller gibt es eine Komplementarität der Begriffe Kirche und Gemeinde: »Im Begriff 'Kirche' kommt die rechtliche, institutionelle, geschichtliche und räumliche Gestalt ... der christlichen Gemeinde zur Sprache; im Begriff ›Gemeinde‹ kommt die personale, als Versammlung und Gemeinschaft im Evangelium sich ereignende, lokal begrenzte Gestalt von 'Kirche' zur Sprache« (Ders., Art.: Gemeinde I. Christliche Gemeinde; in: TRE XII (1984), 316–335, 317).

56 VELKD (Hg.), Unser Glaube. Die Bekenntnisschriften der evangelisch-lutherischen Kirche, Gütersloh ^{6}2013, 50.

57 Ebd.

führt Herbst[58] als Definition von Gemeinde die dritte These der Barmer Theologischen Erklärung an, die CA VII aufnehmend formuliert: »Die christliche Kirche ist die Gemeinde von Brüdern (und Schwestern),[59] in der Jesus Christus in Wort und Sakrament durch den Heiligen Geist als der Herr gegenwärtig handelt.«[60] Diese einfache Formulierung bezeichnet ein komplexes Feld von Beziehungen, einmal der Beziehung zu Gott, dann der glaubenden Subjekte untereinander, schließlich auch der anderen zu Gott und in allen Beziehungen auch der Beziehung des jeweiligen Subjektes zu sich selbst. Es ist nicht einfach, dieses Beziehungsgeflecht sachgerecht in Worte zu fassen. In einer späteren Studie kann Herbst ganz schlicht sagen: »Kirche ist da, wo Menschen hören, glauben, gehorchen, zueinander halten und miteinander anderen dienen.«[61] In einer solch schlanken Ekklesiologie müsse man nicht nur den Baum, sondern auch die Früchte im Blick haben.

Michael Welker wird nicht müde, die Verkürzung jeglicher Vorstellung von Gemeinde anzumahnen, die unter einem Komplexitätsniveau bleibt, das die vielfältigen, sich überlappenden Beziehungen von Mensch, Mitmensch und Gott und der sozialen Formen, in denen sich diese gestalten, zum Ausdruck bringt:

> »Viele theologische Denker haben den Versuch unternommen, die Kirche und religiöse Verhältnisse überhaupt in einfachen zweiseitigen Strukturen wahrzunehmen, vor allem in sogenannten personalistischen Ich-Du-Verhältnissen. Ob die innergöttlichen Beziehungen, das sogenannte Gott-Mensch-Verhältnis und das sogenannte Mensch-Mitmensch-Verhältnis – bipolares Denken kontrollierte das gesamte Paradigma der Theologie. Erst allmählich wurde deutlich, dass die personalistischen Theologien nicht in der Lage sind, komplexe religiöse und gesellschaftliche Verhältnisse angemessen zu erfassen. Sie bleiben in heutiger Zeit unter dem Niveau des gesunden Menschenverstands.«[62]

---

58 Im Anschluss an Klaus Scholder, Die Bedeutung des Barmer Bekenntnisses für die evangelische Theologie und Kirche; in: Evangelische Theologie 27 (1967), 435–461, 442.

59 Die Verfasser der Barmer Theologischen Erklärung haben dem neutestamentlichen Usus folgend die männliche Bezeichnung als die ganze Gemeinde einschließend gebraucht. Nach heutigem Sprachempfinden ist damit aber das generische Maskulin überfordert. Deswegen ergänze ich ganz im Sinne der Verfasser die »Schwestern« ausdrücklich.

60 Zitiert nach: Evangelisches Gesangbuch, Ausgabe für die Evangelisch-Lutherische Landeskirche Mecklenburgs und für die Pommersche Evangelische Kirche, Berlin / Leipzig 2001, 1579.

61 M. Herbst, Was sind Kirche und Gemeinde? Kirchentheoretische Definitionen, in: Ders., Aufbruch im Umbruch. Beiträge zu aktuellen Fragen der Kirchentheorie, BEG 24, Göttingen 2018, 19–39, 22. In diesem Aufsatz diskutiert Herbst die gängigen Konzeptionen von Kirche als Bewegung, Institution und Organisation.

62 M. Welker, a. a. O., 54. In diese Kritik bezieht Welker ausdrücklich auch den Hauptautor der Barmer Theologischen Erklärung, Karl Barth, mit ein.

Herbst kommt aus der lutherisch geprägten pietistischen Tradition der evangelischen Kirche. Darum ist es kein Wunder, dass er in seiner frühen Zeit stark in personalistischen Ich-Du-Strukturen denkt. So formuliert Herbst 1987: Wo Wort und Sakrament ihre Wirkung *ubi et quando visum est Deo* (CAV) entfalten, geschieht Umkehr und »darin Freude, Gemeinschaft und Dienst. So entsteht eine persönliche Christusbeziehung.«[63] Die Herausarbeitung und Betonung dieses persönlichen Gottesverhältnisses ist Herbst besonders wichtig und darin liegt ein für die praktische Theologie dieser Zeit auffallender Akzent. Das haben die Rezensenten in den 80er Jahren des zwanzigsten Jahrhundert erkannt und bezeichnet, aber auch kritisiert.[64]

Im Blick auf die Gedankenführung von Habermas ist freilich der Ausgangspunkt bei der persönlichen Gottesbeziehung schlechthin grundlegend und unverzichtbar. Schon in der Achsenzeit war dies für die jüdische Form des Glaubens konstitutiv, dass er nicht nur bei einer kollektiven Beziehung des Menschen zu Gott stehen geblieben ist, sondern sich zur Möglichkeit eines subjektiv geprägten Verhältnisses weiterentwickelt hat. Ja, der Mensch hat zur Entfaltung seines vollen Menschseins nun auch die Option einer ihn als einmaliges Individuum berücksichtigenden Gottesbeziehung und kann so seine Subjektivität ausbilden. Im Gebet kann sich diese Beziehung ausdrücken und entwickeln. Im christlichen Glauben setzt sich dieser individuelle Bezug zu Gott als Beziehung zum menschgewordenen Gott, zu Christus fort. Einem christlichen Gottvertrauen, das unter diesen Möglichkeiten der Ausbildung einer Individualität bleibt, fehlt die Reife. Es dürfte ein besonderes Verdienst von Herbst sein, dass er die Zentralität der Gottes-, bzw. Christusbeziehung bereits in seinen frühen Schriften betont hat.

In seinem 700-Seiten Opus Magnum »beziehungsweise. Grundlagen und Praxisfelder evangelischer Seelsorge«[65] führt Herbst – wie es der Buchtitel nahelegt –die Beziehungen, in denen der Mensch lebt, weiter aus. Der Mensch hat nicht nur Beziehungen, er existiert in Beziehungen. »Er ist ein Beziehungswe-

---

63 Herbst 1987, 61.

64 So z. B., damals noch sehr kritisch, Gerhard Wegner, Eine offene Herausforderung; in: Lutherische Monatshefte 5/1989, 230f. Vgl. auch Karl-Heinrich Bieritz, Literatur zum Gemeindeaufbau; in: BThZ 5 (1988), 288–296, bes. 290: »Es ist auch [...] die persönliche geistliche Erfahrung des Vf., seine besondere spirituelle Prägung (oder Neigung), die [...] einengend, festschreibend, entfremdend wirkt.« »Hier will man mich nicht nur zu Christus, sondern auch zu einer ganz bestimmten, historisch gewordenen und mit erkennbaren psychologischen Dispositionen, mit festgelegten Sprach- und Verhaltensmustern verbundenen Frömmigkeit bekehren.« Das ist freilich nur die Vermutung des Rezensenten, die er nicht belegt.

65 Michael Herbst, beziehungsweise. Grundlagen und Praxisfelder evangelischer Seelsorge, Neukirchen-Vluyn 2012.

sen.«[66] In der Explikation der verschiedenen Beziehungen, in denen der Mensch lebt, gewinnt die Anschauung vom Menschen vor Gott inmitten seiner Mitmenschen, inmitten der Natur und inmitten seines in seiner Subjektivität innerlichen Kosmos eine Komplexität, die den von Habermas gesetzten denkerischen Ansprüchen genügt, die dieser mit dem Bild des triangulären Netzes und seiner Entfaltung vorgegeben hat.

So setzt Herbst in der weiteren Ausgestaltung dessen, was den Charakter des Beziehungswesens ausmacht, im Nachspüren eines in biblischen Texten angedeuteten Menschenbildes verschiedene Akzente. Bedeutsam sind vor allem die folgenden zwei:

- Der Mensch steht als Mensch von vorneherein in einer Beziehung zu Gott, seinem Schöpfer. Die Ebenbildlichkeit Gottes (*imago dei*) zeichnet ihn sowohl mit einer unvergleichlichen und unantastbaren Würde aus, wie sie ihm einmalige Aufgaben stellt. Der Mensch ist – so Herbst: »Mund der Welt und Hand Gottes«. Als Gegenüber Gottes vertritt er die Welt vor Gott, vor allem im Gebet, und Gott in der Welt, d. h. »gegenüber der Schöpfung« ist es seine Aufgabe, »die liebevolle, lebensentfaltende Herrschaft Gottes«[67] zu repräsentieren.
- Der Mensch ist in der Spannung einer bipolaren Geschlechtlichkeit geschaffen und es gehört zu seinem Wesen, nicht auf sich bezogen zu sein, sondern auf die Hilfe anderer Menschen.[68] In Aufnahme von philosophischen Überlegungen von Alasdair MacIntyre spricht Herbst von der Berufung des Menschen »zum Fürsein und Mitsein und von der Abhängigkeit als notwendiger Tugend«.[69] Hilfsbedürftigkeit gehört zum Wesen eines auf Beziehung angelegten Wesens.

Der Mensch ist geschaffen in ein »Ökosystem der Beziehungen«.[70] Gott hat den Menschen in einen Zusammenhang gestellt, der immer ein Zusammenhang mit näher und ferner stehenden Mitmenschen, mit der Um- und Mitwelt von Tier- und Pflanzenwelt und unendlichem Weltraum und in alledem auch in einem Zusammenhang mit dem eigenen Ich. Jeder Mensch ist bezogen auf seine Mitmenschen, seine Mitgeschöpfe, die Welt der nicht belebten Schöpfung und in alle dem auf sich selbst und – alles umfassend auf Gott. Der Mensch ist »ein Beziehungswesen, das gar nicht außerhalb dieses Ökosystems von Beziehungen ge-

---

66 So schon a. a. O., 26 und durchgehend, erläutert auf den Seiten 192–216.

67 A. a. O., 197 unter Bezug auf 1. Mose 1,27 und die Auslegung von Hans Walter Wolff, Anthropologie des Alten Testaments, München ^{3}1977, 234 f.

68 Vgl. 1. Mose 2,18b: »Ich will ihm eine Hilfe machen, ein Gegenüber, das ihm entspricht.«

69 Herbst 2012, 202 unter Berufung auf Alasdair MacIntyre, Die Anerkennung der Abhängigkeit. Über menschliche Tugenden, Hamburg 2001.

70 A. a. O., 197.

dacht werden kann«.[71] Nun gilt dieser Kosmos von Beziehungen selbstverständlich für jeden Menschen. So entsteht ein nicht begrenzbares Geflecht an Beziehungen und dieses ist geprägt und durchwirkt von Gott, wir können auch sagen von der Christuswirklichkeit oder dem Reich Gottes. Diese unsichtbare Welt ist nämlich nicht eine neutrale Umgebung, sondern hat eine besondere Ausrichtung. Sie ist auf Lebensentfaltung ausgerichtet, auf Liebe, auf Heil, auf Versöhnung.

Die Gotteswirklichkeit hat diese Ausrichtung gewonnen auf dem Hintergrund einer »Geschichte des Beziehungszerfalls«. Im Misstrauen zerbricht das Vertrauen zu Gott. Der Mensch entfremdet sich von Gott als seinem Ursprung. Das ist die Ursünde. Sie äußert sich in einem »Zerfall der Beziehungswelt«[72]. Er wirkt sich aus in alle Bereiche des menschlichen Lebens, ist die Ursache von Ausbeutung des Menschen durch den Menschen, von Hass, Zerstörung und Krieg. Indem Gott in Christus Mensch wird und in seinem Leiden und Sterben die Folgen des Zerfalls aller Loyalitäten und aller positiven Beziehungen in sich aushält und Gott in der Auferweckung Jesu Christi von den Toten die Beziehungsfähigkeit neu schafft, versöhnt er die in sich selbst zerfallene Welt mit sich selbst. In der Christuswirklichkeit gibt Gott der ganzen Welt diese Signatur, obwohl sie in der sichtbaren Welt noch nicht erkennbar ist.

Dennoch bleibt die Kraft der Versöhnung bestimmend. Sie ist die Quelle der Solidarität. Der im Menschen angelegte Grundzug, dem Hilfsbedürftigen beizustehen, kommt in der Christuswirklichkeit zur Entfaltung. Immer wieder hat Herbst versucht, die für das Ganze der Theologie unverzichtbare Botschaft von der Sündenvergebung am Kreuz Christi für den Menschen der Gegenwart verständlich zu machen.[73] Andererseits zeigt sich in der Entfaltung seines Denkens auch eine Weiterentwicklung. 2010 betont er das unverzichtbare »Mandat der Gemeinde Jesu Christi im Rahmen der einen Mission Gottes«, »ganz 'untaktisch‹«, als in sich selbst sinnvoll und ohne weitere Begründung notwendig, »den Armen zu dienen und sich für Gerechtigkeit, Frieden und einen nachhaltigen und pfleglichen Umgang mit Gottes Schöpfung einzusetzen«.[74]

Der Aufbau von vitalen Gemeinden ist das Ziel der Praktischen Theologie von Herbst und der Gottesdienst, besonders die Predigt im Gottesdienst spielt eine

---

71 A. a. O., 199.

72 A. a. O., 204.

73 Vgl. Michael Herbst, Das Kreuz in der evangelistischen Verkündigung, in: ThBeitr 34 (2003) 197–213; ders. mit Heinzpeter Hempelmann, Vom gekreuzigten Gott reden. Wie wir Passion, Sühne und Opfer heute verständlich machen können, Gießen 2011; ders., Passionierte Predigt. Den Gekreuzigten vor Augen malen. Systematische und praktische Überlegungen zu einem umstrittenen Thema, in: ThBeitr 41 (2010), 314–334.

74 In der fünften Auflage seines Klassikers, Missionarischer Gemeindeaufbau in der Volkskirche (s. Anmerkung 49), 518.

herausgehobene Rolle, um dieses Ziel zu erreichen. 2001 erschien sein »Arbeitsbuch für Predigt und Gottesdienst«.[75] Dieses Arbeitsbuch ist die Grundlage für sein Homiletisch-liturgisches Seminar, das Herbst jeweils im Sommersemester gemeinsam mit dem Musikwissenschaftler und Professor für Kirchenmusik, Dr. Matthias Schneider, durchführt, der eine besondere Expertise für Gottesdienstgestaltung mitbringt. Diese Konzeption zeigt, wie stark der Gottesdienst für Herbst als eine Einheit zu verstehen ist. Bei allem Suchen nach Erneuerung hat hier der Ritus seinen festen Platz. Als Lutheraner legt er großen Wert auf ein regelmäßig gefeiertes Abendmahl. Herbst zitiert gelegentlich die Schmalkaldischen Artikel Martin Luthers, um die Bedeutung des Abendmahls zu betonen. Dort legt er sie im Blick auf die Frage, wie die Heilsgabe Gottes für uns wirksam wird, einmal so aus:

> »Diese drei gehören demnach beim Sakrament zusammen: ein Wort der Verheißung Gottes, ein äußeres Zeichen [Brot und Wein; H.-J. Abromeit] – und der Glaube eines Menschen, der das alles empfängt. Empfangen wird jeweils eine 'innere, geistliche Gnade', z.B. die Vergebung der Sünden.«[76]

Erstaunlicherweise lässt sich eine weitgehende sachliche Koinzidenz zwischen in einer nachmetaphysischen Zeit notwendigen christlichen Bestimmungen von persönlicher Gottesbeziehung, Gemeinde- und Gottesdienstverständnis und grundlegendem Verständnis des Evangeliums, wie Habermas sie ausarbeitet, mit den Grundannahmen der Praktischen-Theologie, mit denen Herbst arbeitet, feststellen. Da keine gegenseitige Beeinflussung vorliegt, sind offensichtlich beide unabhängig voneinander zu vergleichbaren Einsichten gekommen. Der religiös unmusikalische Habermas hat strikt durch die Analyse der biblischen Texte – *sine ira et studio* – seine Erkenntnisse gewonnen. Das ist eine Bestätigung für Herbsts theologischen Ansatz. Wir können daraus schließen: Eine Praktische Theologie, die sich an diesem Ansatz orientiert, und eine Kirche, die in dieser Spur Gemeinde baut, sind gut aufgestellt in einer Zeit, in der nachmetaphysisches Denken normal geworden ist und die Säkularisierung der Gesellschaft fortschreitet.

---

75 MICHAEL HERBST / MATTHIAS SCHNEIDER, ... wir predigen nicht uns selbst. Ein Arbeitsbuch für Predigt und Gottesdienst, Neukirchen-Vluyn 2001.

76 Zitiert nach: https://www.a-m-d.de/fileadmin/user_upload/microsites/Emmaus/Wegzehrung/Emmaus_Vollstaendiger_Text_zu_Sakramenten_Michael_Herbst.pdf (aufgesucht am 15.1.2021).

Zur Inszenierung des Christlichen im Sozialraum

Gerhard Wegner[1]

Das neue Interesse am Engagement der Kirchen im Sozialraum findet viel Zustimmung. Die Titel dafür akzentuieren Unterschiedliches: Sozialraumorientierung, Gemeinwesendiakonie, Projekte wie: »Kirche findet Stadt«, Kirche und Zivilgesellschaft oder auch schlicht Gemeinwesenarbeit. Kirchengemeinden – bisweilen im Bündnis mit der Diakonie – nutzen ihre Ressourcen für den Stadtteil oder das Dorf, in dem sie existieren, und gewinnen so in ihrer Krise möglicherweise neue Akzeptanz, insbesondere durch prosoziale Aktivitäten.[2] Sie kooperieren mit Partnern aus der Zivilgesellschaft; es bilden sich möglicherweise neue Formen christlichen Engagements heraus. Indem sich die Kirche öffentlich erkennbar auf soziales Engagement einlässt, kann sie möglicherweise Bedeutungsverluste im engeren religiösen Bereich kompensieren. Auf jeden Fall verändert sich ihre Rolle in der Gesellschaft, wenn sie sich auf diese Weise gezielter als bisher vor Ort »einzubetten« versucht. Immer mehr Studien begleiten diese Prozesse.[3]

---

1 Thomas Schlegel ganz herzlichen Dank für sehr hilfreiche Kritik an früheren Fassungen des Textes.

2 Gerhard Wegner, Re-Sozialisierung der Religion? Die Rolle der Kirchen in inklusiven Sozialräumen, in: ZRGP 3,2 (2019), 235–264. Vgl. insbesondere auch das Projekt »Religion in neuen Stadtquartieren« von Juliane Kanitz, Thorsten Moos und Christopher Zarnow. Grundlegend zur Empirie prosozialer Kommunikation bzw. prosozialen Handelns sind die Studien von Petra-Angela Ahrens basierend auf der großen Diakonie-Umfrage des Sozialwissenschaftlichen Instituts der EKD aus 2016, zuletzt: Nah dran? Diakonie aus Sicht der Bevölkerung – Trends und neue Perspektiven aus einer bundesweiten Repräsentativbefragung, SI KOMPAKT Nr. 1 2020, Hannover 2020.

3 Vgl. insbesondere David Ohlendorf / Hilke Rebenstorf, Überraschend offen. Kirchengemeinden in der Zivilgesellschaft. Leipzig 2019. Georg Lämmlin / Gerhard Wegner (Hg.), Kirche im Quartier: Die Praxis. Ein Handbuch, Leipzig 2020. Theologisch nun sehr eindrucksvoll: Felix Eiffler, Kirche für die Stadt. Pluriforme urbane Gemeindeentwicklung unter den Bedingungen urbaner Segregation, Göttingen 2020.

Die sozialraumbezogenen Aktivitäten kommen zudem aktuellen sozialpolitischen Entwicklungen entgegen: der Schaffung von »inklusiven Sozialräumen«, in denen eine breite Teilhabe aller ermöglicht wird. Sie können von einer Beteiligung der Kirchen profitieren. Die Ansprüche sind hoch: Nicht mehr und nicht weniger als ein »neuer Geist« soll in Stadtteile und Dörfer einziehen. Eine markante Formulierung eines Protagonisten (Frank Schulz-Nieswandt):

> »Inklusion ist als Bezugspunkt der Vermessung sozialer Wirklichkeit nicht beschränkt auf die Lebenssituation von Menschen mit Behinderungen. Zu fragen ist nach der sozialen Ausgrenzung von Menschen in verschiedenen Lebenslagen. Inklusion meint Überwindung von Exklusion. Ein Leben in Inklusion meint das Ausschöpfen des Potenzials der Selbstbestimmung in möglichster Selbstständigkeit in Formen der Teilhabe, also der Partizipation am Gemeinwesen des sozialen Miteinanders in einer Welt der Diversität, also der Vielfalt der Geschlechter, der Altersgruppen, der Kulturen der Begabungen, der sozialen Herkunft, der phänotypischen Merkmale.«[4]

Soziale Ungleichheit, Benachteiligungen und Bevorzugungen in der Entwicklung von Sozialräumen geraten so in den Blick.[5] Das Ganze markiert ein neues Stadium im fortwährenden Kampf um die soziokulturelle Gestaltung der Räume, das mit einer nachhaltigen Reklamierung von Öffentlichkeit einher geht.

Es geht folglich um mehr als um eine bessere Lebensqualität in Stadtteilen, sondern um die Verwirklichung einer gesamtgesellschaftlichen prosozialen, ausdrücklich zivilgesellschaftlichen,[6] Vision. Wenn sich die Kirchen in diesen Prozess nicht nur als Getriebene einbringen wollen – mit dem Risiko, dass Sozialraumorientierung durch das Abschleifen klassischer religiöser Kommunikationsgelegenheiten zugunsten prosozialer Aktivitäten lediglich einen weiteren Schub an Selbstsäkularisierung bewirkt – werden sie sich zu solchen Leitvorstellungen aktiv verhalten müssen. So reicht es nicht aus, auf die faktische, empirisch belegbare Bedeutung religiösen Sozialkapitals für die Integration der Gesellschaft hinzuweisen (da die Mitarbeit in faith-based Netzwerken besonders

---

4 Frank Schulz-Nieswandt, Pflegepolitik gesellschaftspolitisch radikal neu denken. Gestaltfragen einer Reform des SGB XI, Kuratorium Deutsche Altershilfe, Berlin 2020, 5.

5 Vgl. dazu den Schwerpunkt auf Segregation in der Studie von Eiffler, Kirche für die Stadt (s. Anm. 3), z. B. 123 ff. und 146 ff. und sehr markant Loic Wacquant, Die Verdammten der Stadt. Eine vergleichende Soziologie fortgeschrittener Marginalität. Wiesbaden 2018.

6 Auch wenn in Deutschland die Zivilgesellschaft staatliche Subvention nicht nur nicht ausschließt sondern vielmehr oft geradezu voraussetzt.

vertrauensbildend ist).[7] Bleibt eine Argumentation für kirchliche Sozialraumorientierung hier stehen, so trägt sie zur Funktionalisierung des Glaubens bei und fördert so letztlich religiöse Indifferenz. Eine nachhaltige Begründung kann deswegen nicht auf die inhaltliche, theologische Entfaltung derjenigen religiösen Kommunikation bzw. des christlichen Glaubens verzichten, die – auch – zur Bildung religiösen Sozialkapitals beitragen kann. Kirche muss von ihrer Identität her das Engagement im Gemeinwesen begründen und gestalten – und sie muss die entsprechenden Narrative auch im Sozialraum darstellen.

Was es braucht ist folglich eine plausible Verknüpfung von christlichem Glauben, prosozialem Handeln und Sozialraumorientierung. Es könnte darum gehen, Vorstellungen von einem gehaltvollen Christsein im Sozialraum zu entwickeln – was ein den Sozialraum gestaltendes, im Kern wohl eben meist prosoziales Engagement sein wird, darin aber nicht aufgeht.[8] Auf jeden Fall geht es zum einen um die Überwindung von parochialen Engführungen eines abgeschotteten gemeinschaftlichen Lebens und zum anderen um die Gewinnung einer christlichen Perspektive auf nicht weniger als eine »Stadtentwicklung [... die] immer auch als ein fortwährender Kampf um die Kontrolle über Räume analysiert werden«[9] muss. Dass eine solche – konkret eminent politische Perspektive – überhaupt theologisch bearbeitet wird, ist nicht selbstverständlich. Wie versteht sich die Kirche in dieser Gemengelage?

Vor allem ist die Frage von Bedeutung: Wie »inszeniert« die Kirche das Christliche in den betreffenden sozialen Räumen? Eine Antwort setzt eine Verständigung darüber voraus, wie dieser Raum »gelesen« werden kann.[10] Weit entfernt davon, an dieser Stelle auch nur im Ansatz eine umfassende Theologie des Sozialraums vorlegen zu können, sollen im Folgenden einige kursorische

---

7 Solche Hinweise sind aber natürlich wichtig und machen pragmatisch die Bedeutung von Kirche und Christsein gerade angesichts des Rückgangs kirchlicher und religiöser Kommunikation deutlich. Vgl. z. B. Anika Christina Albert / Johannes Eurich, Netzwerkbasierte Solidarität und ihr Bezug zum Gemeinwohl, in: Johannes Eurich / Dieter Kaufmann / Urs Keller / Gerhard Wegner (Hg.), Ambivalenzen der Nächstenliebe. Soziale Folgen der Reformation, Leipzig 2019, 177–198.

8 Natürlich wird es sich auch um kulturelles oder politisches Engagement handeln – auf jeden Fall aber um Aktivitäten, die über das Spektrum religiöser Aktivitäten in einem engeren Sinne hinausgehen.

9 Zitat von Häußermann / Siebel bei Felix Eiffler, Kirche für die Stadt (s. Anm. 3), 141. Eiffler betont gerade in dieser Hinsicht die große Bedeutung, die urbaner Segregation zukommt.

10 Es war Wolfgang Grünberg, der immer wieder auf die Notwendigkeit hingewiesen hat, die »Stadt zu lesen«. Vgl. z. B. Wolfgang Grünberg, Die Sprache der Stadt. Skizzen zur Großstadtkirche, Leipzig 2004. Das übernimmt Felix Eiffler, Kirche für die Stadt (s. Anm. 3): Kirche muss »ihren urbanen Kontext kennen, 'lesen' und verstehen.« (Z33).

Ideen zur Integration von religiösem und prosozialen Handeln in einem als »Kraftfeld des Geistes« gelesenen Gemeinwesen entwickelt werden. Dadurch erlangen körperlich-sinnliche, ästhetische Kategorien wie Atmosphäre und Stimmung eine Bedeutung in der Analyse der Lebensbedingungen im Sozialraum. Meine Vorstellung ist, dass sozusagen in, mit und unter ihnen Menschen »Gott begegnen« und so eine prosoziale Praxis in Gang kommen kann.[11] Im Zentrum der kirchlichen Tätigkeiten steht folglich das Soziale – aber primär wäre ein lebendiges Zeugnis der Christen vom Wirken Gottes.[12] Entsprechend untersuche ich im Folgenden zunächst das Verhältnis von prosozialem Handeln und religiöser Kommunikation in kirchlicher Praxis, um dann von daher zur Frage der Lesbarkeit des Gemeinwesens zu kommen.

Christen als prosoziale Akteure

In den meisten landeskirchlichen Verfassungen oder Kirchengemeindeordnungen kommt Diakonie ganz selbstverständlich als identitäres Merkmal der Kirche vor. Und natürlich ist sie in der klassischen vierfachen Dimensionierung der Kirche als *Martyria*, *Leiturgia*, *Koinonia* und *Diakonia* enthalten. Grundsätzlich ist unbestritten, dass eine kirchlich-christliche Praxis nicht nur immer Diakonie[13] ist, sondern auch Bemühungen zur Herstellung von Gerechtigkeit und der Bewahrung der Schöpfung umfasst. Michael Herbst u. a. haben in dieser Hinsicht z. B. immer wieder auf die »5 Marks of Mission« der anglikanischen Kirche hingewiesen, die auch in Deutschland breit rezipiert wurden. Sie enthalten entsprechende Verpflichtungen.[14] Allerdings ist damit noch nichts über die Art und Weise der kirchlichen Praxis gesagt.

---

11 Stimuliert wurden diese Gedanken nicht zuletzt durch eine Wiederlektüre von Manfred Josuttis, Der Weg ins Leben. Eine Einführung in den Gottesdienst auf verhaltenswissenschaftlicher Grundlage, München 1991. Das wäre dann ein Weg durch den Stadtteil als Weg in das Leben, der ja durchaus in der Kirche beginnen oder enden könnte. Macht das Sinn?

12 Vgl. ähnlich Felix Eiffler, Kirche für die Stadt (s. Anm. 3), Z111: »Martyria als primäre und leitende Dimension urbaner Gemeindeentwicklung.«

13 Vgl. die klassischen Dimensionen der Kirche *Martyria, Leiturgia, Koinonia* und eben *Diakonia* – z. B. bei Eiffler, Kirche für die Stadt (s. Anm. 3), Z72 ff.

14 Vgl. Eiffler, Kirche für die Stadt (s. Anm. 3), 234. Sie liegen u. a. auch der Evaluation von Projekten in den »Erprobungsräumen« der Evangelischen Kirche in Mitteldeutschland zugrunde. Vgl. auch ihre Erwähnung in der Greifswalder Studie zur missionarischen Praxis in peripheren Räumen Thomas Schlegel / Jörg Zehelein / Claudia Heidig / Andreas Turetschek / Stefanie Schwenkenbecher / Heike Breitenstein, Landaufwärts – Innovative Beispiele missionarischer Praxis in peripheren, ländlichen Räumen,

Fragt man weiter nach spezifisch theologischen Reflexionen einer sozialraumbezogenen kirchlichen Arbeit, so wird man bisher wenig fündig. In wichtigen ekklesiologischen Texten der letzten Jahre spielen zwar soziologische Gegenwartsanalysen eine Rolle - aber meist im Hinblick auf die Plausibilität religiöser Kommunikation in einem engeren, letztlich auf transzendentale Kommunikation bezogenen Sinn. Das ist durchaus erstaunlich, denn auf der *einen Seite* ist aus den gängigen empirischen Untersuchungen zur Wahrnehmung von Kirche ablesbar, dass es gerade solches Engagement ist, das Menschen spontan mit der Kirche verbinden und an ihr schätzen. Diesen Aspekt hat z. B. Jan Hermelink prägnant zusammengefasst:

> »Die Kirche steht zunächst für eine *bedingungslose Zuwendung zu den Bedürftigen.* Dass die Kirche 'etwas für Arme, Alte und Kranke tut‹, begründet für die meisten Befragten die eigene Mitgliedschaft [...]. Es ist die 'Kirche für Andere‹, die sich großer, auch öffentlicher Unterstützung sicher sein kann; ebenso wird das ehrenamtliche Engagement ganz überwiegend damit begründet, man wolle 'anderen Menschen helfen' und 'praktisch Nächstenliebe üben.'«[15]

Kirche steht natürlich stets auch für Orientierung und Transzendenzbezug: aber das »Soziale« macht in der Wahrnehmung ihrer Mitglieder den Kern aus.[16]

Die große Bedeutung des Sozialen für die Wahrnehmung der »realen« Kirche bestätigt sich auch in der Sichtweise von Kirchenvorstehern und -innen auf ihre eigenen Gemeinden. Gefragt, ob das Ihnen anvertraute Gemeindeleben eher religiös, sozial oder kulturell geprägt sein sollte, dominiert die soziale Zuschreibung mit 56,4 % »starker« Nennungen (gegenüber 38,3 % religiös und

---

in: Kirchenamt der EKD (Hg.), Freiraum und Innovationsdruck. Der Beitrag ländlicher Kirchenentwicklung in 'peripheren Räumen' zur Zukunft der evangelischen Kirche, Leipzig 2016, 171–341, hier 179–183.

15 Jan Hermelink, Kirchliche Organisation und das Jenseits des Glaubens, Eine praktisch-theologische Theorie der evangelischen Kirche, Gütersloh 2011, 204. Die Zitate zum Ehrenamt stammen aus Wolfgang Huber, Johannes Friedrich / Peter Steinacker (Hg.), Kirche in der Vielfalt der Lebensbezüge. Die vierte EKD-Erhebung über Kirchenmitgliedschaft, Gütersloh 2006, 469. Vgl. dazu auch u. a. Gert Pickel, Sind Christen sozialer? Empirische Daten zum Zusammenhang von kirchlicher Sozialisation und der Ausbildung von pro-sozialem Verhalten, in: Eurich, Ambivalenzen (s. Anm. 7), 137 - 154.

16 Das ist allerdings »nur« die empirische Sichtweise der Mitglieder der Kirche. Es sieht so aus, dass die Theologie diese Einsicht deswegen wohl nicht weiter beachten muss. Und entsprechend hat für Hermelinks Ekklesiologie diese Einsicht keine weiteren Folgen: Diakonie kommt in seinem Kirchenbuch nicht vor.

15,3 % kulturell) – wobei es allerdings nicht um Alternativen geht.[17] Diese Zuschreibung wird im Blick auf einzelne Aktivitäten in den Gemeinden dann noch prägender: abgesehen von explizit religiösen Aktivitäten wie Gottesdiensten ist das Soziale in der Wahrnehmung der die Gemeinden Leitenden dominierend.[18]

Dieser lange bekannten Sachlage entspricht nun jedoch auf der *anderen Seite* keine angemessene konzeptionelle Verarbeitung. Hier wird z. B. in der fünften Kirchenmitgliedschaftsuntersuchung der EKD[19] und der ihr zugrunde liegenden empirischen Studien[20] die Logik der Kirchenmitgliedschaft lediglich durch Erfassung der religiösen Kommunikation der Kirchenmitglieder analysiert. Man kann dann Netzwerke religiöser Kommunikation in entsprechenden Sozialräumen ausweisen – was sicherlich aufschlussreich ist. Aber der Rückschluss, dass mit deren Beschreibung kirchliches – oder gar christliches – »Leben« umfassend erfasst werden könnte, wäre vorschnell. Denn natürlich spielen sich kirchliche Kontakte und die entsprechende Kommunikation nicht selten gerade in prosozialer Rahmung ab. Ja, es spricht viel dafür, dass prosoziale Kommunikation für die faktische Reproduktion von Kirche – zumindest quantitativ – eine erheblich größere Bedeutung hat als eine religiöse.

Einen entsprechenden Vergleich von Religiösem und Sozialen hat Petra-Angela Ahrens vorgenommen.[21] Sie kommt zu dem Ergebnis einer vergleichsweise geringen Bedeutung der Kommunikation über religiöse Themen im Vergleich zu der über soziale Themen im Kontext Kirche. Während Religion im Alltag kaum mehr vorkomme, gelte:

> »Die Kommunikation über soziale Themen ist im Lebensalltag der meisten verankert. Auch hier liegen die Evangelischen mit Abstand vorn (80 %). Doch ist es unter den Konfessionslosen mit 70 % ebenfalls eine große Mehrheit, die diesen Austausch pflegt.«[22]

---

17 Hilke Rebenstorf / Petra-Angela Ahrens / Gerhard Wegner, Potenziale vor Ort. Erstes Kirchengemeindebarometer, Leipzig 2015, 114.

18 A. a. O., 104.

19 Heinrich Bedford-Strohm / Volker Jung (Hg.), Vernetzte Vielfalt. Kirche angesichts von Individualisierung und Säkularsierung, Die fünfte EKD-Erhebung über Kirchenmitgliedschaft. Gütersloh 2015.

20 Felix Roleder / Birgit Weyel, Vernetzte Kirchengemeinde. Analysen zur Netzwerkerhebung der V. Kirchenmitgliedschaftsuntersuchung der EKD, Leipzig 2019.

21 Petra-Angela Ahrens, Image der Diakonie und prosoziales Handeln, in: Studienbrief D29, in: Brennpunkt Gemeinde. Impulse für missionarische Verkündigung und Gemeindeaufbau, 6/2018.

22 A. a. O., 11.

Beides stellt keine Alternative dar: »Wer sich enger der Kirche verbunden weiß und / oder eine intensivere Religiosität zu erkennen gibt, spricht auch häufiger über soziale Themen.«[23] Und dies gilt nicht nur beim »Reden« sondern auch beim Tun: eine prosoziale Handlungspraxis ist »nicht zuletzt auch an die kirchliche Bindung gekoppelt.«[24] Platt gesagt: Würde die Kirche ihre kommunikative Wirkung über das »Soziale« messen, käme sie wesentlich besser weg, als wenn sie es allein über das »Religiöse« tut. Allerdings wird in der Bevölkerung die diesbezügliche Differenz Kirche – Diakonie durchaus wahrgenommen: Letzterer wird deutlich häufiger attestiert, dass sie sich für wichtige soziale Themen einsetzt.[25]

Nun wäre es – wie von Petra-Angela Ahrens betont – unzulässig, das eine gegen das andere auszuspielen. Der Witz an der Sache ist offensichtlich gerade, dass die Kirchenmitglieder, aber auch viele andere, die soziologisch und theologisch praktizierte Differenzierung von religiös und prosozial entweder ausdrücklich gerade nicht teilen oder schlicht ignorieren. In der praktisch – alltäglichen Wahrnehmung fallen beide Dimensionen jedenfalls stets zusammen: »christlich« zu leben[26] impliziert, Nächstenliebe zu üben – und das wird von der Kirche selbstverständlich auch erwartet. Gerade deswegen hält man sich zu ihr. »Gerade Kirche wird als eine soziale Gemeinschaft mit einem auf andere Menschen gerichteten sozialen Charakter verstanden.«[27] Eine rein religiöse Einrichtung fände viel weniger Zustimmung. Das lässt fragen, ob man in vielen Studien nicht möglicherweise längst künstlich gewordenen Differenzierungen aufsitzt: Lässt sich christlicher Glaube vielleicht generell gar nicht sinnvoll in Differenz vom Prosozialen konstruieren? Und radikaler gefragt: Vertritt nicht eigentlich prosoziales Engagement heute den christlichen Glauben?[28] Natürlich: das sind empirische Beobachtungen – keine theologischen Deutungen. Aber sie beinhalten einen Stachel.

Dieser Stachel piekst noch mehr, wenn man sich die faktische »Einheit« von Religiosität und prosozialer Handlungspraxis bei subjektiv religiösen Menschen, und gerade bei traditional geprägten Christen, vor Augen hält.[29] Diese deutliche

---

23 A. a. O., 12.

24 A. a. O., 17.

25 A. a. O., 13.

26 Allerdings könnte es sein, dass »christlich« immer weniger religiös konnotiert wird – und selbst immer deutlich nur noch prosozial.

27 Pickel, Sind Christen sozialer? (s. Anm. 15), 152.

28 Was nichts völlig Neues bedeuten würde. Vgl. die Diskussion bei Friedrich Fürstenberg, Die Zukunft der Sozialreligion, Konstanz 1999, der sich wesentlich auf Transformationen des Christlichen in Folge der 68er Bewegungen bezieht, die sich seinerzeit auch bereits in großes kirchliches Interesse an Gemeinwesenarbeit umsetzten.

29 Vgl. Ahrens, Nah dran? (s. Anm. 2).

Minderheit der Bevölkerung spendet auffallend häufiger und ist stärker sozial engagiert als andere: »Hier erreichen die Quoten der Religiösen im Vergleich zu denen der Nicht-Religiösen mehr als das 2,5 fache.«[30] Je stärker gerade die traditionale Religiosität der Menschen ausfällt, desto größer ist die Bereitschaft, Geld zu spenden oder sich zivilgesellschaftlich zu engagieren.[31] Ja, Religiosität erweist sich als wichtigster Faktor für eine prosoziale Handlungspraxis.[32] Mithin gilt: Enge kirchliche Bindung, starke Religiosität und prosoziales Handeln treten zusammen auf. Das Bild von einer faktisch untrennbaren Einheit des Religiösen und des Sozialen verdichtet sich weiter.

Aber dennoch finden sich immer wieder, selbst bei prosozialem Engagement bzw. diakonischem Handeln gegenüber sehr aufgeschlossenen Autoren, Legitimationsformeln, die einseitig prosoziales Handeln unter Druck setzen. So heißt es z. B., dass natürlich diakonisches Handeln zu den unverzichtbaren Aufgaben der Kirche gehöre. Kirche müsse »in ihrem Handeln zumindest exemplarisch etwas von den Konsequenzen des christlichen Glaubens umsetzen.« Man fragt sich: Warum nur exemplarisch? Dann folgt: »Dabei steht sie vor der permanenten Herausforderung, dieses Handeln immer wieder auf seine christliche Grundlage und Motivation zu beziehen.«[33] Das klingt so, als ob ein prosoziales Handeln ohne stets mitlaufende Auskunft über seine christlichen Beweggründe irgendwie unvollständig sei. Dass aber umgekehrt ein rein religiöses Handeln ohne prosoziales Engagement mindestens genauso problematisch ist, wird nicht angesprochen.

Bestenfalls wird religiöses Handeln immer *auch* als soziales Handeln verstehbar[34] – aber nicht umgekehrt. Theologisch kann eine religiöse Praxis offensichtlich auch »asozial« gedacht werden, was aber lebensweltlich nicht wirklich plausibel ist. Eine unter diesen Deutungsperspektiven forcierte Sozialraumorientierung würde an religiöser Kommunikation lediglich parasitär teilhaben können: sie entnähme ihr möglicherweise Motive, Symbole, Anregungen – fügte ihr aber nichts wirklich Wertvolles hinzu. In den konkreten zivilgesellschaftlichen Kooperationen im Quartier wird religiöse Kommunikation –

---

30 A. a. O., 10.

31 A. a. O., 13.

32 A. a. O., 14.

33 Eberhard Hauschildt / Uta Pohl-Patalong, Kirche, Gütersloh 2013, 432. Weiter heißt es dann: »Dies bedeutet nicht einfach, pflichtgemäß bestimmte religiöse Inhalte zu thematisieren, sondern, den Zusammenhang von Glaubensüberzeugungen und Handlungen zu reflektieren und die Formen des Handelns permanent daraufhin zu überprüfen, ob sie als Konsequenzen ihrem Grund entsprechen.«

34 So auch bei Gerhard Wegner, Die soziale Relevanz religiöser Kommunikation, in: Ders. (Hg.), Fiktionen der Fülle. Religiöse Kommunikation und sozialpolitische Kultur, Leipzig 2020, 27–58.

geschweige denn ein Bezug auf Jesus Christus – kaum eine Rolle spielen können. Auch die religiöse Deutung entsprechender Prozesse im Raum der Kirche bleibt dann schwach. Die Folge wäre eine letztendliche Umwandlung der Kirchengemeinden in Sozialzentren. Anders kann das nur dann sein, wenn soziales Engagement als solches entweder gar als religiöse Kommunikation »anerkannt« oder zumindest plausibel in sie integriert wird.[35]

Zur »Lektüre« des Sozialraums

Die Frage nach der Einheit von prosozialer Praxis und Religion stellt sich noch einmal in einer anderen Perspektive, wenn sie auf den Sozialraum bezogen wird, denn dann geht es um die Gestaltung von »kollektiven« Lebensräumen – und damit nicht zuletzt immer auch um politisches Handeln. Der Leitbegriff kann dann nicht der der »Hilfe« sein, da mit ihr ein eher individuelles Handeln assoziiert wird, was zwar partikular entlastet, aber gerade dadurch auch den status quo stabilisiert. Was es braucht ist die Entwicklung von Einfluss und Macht. Sofern Akteure nicht nur in diesem Umfeld an einer Stelle etwas Neues additiv hinzufügen wollen – was noch keine Sozialraumorientierung implizieren würde – sondern tatsächlich den Stadtteil oder das Dorf zu verändern bestrebt sind, müssen sie sich über seine soziale Qualität, d. h. über seine lebensförderlichen oder lebensfeindlichen Charakteristika verständigen und dafür im weitesten Sinne »Einschätzungen« – in unserem Kontext theologische Deutungsmuster – entwickeln. Platt gesagt: Wo finden sich Christi Spuren in der »Platte«?[36]

Die Theologie hat in den letzten Jahren durchaus einen »spatial turn« vollzogen – aber er bezieht sich auf sakrale Räume. Dennoch wäre darüber hinaus auch ein Sozialraumbezug gut möglich, weil die christlich-jüdische religiöse Tradition natürlich nicht auf »heilige« Orte fixiert ist, sondern immer wieder

---

35 Sehr aufschlussreich in dieser Hinsicht die internationale Diskussion. Vgl. Beth R. Crisp (Hg.), The Routledge Handbook of Religion, Spirituality and Social Work, Oxford / New York 2017, worin letztlich bei aller Pluralität der Ansätze ein integratives Konzept vertreten wird.

36 Eine wunderbare Analyse einer »Platte« hat Steffen Mau, Lütten Klein. Leben in der ostdeutschen Transformationsgesellschaft, Berlin 2019 geliefert. Soweit ich sehe, kommt Kirche oder Religion hier allerdings nicht vor. Umso spannender wäre eine entsprechende theologische Deutung. Vgl. dazu die entsprechenden Ansätze sog. Stadtteilprojekte, die als neue Gemeindeformen – besonders in Plattenbaugebieten – entstanden sind. Vgl. Michael Herbst, Kirche mit Mission. Beiträge zu Fragen des Gemeindeaufbaus, BEG 20, Neukirchen-Vluyn 2013, 8 f. und Michael Herbst, Wege in die Zukunft, in: Heinzpeter Hempelmann / Ders. / Markus Weimer (Hg.), Frische Formen für die Kirche von heute, BEG Praxis, Neukirchen-Vluyn 2011, 77–97, 93.

gerade den Auszug aus ihnen, die große Wanderung und die Neugründung von Formen des Zusammenlebens gefeiert hat. Sie kennt gottverlassene Orte – und es gibt die Hoffnung auf Milch und Honig ganz woanders. Und vor allem: der Ort der Auferstehung Christi liegt nicht zufällig außerhalb der Stadtmauern, dort, wo die Zivilisation nicht mehr hinreicht und die Gottlosen hingerichtet werden. In Resonanz mit sozialwissenschaftlichen Interpretationen der Gemeinwesen als macht- und herrschaftsgeprägte kollektive Ressourcenräume kann sich die Kategorie eines »Kraftfelds des Geistes« deswegen durchaus als anschlussfähig erweisen. Konfrontiert mit »anderen« Erfahrungen des Geistes kann die Selbstverständlichkeit eines gegebenen räumlichen Settings unterlaufen werden. Wie Christoph Menke für die Kunst spekuliert: »Alles praktische Gelingen, in jeder Gestalt, bedarf der unterbrechenden und verändernden Intervention der Kraft.«[37] Was bedeutet eine solche Deutung für eine entsprechende christliche Praxis? Klar ist:

> »Einen substantiellen Beitrag zum (segregierten) Gemeinwesen (als *Martyria*, *Leiturgia*, *Koinonia* und *Diakonia*) kann urbane Gemeindeentwicklung nur leisten, wenn sie in einem Quartier verwurzelt sowie beheimatet ist und dieses kennt und zu lesen versteht.«[38]

»Lektüre« des Sozialraums stellt einen Modus des Erlebens dar und zwar so, dass die »Mächte« erkannt werden, die Körper und Geist der dort lebenden Menschen besetzen.[39] Die Materialität des Raumes stimuliert, »begeistert« so zur einen Seite – bis möglicherweise hin zu einer geradezu »dämonenhaften« Konditionierung, die nur noch ein Reiz-Reaktions-Verhalten erlaubt zur anderen Seite. Jeder Sozialraum artikuliert sich in dieser Hinsicht in einer besonderen »Stimmung«, die in die Menschen eindringt und ihr Fühlen beeinflusst. Sie weist über sich selbst hinaus, lässt vielleicht eine andere Lebensmöglichkeit, etwas »Erhabenes«, erahnen und wird entsprechend gerne mittels einer körpernahen Symbolik artikuliert: »Hier kann ich frei atmen!« oder: »Hier krieg ich keine Luft!«

So wird ein dem Raum inhärenter »Geist« erfahrbar: »In diesem Sinne kann man sagen, dass jeder gelebten Praxis ein ihr eigentümlicher Geist inhärent ist, der sich über die Teilnahme an dieser Praxis vermittelt.«[40] In einer ästhetischen Perspektive transportiert dieser Geist ein Vermögen, ein Können, eben: Kraft, wie

---

37 Christoph Menke, Kraft. Ein Grundbegriff ästhetischer Anthropologie, Berlin 2017.

38 Eiffler, Kirche für die Stadt (s. Anm. 3), 430.

39 Vgl. für eine umfassende Analyse dieser Beziehungen Thomas Zippert, Dimensionen des Sozialraums und der Sozialraumorientierung, in: Jahrbuch Sozialer Protestantismus Band 12 (2019), Leipzig 2020, 232–251.

40 Johannes Fischer, Theologische Ethik. Grundwissen und Orientierung, Stuttgart/Berlin/Köln 2002, 130.

es beim Gang über einen der großen Plätze dieser Welt sofort spürbar ist. Oder aber eben gerade auch nicht, weil das erfahrene bauliche und landschaftliche Setting Ohnmacht und Sprachlosigkeit einflößt.[41] Atmosphäre, so lautet eine Arbeitsdefinition, ist

> »das realisierte sensorische, affektive und semantische Potenzial eines sozialräumlichen Arrangements. Sie äußert sich - und wird damit empirisch greifbar - in der kommunikativ aktivierten Bedeutung dieses Arrangements, die auch nichtsprachlich kommuniziert werden kann.«[42]

Wie so etwas praktisch funktioniert zeigen Studien von Pia Dietze und Eric D. Knowles[43] über gegenseitige visuelle Wahrnehmungen von Menschen auf der Straße in den USA. Sie können belegen, dass wohlhabendere Menschen erkennbar seltener auf andere Menschen schauen als dies ärmere Menschen tun und dies dann auch noch mit weniger Aufmerksamkeit erfolgt. »The current results imply that lower-class individuals find other human beings more motivationally relevant than do higher class individuals.«[44] Übertragen auf Sozialräume könnte das bedeuten, dass in wohlhabenden Quartieren viel Wert auf Distanz und gepflegte Indifferenz gelegt - hingegen in armen Stadtteilen größere Nähe und Interaktion (damit auch Konfliktneigung) gepflegt wird.[45] Keine Frage, dass sich auf diese Weise schon habituell ein »Geist« reproduziert. Allerdings steigt die Frequenz prosozialer Handlungspraxis mit Bildung und wirtschaftlicher Lage deutlich an.[46] Gerade jene Sozialräume, die prosoziales Engagement

---

[41] Eiffler, Kirche für die Stadt (s. Anm. 3) listet sehr einleuchtend verschiedene Phasen von Gentrifizierung (149 ff.) und deren Wellen (155 ff.) auf und diskutiert ihre Ursachen (160 ff). Hier ließen sich sehr plausibel entsprechende atmosphärische Gestaltungen - mit ihren soziopsychologischen Folgen - zuordnen.

[42] Martin Rademacher, Sequenzanalytische Bildhermeneutik und religionswissenschaftliche Atmosphärenforschung, in: ZfR 28 (2020), 112–137, hier 117. Das räumliche Arrangement »disponiert ohne zu determinieren; es erhöht die Wahrscheinlichkeit, dass bestimmte Kommunikationen [...] auftreten.« (ebd.) Erschwert wird das Auftreten anderer Kommunikationen.

[43] Pia Dietze / Eric D. Knowles, Social Class and the Motivational Relevance of other human beings. Evidence from visual attention, in: Psychological Science online first October 3, 2016.

[44] A.a.O., 5

[45] Soziale Distanz und Nähe sind eminente Kategorien soziologischer Ungleichheitsforschung. Vgl. nur klassisch Pierre Bourdieu, Die feinen Unterschiede. Kritik der gesellschaftlichen Urteilskraft, Frankfurt a.M. 1982 u.ö.

[46] Ahrens, Nah dran? (s. Anm. 2) 5 - gemessen an Geld-, Blut-, Organ- und Zeitspenden sowie Engagement im sozialen Bereich. Es könnte sein, dass prosoziales Handeln bei weniger Gebildeten und wirtschaftlich Schwächeren andere Formen annimmt.

aufgrund entsprechender Strukturschwächen besonders »bräuchten«, entwickeln es auf diese Weise am wenigsten. Oder aber: es wird übersehen, da es in besonderer Weise dem Alltag anhaftet und ihn nicht – wie im (klein)bürgerlichen Sozialengagement für andere – übersteigt.[47]

Eine besondere Prägung geht mit der Stigmatisierung von Sozialräumen einher.[48] Sie kann eine paradoxe Folge raumbezogener Sozialplanung sein, wenn sie als »sozial schwach« oder gar als »soziale Brennpunkte« ausgewiesen werden.

> »Das territoriale Stigma kann tiefschürfende soziale und psychische Folgen für die Bewohner-innen marginalisierter Quartiere haben. Denn die mit dem Stigma einhergehenden Formen der Missachtung, Demütigung und Diskreditierung können [...] als Ursache beschädigter Identitäten gelten.«[49]

Die Folge ist ein Mangel an Identifizierung mit dem Stadtteil und der Rückzug ins Private – also sozusagen die »Entgeisterung« der sozialen Bezüge.

»Kraftfelder des Geistes«

Im Einheit mit einer solchen »Lektüre« könnte der betreffende »Raum« metaphorisch als ein »Kraftfeld des Geistes«[50] begriffen werden: als eine die Menschen umfassende, sie sinnlich-habituell beeinflussende Ganzheit. Es ginge nicht um einen Raum, in dem *über* etwas *verhandelt* werden würde. Sondern darum, dass sich in und durch ihn so etwas wie ein »Geist« *erleben* lässt. Der Begriff kommt hier ins Spiel weil mit ihm eine den Einzelnen übergreifende, potentiell »er-

---

47 Einige Hinweise dazu finden sich bei SUSANN JENICHEN, Sensibel für Armut. Kirchengemeinden in der Uckermark, Leipzig 2015.

48 Vgl. EIFFLER, Kirche für die Stadt (s. Anm. 3), 193 ff. – bis hin zur Ghettoisierung 202 ff.

49 MARKUS BAUM / MARIUS OTTO, Die Paradoxie raumbezogener Sozialplanung, in: Leviathan 48 (2020), 237–263, hier 250.

50 Der Begriff spielt an auf klassische Bestimmungen z. B. bei JÜRGEN MOLTMANN, Kirche in der Kraft des Geistes. Ein Beitrag zur messianischen Ekklesiologie, München 1975. Die Gemeinde »ist mit ihrem Kult und ihrer Gesinnung die irdische Gestalt seiner weltüberwindenden Herrschaft und Instrument seiner Befreiung der Welt.« (321) Ausdrücklich gewürdigt wird Gemeinwesenarbeit (357 ff.). Oder auch MICHAEL WELKER, Gottes Geist. Theologie des Heiligen Geistes, Neukirchen 1992. »Nicht irgendein Macht- und Kraftwirken, auch nicht irgendein scheinbar 'totale, unüberbietbare Problemlösungen' mit sich bringendes Ereignis, sondern eine Vielzahl von konkreten Erfahrungen, dass Leid gewendet wurde, eine Vielzahl konkreter Befreiungserfahrungen zeigt das Wirken des Geistes Gottes an.« (202)

greifende«, und den Akteuren kooperierende Struktur: eine einbeziehende »Macht« gemeint ist, die Seele und Körper berührt.

Über die Kategorie des Ergriffenwerdens[51] als Modus des Geistes lässt sich so eine Brücke zwischen materiellen, symbolischen, religiösen und sozialen Einflüssen schlagen: sie bilden sozusagen eine synästhethische Totalität. Hans Joas definiert:

> »Es geht [...] um Erfahrungen, die eine fundamental passive Dimension aufweisen - um Erfahrungen nicht des Ergreifens von Handlungsmöglichkeiten, sondern des Ergriffenwerdens...«[52]

So etwas ist herkömmlich plausibel in der Begegnung mit dem Heiligen, worin »eine affektive Gewissheit, die Elemente der Situation mit einer vorreflexiven Bindungskraft erfüllt«[53] - was aber auch Dämonisches oder Diabolisches beinhalten kann. Michael Herbst hat die Folgen einer solchen Begegnung mit dem Evangelium treffend als Formung seiner eigenen Erfahrung beschrieben, die darin gipfelt: »Ich kann aufatmen: Ich darf sein.«[54] Solche Erfahrung funktioniert aber auch im Erleben von Sozialräumen: Es ist ihre »Anmutung«, die den Akteuren etwas »zumutet« - ihnen das Herz weitet und den Mund öffnet oder verschließt; Kommunikation provoziert oder verhindert.

In einer dann auch theologischen Explikation dieser Vorstellung lässt sich gut Johannes Fischer folgen, auch wenn er nicht den Sozialraum im Blick hat. »Geist« bedeutet bei ihm zunächst nichts anderes als eine bestimmte symbolische Strukturierung der Lebenswirklichkeit: »Die Welt, die wir vor Augen haben, steht in einem Verweisungszusammenhang mit etwas, das sich in ihr abbildet.«[55] Der Raum weist insofern über sich selbst hinaus: in ihm zeigt sich etwas Bedeutungsvolles, dass ich gleichwohl unmittelbar und spontan - körperlich - spüre. Deswegen:

---

[51] Das Ergriffenwerden entscheidend für religiöse Erfahrung (auch für Wertebildung) ist diskutiert vor allem Hans Joas immer wieder. Z.B. Hans Joas, Die Macht des Heiligen. Eine Alternative zur Geschichte von der Entzauberung, Berlin 2017, 431 ff.

[52] A.a.O., 431.

[53] A.a.O., 434.

[54] Michael Herbst, Evangelium, Dynamissio, epd-Dokumentation 19/2017, 5-13, hier 7, zitiert bei Eiffler, Kirche für die Stadt (s. Anm. 3) a.a.O., S. 303.

[55] Fischer, Theologische Ethik (s. Anm. 40), 129.

> »Geist, so können wir jetzt sagen, manifestiert sich in einer Ausrichtung der intuitiven Wahrnehmung über die symbolische Strukturierung der Lebenswirklichkeit, und zwar Ausrichtung nicht auf bestimmte Objekte oder Ereignisse, sondern auf etwas, das in vielen Situationen, Erfahrungen oder Individuen begegnet.«[56]

Das intuitive Wahrnehmen folgt eigenen Gesetzen, die nicht mit Erkenntnissen, Urteilen oder Überzeugungen verwechselt werden sollten,

> »sondern etwas, das zu Erkenntnissen, Urteilen, Überzeugungen, Handlungen usw. *bewegt* und *herausfordert* und das sich über das reale oder in der Vorstellung imaginierte Erleben von Situation vermittelt.«[57]

Der Raum »lebt« folglich und provoziert zu spezifischen Wahrnehmungen. Er belebt, befreit – oder er entgeistert und tötet.[58] Er gewinnt Gestalt nicht zuletzt in Personen, die sich begeistern lassen – oder aber sich nicht mehr engagieren, sich zurückziehen in einen exklusiven Bereich und resignieren. Fischer resümiert im Übergang zu theologischen Erwägungen:

> »Wir sind als Handelnde Medium für etwas, das durch uns hindurch geschieht; und wir können unser Handeln gleichzeitig in der Verständigung über es in der Weise konzeptualisieren, dass wir dessen Urheber sind.«[59]

Nicht anders funktioniert das Leben in Sozialräumen. Der Raum prägt uns, lebt in uns und wir eignen ihn uns ihn erleidend und gestaltend an.

Aber entscheidend ist nun die Frage, was für ein Geist das ist? Sozialpsychologisch kann über »Stimmungen« nachgedacht werden als kollektive Empfindungen,

---

56 Ebd.

57 A. a. O., 125

58 An dieser Stelle können theologische Raumkonzepte greifen. Vgl. z. B. Thomas Erne, Gottes räumliche Gegenwart. Theologische Raumkonzepte, in: ThLZ 143 (2018), 1103–1118. Grundlegend Ulrich Beuttler, Gott und Raum – Theologie der Weltgegenwart Gottes, Göttingen 2010. Das Interesse zielt im Umkreis dieser Debatte allerdings stark auf das Verstehen von Kirchenräumen – was darauf hinweist, dass Sozialräume fast immer auch Kirchenräume umfassen und so stets einen gebauten Hinweis auf das transzendente Andere beinhalten.

59 Fischer, Theologische Ethik (s. Anm. 40), 137.

»die einen quasi äußerlichen Status annehmen können in Form von Emotionen, die das Handeln des Einzelnen in einer emotionalen Gruppendynamik aufgehen lassen.«[60]

Dahinter stehen entscheidende Fragen, wie subjektives Erleben intersubjektiv vermittelt und von anderen übernommen werden kann,[61] was mit Formen von »embebbedness«, z. B. gemeinsamen Sozialisationsprozessen, zu tun haben wird. Der Blick auf Atmosphären von Sozialräumen macht schnell deutlich, dass es nicht nur die aktuelle leibhaftige Interaktion von Akteuren als solche ist, die sie konstituieren, sondern materielle, parzellierte, gebaute Gegebenheiten: eine verkörperte Praxis. Dieselben Menschen erfahren sich in Blankenese anders als in Hammerbrook.

Religiös kann Bewegung im Kraftfeld des Geistes eines Raumes mithin bedeuten, sich führen zu lassen – was »sowohl ein passivisches Moment als auch ein Moment der Eigenverantwortung enthält.«[62] Dann emergiert der Geist Gottes im Feld und positioniert sich im Verhältnis zu den Bedeutungswelten der Sozialräume:

»Die eigentliche Pointe dieser Art des Problemzugangs liegt darin, dass es, genau besehen, der durch die christliche Symbolisierung hindurch wirksame Geist ist, der letztlich das Urteil bzw. die Entscheidung trifft, in dem er die Intuition in diese oder jene Richtung ausschlagen lässt.«[63]

Seine Erfahrung transformiert mithin den Sozialraum; zieht andere Bedeutungen ein, ermutigt zu lebensförderlichen Veränderungen – treibt also über religiöse Kommunikation im engeren Sinne in ein umfassend soziales Handeln hinein. Immer wieder ist dieser Geist als ein letztlich antiökonomischer Kritiker eines künstlich geschaffenen Mangels verstanden worden – jener Erfahrung, die im Sozialraum durch das schlichte Vorhandensein von Grenzen präsent ist.

»Die Gegenwart des Heiligen Geistes macht dieser Form künstlicher Mangelerzeugung ein Ende. In der Gegenwart des Heiligen Geistes können wir nur den Überfluss, den Reichtum und die Fülle von Gottes Gerechtigkeit bekennen.«[64]

---

60 So Charlotte Renda, Einige Überlegungen zur Stimmung als situationssoziologischer Kategorie, in: KZfSS 70 (2018), 629–654, hier 630.

61 A. a. O., 639.

62 Fischer, Theologische Ethik (s. Anm. 40), 136.

63 A. a. O., 135.

64 M. Douglas Meeks, Gott und die Ökonomie des Heiligen Geistes, in: EvTh 1 (1980), 40–58, hier 55.

Obwohl in diesem Geist - sozialwissenschaftlich: in dieser Fiktion[65] - genug für alle da ist, reicht es nicht. Aneignungsprozesse aller Art verknappen die Ressourcen. Insofern kann sich mit der Erfahrung des Geistes eine elementare Gesellschaftskritik verbinden.

Es sind mithin nicht primär reflektierte Gründe, die letztlich bestimmen, was wir tun, sondern es ist die Spontanität eines atmosphärisch befreiten Seins, die Menschen handeln lässt.[66] Menschen »urteilen gar nicht aufgrund der feststellbaren Merkmale einer Situation, sondern unter dem Eindruck und der Wirkung einer erlebten Situation.«[67] Und dieses Erleben ist durch die Narrationen des christlichen Glaubens geprägt.

> »Die christliche Symbolisierung der Lebenswirklichkeit betrifft diese fundamentalere Ebene des Vertrauens und richtet auf Zukunft hin aus gerade in Anbetracht solcher Erfahrungen menschlicher Fragilität und Endlichkeit.«[68]

Und dies alles prägt die Erfahrung des konkreten Lebens: »der Geist der Liebe richtet Menschen so aus, dass sie intuitiv affiziert werden durch Situationen, in denen sie der Bedürftigkeit und Verletzlichkeit anderer Menschen konfrontiert sind.«[69] So könnte zum Beispiel das Vorhandensein eines »transzendentalen Vertrauenskapitals« im Sinne von Schulz-Nieswandt,[70] das zwanglos die Anerkennung der leidenden Anderen ermöglicht, christlich als eine Erfahrung der Nähe Gottes gedeutet werden.

Der Vorteil einer Deutung des Sozialraums als Kraftfeld des Geistes besteht schon säkular gesehen darin, den betreffenden Ausschnitt der Gesellschaft als immer schon strukturierte kollektive Praxisgestalt wahrnehmen zu können. In ihr artikulieren sich die die Gesellschaft auch sonst prägenden Macht- und Herrschaftsverhältnisse als »Atmosphäre«. Darin verkörpert der Habitus der Christen die Kirche und partizipiert am Kraftfeld des Geistes; ihre Lebensformen sind in größeren, über das Alltägliche hinausgehende, Zusammenhängen eingebettet.

---

[65] Vgl. zum Begriff der Fiktion für religiöse Kommunikation Gerhard Wegner, Die soziale Relevanz religiöser Kommunikation, in: Ders. (Hg.), Fiktionen (s. Anm. 34), 27–58.

[66] Fischer, Theologische Ethik (s. Anm. 40), 119.

[67] A. a. O., 126.

[68] A. a. O., 155.

[69] A. a. O., 131.

[70] Frank Schulz-Nieswandt, Der inklusive Sozialraum. Psychodynamik und kulturelle Grammatik eines sozialen Lernprozesses, Baden-Baden 2013, 50.

Inszenierung des Christlichen

Nun liegt es auf der Hand, dass eine Deutung der sozialräumlichen Situationen im Hinblick auf die Gegenwart oder die Abwesenheit des Geistes Gottes allein noch keine politische Gestaltungskraft entwickeln kann. Sie muss im Gemeinwesen von der Kirche kommuniziert, und d. h. vor allem öffentlich inszeniert werden. Es gilt diesen Geist in einer für alle Sinne zugänglichen Form zu bezeugen, ihn darzustellen und zu feiern. Damit werden alltägliche Erfahrungen religiös gerahmt und so das Herkömmliche überschritten. Es geht pointiert um eine »überschießende Kommunikation«.[71] Der Sozialraum braucht sie nicht zum Überleben und er bringt sie auch nicht selbst hervor. Deswegen kann sie auch übersehen werden. In ihr kommt aber der Geist dieses Raumes zum Tragen: in Konstruktion und Destruktion; in der »kreativen Zerstörung« Gottes.[72]

Um eine solche Inszenierung des Christlichen zuordnen zu können lohnt sich die Rezeption einiger Ideen zur »Kommunikation des Evangeliums« von Christian Grethlein.[73] Er hält von vornherein fest, dass sich das Evangelium in spezifischen kommunikativen Vollzügen verbaler und nonverbaler Art ereignet: »Deren Inhalt erschließt sich durch den Rückbezug auf Jesu Wirken und Geschick«[74], d. h. auf die mit ihm anbrechende Gottesherrschaft. »Lehr- und Lernprozess, gemeinschaftliches Feiern und Helfen zum Leben bilden [...] die wesentlichen Ausdrucksformen christlicher Nachfolge.«[75] Das Christliche transzendiert damit das Religiöse – sein Horizont reicht viel weiter: es ist das Kommen Gottes, das alles transformiert.[76] In dieser Hinsicht gilt: Die Kommunikation des Evangeliums

> »findet vielerorts, in Kinderzimmern, Schulen, Beratungsstellen, im Fernsehen und Internet usw. statt. Damit geht eine *Relativierung von (organisierter) Kirche im wörtlichen Sinn* einher. Sie wird in Beziehung zu anderen Sozialräumen gesetzt und hat ihre Funktion darin, die Kommunikation an diesen Orten zu unterstützen.«[77]

---

[71] Vgl. Lukas Grill, Überschießende Kommunikation. Eine Religionstheorie alltäglicher Rede, Göttingen 2020.

[72] Vgl. an dieser Stelle sehr anregend Martina Bär, Urbane Logik und Theo-Logik. Gottesrede in (post-)modernen Stadtgesellschaften, Freiburg 2020; insbesondere 283 ff: »Göttliche Pragmatik in der Verkündigung Jesu Christi«.

[73] Christian Grethlein, Praktische Theologie, Berlin/Boston 2012. Dazu viel weiterführende Literatur z. B. Michael Domsgen / Bernd Schröder: Kommunikation des Evangeliums. Leitbegriff der Praktischen Theologie, Leipzig 2014.

[74] Grethlein, Praktische Theologie (s. Anm. 73), 169.

[75] A. a. O., 170.

[76] A. a. O., 179.

[77] A. a. O., 414.

Grethlein präzisiert diese These im Blick auf Diakonie als »Organisation am Markt« – spitzt seine diesbezüglichen Thesen dann jedoch für die Liturgie zu:

> »Wenn es zutrifft, dass soziales Handeln wesentlich Umgang mit gesellschaftlicher Exklusion ist, dann bietet die Kirche mit ihrer liturgischen Praxis ein *Potenzial für diakonische Inklusionsprozesse.*«[78]

Entsprechend konkretisiert Grethlein das evangeliumsgemäße notwendige »Helfen zum Leben« im liturgischen Handeln des Segnens, Heilens und Taufens.[79] Damit meint er sicherlich nicht, dass das prosoziale Engagement des Einzelnen oder der Gemeinde irrelevant für die Kommunikation des Evangeliums sei – das würde seinem gesamten Ansatz widersprechen. Vielmehr verhaftet er gerade andersherum das klassische rituelle Handeln der Kirche auf seine prosozialen, hier inklusiven Qualitäten. Damit ist keine Rücknahme sozialer Bezüge gemeint. Vielmehr geht es darum, das »Soziale« (in diesem Fall: Inklusion) fest in einer christlich-religiösen Lebensform zu verankern. Damit wird der »simple« Einsatz für die Verbesserung »säkularer« Teilhabechancen öffentlich wahrnehmbar als Kommunikation des Evangeliums »geadelt«.

In Grethleins Studie zum »Christsein als Lebensform«[80] wird betont, dass »bis heute gerade für mit dem christlichen Glauben wenig Vertraute dem ethischen Handeln bzw. – christlich formuliert – der Nächstenliebe eine hohe allgemeine Plausibilität zu (kommt).«[81] Grethlein kritisiert denn auch, dass Nächstenliebe bei den von ihm favorisierten Theologen (Augustin, Luther und Schleiermacher) zurücktreten würde und so »die Mimesis des Auftretens und Wirkens Jesu [...] merkwürdig verblasst.«[82] Als markante Beispiele für die »Attraktivität der christlichen Lebensform« werden die kirchlichen Aktivitäten um die Ermordung von Besuchern einer Bibelstunde in Charleston, USA 2015, die Vesperkirchen sowie eine Netzaktivität im Feld der Trauer erwähnt.[83] In ihnen trete »das Lebenskraft spendende Potential dieser [christlichen, GW] Lebensform besonders klar zu Tage.«[84] Folglich wäre es nicht das pure prosoziale »Helfen« sondern die Erfahrung von symbolischer Solidarität, Heilung, Rettung bei religiösen »Gele-

---

78 A.a.O., 429.

79 A.a.O., 550.

80 Christian Grethlein, Christsein als Lebensform. Eine Studie zur Grundlegung der Praktischen Theologie. Leipzig 2018.

81 A.a.O., 75. Wobei aus den oben erwähnten Thesen von Petra-Angela Ahrens klar hervorgeht, dass dies nicht nur für diejenigen gilt, die mit dem christlichen Glauben wenig vertraut sind, sondern gerade auch für stark Verbundenen.

82 Ebd.

83 A.a.O., 159ff.

84 A.a.O., 168.

genheiten«, die entscheidend ist. Damit wäre auch eine politische Ebene erreicht, die eine reine »Hilfe« überwindet.

Die Vesperkirchen machen mittels ihrer sozialen Öffnung der Kirchengebäude vielleicht noch am prägnantesten deutlich, wie eine sozialraumbezogene Präsenz der Kirche diesen Geist Gottes in Resonanz mit dem Geist des Quartiers »inszenieren« kann. Der Sakralraum wird praktisch als Teil des Sozialraums beansprucht. Er wird sozusagen resozialisiert – indem deutlich wird, wie inklusiv der eigene Kirchenraum ästhetisch mit seiner Umgebung kommuniziert. Sozialwissenschaftlich gesehen wird mit dieser Inszenierung eine fiktionale Erfahrungsebene in den Sozialraum eingezogen, die alle möglichen »Mächte und Gewalten« sichtbar macht und so »lebensförderliche« Aktivitäten provoziert.

Was geschieht, ist die Bekräftigung einer – letztlich biblisch fest basierten (z. B. Gleichnis vom verlorenen Sohn, Erzählung vom großen Weltgericht) – Symbiose von Gotteserfahrung und prosozialem Handeln als in der sozialen Welt – und nicht nur im religiösen Ritual – wirksamen Geschehens. Es muss nicht erst hergestellt werden: es ist immer schon da. Gottes Geist wirkt immer schon im Stadtteil und kann dort erfahren werden.[85] In expliziter religiöser Praxis im engeren Sinne kann diese Erfahrung benannt und insofern sinnlich-diskursiv zugänglich gemacht werden. So könnte sie ein prosoziales Geschehen im Sozialraum stärken – aber auch kritisieren. Alle Vollzüge von Kirche wären rückgekoppelt an ihren lebendigen Kontext.

Die Vorstellung vom Sozialraum als eines »Kraftfelds des Geistes«, das in Resonanz mit Gottes Geist kirchlich inszeniert wird: Mit der Hilfe dieses soziotheologischen Konzeptes kann eine sozialraumorientierte Praxis der Kirche als eine religiöse verstanden werden, gerade auch dann, wenn es sich konkret um »reines« prosoziales Handeln – oft in säkularer Kooperation mit Anderen – handelt. Radikal verstanden könnte es geradezu dann um die Erfahrung einer Epiphanie im Sozialraum gehen, die das Handeln treibt. Michael Welker expliziert solche Erfahrungen radikal am Beispiel des Christus:

> »Erkennbar wird eine Kraft, die einseitige, monozentrische, einlinige, gut reproduktionsfähige, schnell übertragbare, bequem anschlussfähige Machtformen in Frage stellt und aufhebt. Erkennbar wird, dass dieser Geistträger [=Christus, GW] in eine

---

[85] Vgl. die missionstheologische Erinnerung der Fresh-X-Bewegung an das missio-Dei-Konzept: Gottes Geist wirke bereits im jeweiligen Kontext. In missionarischen Aktivitäten gehe es letztlich um ein Anteilnehmen (»join in«) an Gottes Handeln (vgl. Michael Herbst, Missionarischer Gemeindeaufbau in der Volkskirche, BEG 8, Neukirchen-Vluyn ^{5}2010, 502–505 und Ders. [Hg.], Mission bringt Gemeinde in Form, Gemeindepflanzungen und neue Ausdrucksformen gemeindlichen Lebens in einem sich wandelnden Kontext, BEG praxis, Neukirchen-Vluyn ^{3}2008, 160–191).

> unübersehbare Fülle und vielfältige Konkretheit individuellen Lebens und Leidens hineinwirkt. [...] Diese Gemeinschaft der selbst zu Geistträgern und Geistträgerinnen Gewordenen ist erfüllt mit der Kraft Gottes.«[86]

Ob dieses Handeln auch »öffentlich« so wahrgenommen wird, hängt an der hegemonialen Kraft kirchlicher Kommunikation im Quartier. Das prosoziale Praktizieren von »Nächstenliebe« wird so selbst eminent symbolisch für die Präsenz des Transzendenten.[87] Denn in ihnen wird Christus praktiziert: We are doing Christ.[88]

---

86 Welker, Gottes Geist (s. Anm. 50), 175.

87 In Aufnahme der Religionsdefinition von Detlef Pollack / Gergely Rosta, Religion in der Moderne. Ein internationaler Vergleich, Frankfurt a. M. 2015, 72: »Die Unterscheidung von Immanenz und Transzendenz und die Symbolisierung der Transzendenz in der Immanenz stellen den unverzichtbaren Kern der Definition (von Religion) dar.« Verdeutlicht wird dies dann an mehr oder minder direkten Kommunikationen mit dem Transzendenten (vor allem Rituale). Prosoziales Handeln, gar als professionelles Handeln, passt in die Liste nicht hinein (es sei denn als »Erlebnisse oder Erfahrungen ermöglichte Kommunikation mit dem als transzendent Vorgestellten«). Aber die Autoren sind offen für Erweiterungen ihrer Definition – gerade im Blick auf die Eigenperspektive der Betroffenen.

88 Sehr eindrücklich zu diesem gesamten Komplex Jan-Olav Henriksen, Christianity as distinct practices, New York 2020.

Autorinnen und Autoren

Hans-Jürgen Abromeit, geb. 1954, Dr. theol., 1994 Dozent am Pastoralkolleg der Evangelischen Kirche von Westfalen, 2001 Bischof der Pommerschen Evangelischen Kirche und 2012 des Sprengels Mecklenburg und Pommern in der Nordkirche; 2020 in Ruhestand.

Thies Gundlach, geb. 1956, Dr. theol., 2001–2010 Oberkirchenrat der EKD, seit 2010 Vizepräsident des Kirchenamtes der EKD und Leiter der Hauptabteilung II »Kirchliche Handlungsfelder und Bildung«.

Heinzpeter Hempelmann, geb. 1954, Dr. theol., Professor für Systematische Theologie und Religionsphilosophie an der Evangelischen Hochschule Tabor (Marburg) und Direktor des TANGENS-Instituts.

Ralph Kunz, geb. 1964, Dr. theol., Professor für Praktische Theologie an der Universität Zürich, Mitglied der Leitung des Zentrums für Kirchenentwicklung.

Stefan Paas, geb. 1969, Dr. theol., Professor für Missiologie an der Freien Universität Amsterdam und Universität Kampen, Research Associate an der Universität Pretoria (Südafrika).

Uta Pohl-Patalong, geb. 1965, Dr. theol., Professorin für Praktische Theologie an der Universität Kiel.

Hans-Hermann Pompe, geb. 1955, 2009 Leiter des EKD-Zentrums Mission in der Region, 2019 Generalsekretär der Arbeitsgemeinschaft Missionarischer Dienste (AMD).

Martin Reppenhagen, geb. 1964, Dr. theol., Dekan der Evangelischen Landeskirche in Baden, 2004–2014 wissenschaftlicher Mitarbeiter und stellvertretender Direktor am Institut zur Erforschung von Evangelisation und Gemeindeentwicklung der Universität Greifswald.

Thomas Schlegel, geb. 1973, Dr. theol., Referatsleitung Gemeinde und Seelsorge, gemeindeergänzende Einrichtungen und Werke der EKM, 2010–2014 wissenschaftlicher Mitarbeiter am Institut zur Erforschung von Evangelisation und Gemeindeentwicklung der Universität Greifswald

Patrick Todjeras, geb. 1983, Dr. theol., seit 2014 wissenschaftlicher Mitarbeiter und stellvertretender Direktor am Institut zur Erforschung von Evangelisation und Gemeindeentwicklung der Universität Greifswald.

Gerhard Wegner, geb. 1953, Dr. theol., war apl. Professor für Praktische Theologie an der Universität Marburg, 2004–2019 Leiter des Sozialwissenschaftlichen Instituts der EKD in Hannover.

Eberhard Winkler, geb. 1933, Dr. theol., em. Professor für Praktische Theologie an der Martin-Luther Universität Halle-Wittenberg.

Johannes Zimmermann, geb. 1965, Dr. theol., Professor für Praktische Theologie an der Evangelischen Hochschule Tabor (Marburg), apl. Prof. in Greifswald 2004–2010 Wiss. Geschäftsführer und Theologischer Studienleiter am Institut zur Erforschung von Evangelisation und Gemeindeentwicklung der Universität Greifswald.